GONGSI JIAZHI FENXI DE
LUOJI KUANGJIA YU ANLI

公司价值分析的逻辑框架与案例

刘喜和　编著

上海大学出版社
·上海·

图书在版编目(CIP)数据

公司价值分析的逻辑框架与案例 / 刘喜和编著. ——
上海：上海大学出版社，2020.12 (2022.01重印)
ISBN 978-7-5671-4142-1

Ⅰ. ①公⋯ Ⅱ. ①刘⋯ Ⅲ. ①公司—价值—分析—高等学校—教材 Ⅳ. ①F276.6

中国版本图书馆 CIP 数据核字(2020)第 258359 号

责任编辑　石伟丽
封面设计　柯国富
技术编辑　金　鑫　钱宇坤

公司价值分析的逻辑框架与案例

刘喜和　编著

上海大学出版社出版发行
(上海市上大路99号　邮政编码200444)
(http://www.shupress.cn 发行热线 021-66135112)
出版人　戴骏豪

*

南京展望文化发展有限公司排版
上海光扬印务有限公司印刷　各地新华书店经销
开本 787mm×960mm　1/16　印张 16.75　字数 265 千字
2020 年 12 月第 1 版　2022 年 1 月第 2 次印刷
ISBN 978-7-5671-4142-1/F・204　定价 39.00 元

版权所有　侵权必究
如发现本书有印装质量问题请与印刷厂质量科联系
联系电话：021-61230114

前　言

　　公司价值分析是金融行业从业人员必须掌握的基本技能和理论修养。本书以分析公司的商业模式为逻辑起点，首先从中观层面阐释透视行业的产业链、行业的天花板、行业增长的动力结构、行业的竞争结构与行业壁垒、宏观经济调控政策对行业的影响机理等问题的逻辑与方法，再深入到微观层面阐释如何识别公司的组织管理能力、战略定位的可行性、比较优势的可持续性和财务质量等微观问题的逻辑与方法，最后引用公司价值分析的典型案例，总结公司价值分析的核心要点。各章节具有一定的逻辑递进关系，体现了公司价值分析报告撰写的完备性与科学性。各章节的内容安排如下：

　　第一章阐释了商业模式的内涵与本质、理论基础与组成要素、数字经济下商业模式的特征、基于互联网的十大商业模式，并分析了抖音短视频和叮咚买菜两个案例，帮助读者进一步厘清商业模式的本质与内涵。

　　第二章至第六章着重介绍了如何分析公司所在的行业各类特征。其中，第二章从行业产业链分析入手，介绍如何分析上下游的关系，明确行业边际与细分市场，并以电力、医药、汽车、煤炭、房地产、新媒体和移动支付行业为例，阐述了产业链分析的具体思路；第三章为行业市场空间分析，主要包括如何估算行业天花板和如何分析市场细分与场景拆分空间；第四章为行业生命周期分析，阐述了如何辨析周期性行业和非周期性行业、如何分析行业生命周期,并以房地产行业、智能手机行业和铁路行业为例,介绍了行业生命周期分析方法;第五章为行业竞争结构分析,聚焦行业集中度和竞争强度两个概念,介绍公司结构化分析和竞争战略分析的基本思路;第六章为经营环境与产业政策分析,分别从国际环境、宏观政策环境和区域经济维度阐释了环境的变化对公司价值的影响路径。

第七章到第十章从公司自身角度进行分析。其中,第七章为公司的比较优势分析,主要从品牌、渠道、成本、供应链、研发几个方面介绍了比较优势分析的基本思路;第八章为公司治理结构能力分析,介绍了公司治理结构的目标、股权结构与激励机制之间的关系,比较了美国、日本和德国公司治理的基本特点,并以华为公司、四川长虹为例,介绍了公司治理结构能力分析的具体方法;第九章为公司战略的可行性分析,介绍了公司战略的基本模式、战略管理的流程和战略可行性分析的基本思路;第十章为企业成长性分析,介绍了企业成长性评价指标的系统分析方法、基于财务视角的成长性分析方法和基于现金流量的成长性分析方法。

本书可作为本科生和研究生公司价值分析课程教材及证券投资学、投资银行学等课程的补充教材,也适合金融业从业人员自学和查阅使用。

在本书的编著过程中,上海大学的硕士研究生吴欣洋、李玥、刘意、苑珍、杨汉枫、李莹莹、宋佳韩、李真真、毛振和余文涛分别参与了第一章至第十章相关资料的收集和整理工作。全书由上海大学经济学院刘喜和统稿、编著完成。

目 录

第一章 公司商业模式分析 / 1

1.1 商业模式概述 / 1
- 1.1.1 商业模式的内涵及本质 / 1
- 1.1.2 商业模式的理论基础 / 3
- 1.1.3 商业模式的组成要素 / 4
- 1.1.4 如何设计商业模式 / 5

1.2 数字经济时代的商业模式 / 6
- 1.2.1 数字经济时代的特征 / 6
- 1.2.2 数字经济时代的商业模式 / 9
- 1.2.3 十大互联网盈利模式 / 11

1.3 商业模式的新形态 / 13
- 1.3.1 商业模式创新路径之一"共享+" / 13
- 1.3.2 商业模式创新路径之二"社群+" / 14
- 1.3.3 商业模式创新路径之三"平台+" / 15
- 1.3.4 商业模式创新路径之四"跨界+" / 16

1.4 创新商业模式分析 / 17
- 1.4.1 抖音短视频商业模式分析 / 17
- 1.4.2 叮咚买菜商业模式分析 / 20

本章参考文献 / 24

第二章　行业产业链分析 / 25

2.1　行业的上下游搜寻与分析 / 25

2.2　行业的边际与细分市场 / 27

    2.2.1　行业边际 / 27

    2.2.2　行业分类 / 34

2.3　相关产业链举例 / 37

    2.3.1　电力行业产业链分析 / 37

    2.3.2　医药行业产业链分析 / 40

    2.3.3　汽车行业产业链分析 / 45

    2.3.4　煤炭行业产业链分析 / 46

    2.3.5　房地产行业产业链分析 / 46

    2.3.6　新媒体行业产业链分析 / 49

    2.3.7　移动支付产业链分析 / 52

本章参考文献 / 58

第三章　行业市场空间分析 / 59

3.1　如何估算行业的天花板 / 59

    3.1.1　行业天花板的分类 / 59

    3.1.2　影响行业天花板估算的因素 / 61

    3.1.3　估算行业天花板的方法 / 62

    3.1.4　行业天花板的计算 / 64

3.2　细分领域和场景拆分空间 / 66

    3.2.1　市场空间 / 66

    3.2.2　市场空间拆分标准 / 67

    3.2.3　按照领域拆分空间 / 68

    3.2.4　按照场景拆分空间 / 73

    3.2.5　影响拆分的因素及拆分方法 / 74

3.3　行业空间分析举例 / 77

    3.3.1　口腔 CBCT 市场空间分析 / 77

    3.3.2　2020 年 K12 在线英语培训市场空间分析 / 78

    3.3.3　口腔医疗服务行业市场空间分析 / 79

本章参考文献 / 80

第四章 行业的生命周期分析 / 81
　4.1 经济周期 / 81
　　4.1.1 周期性行业 / 81
　　4.1.2 非周期性行业 / 82
　4.2 行业生命周期理论 / 82
　　4.2.1 行业生命周期的特征 / 83
　　4.2.2 战略选择 / 86
　4.3 案例分析 / 89
　　4.3.1 房地产行业的生命周期分析 / 89
　　4.3.2 智能手机行业的生命周期分析 / 91
　　4.3.3 铁路行业的生命周期分析 / 93
　本章参考文献 / 98

第五章 行业竞争结构分析 / 99
　5.1 结构化分析和行业定义 / 99
　5.2 集中度与集中度的衡量 / 100
　　5.2.1 集中度 / 100
　　5.2.2 集中度的衡量 / 101
　5.3 决定竞争强度的结构化因素 / 106
　　5.3.1 进入威胁 / 109
　　5.3.2 行业内现有企业之间竞争的激烈程度 / 117
　　5.3.3 来自替代品的压力 / 122
　　5.3.4 买方的议价能力 / 123
　　5.3.5 供应商的议价能力 / 125
　5.4 结构化分析和竞争战略 / 127
　本章参考文献 / 129

第六章 经营环境与行业发展 / 130
　6.1 国际环境 / 130

6.1.1 投资审核环境 / 130
6.1.2 政策法律环境 / 132
6.1.3 自然灾害环境 / 136
6.2 宏观政策环境 / 136
6.2.1 政治环境 / 137
6.2.2 经济环境 / 137
6.2.3 社会文化环境 / 138
6.2.4 技术环境 / 139
6.3 区域经济分析 / 140
6.3.1 区域发展水平分析 / 140
6.3.2 区域发展的阶段分析 / 143
6.3.3 区域产业结构分析 / 144
6.3.4 产业结构分析的内容 / 145
6.3.5 产业结构分析方法 / 146
6.3.6 经济活动的空间分析 / 151
6.3.7 增长极效应分析 / 152
6.3.8 空间成本分析 / 158

本章参考文献 / 161

第七章 公司的比较优势分析 / 162

7.1 品牌优势 / 162
7.1.1 品牌的作用 / 162
7.1.2 影响品牌作用的因素 / 164
7.2 渠道优势 / 166
7.2.1 分销渠道 / 166
7.2.2 渠道战略 / 168
7.3 成本优势 / 170
7.3.1 成本管理的定位 / 170
7.3.2 成本管理的理论 / 173
7.4 供应链优势 / 176
7.4.1 供应链概述 / 176

  7.4.2 供应链管理概述 / 178
 7.5 研发优势 / 183
  7.5.1 企业技术创新 / 184
  7.5.2 研发核心能力 / 185
  7.5.3 企业研发优势分析 / 186
 本章参考文献 / 187

第八章 公司治理结构能力分析 / 188
 8.1 公司治理结构的定义和目标 / 188
 8.2 股权结构与公司治理 / 189
  8.2.1 股权结构与经营激励 / 189
  8.2.2 股权结构与收购兼并 / 190
  8.2.3 股权结构与代理权竞争 / 191
  8.2.4 股权结构与监督机制 / 192
 8.3 激励机制与公司治理 / 194
  8.3.1 激励机制 / 194
  8.3.2 委托代理模型 / 197
 8.4 公司治理的国际比较 / 198
  8.4.1 美国公司的股权结构和治理结构 / 198
  8.4.2 日本公司的股权结构和治理结构 / 201
  8.4.3 德国公司的股权结构和治理结构 / 204
  8.4.4 通过国际经验比较得出的认识 / 206
 8.5 案例分析 / 207
  8.5.1 华为治理结构与股权结构分析 / 207
  8.5.2 四川长虹治理结构问题分析 / 212
 本章参考文献 / 214

第九章 公司战略的可行性分析 / 215
 9.1 可行性分析概述 / 215
 9.2 公司战略管理流程 / 215
 9.3 公司战略的基础分析 / 217

9.3.1　SWOT 分析法 / 217
　　9.3.2　内部因素评价法 / 218
　　9.3.3　外部因素评价法 / 220
　　9.3.4　竞争态势评价法 / 221
　　9.3.5　波士顿矩阵 / 222
9.4　公司战略主要组成 / 225
　　9.4.1　愿景和使命 / 225
　　9.4.2　战略目标 / 226
　　9.4.3　战略方向选择 / 226
　　9.4.4　主要竞争策略 / 231
　　9.4.5　战略考核指标与沟通 / 232
9.5　公司战略可行性分析方法 / 233
本章参考文献 / 234

第十章　企业成长性分析 / 235

10.1　企业成长性系统分析 / 235
　　10.1.1　企业成长性评价指标的系统分析 / 235
　　10.1.2　企业成长性评价指标体系的构建 / 241
10.2　基于财务视角的成长性分析 / 243
　　10.2.1　主线分析指标 / 243
　　10.2.2　辅线分析指标 / 248
10.3　基于现金流量的成长性分析 / 249
本章参考文献 / 256

附录　图表目录 / 257

图目录 / 257
表目录 / 258

第一章 公司商业模式分析

1.1 商业模式概述

1.1.1 商业模式的内涵及本质

当前,虽然各个领域都在广泛使用"商业模式"这一术语,但多数人对其内涵及本质并不了解。因此,本章节有必要先对商业模式进行明确的界定。从本质上说,商业模式是叙述企业如何运作的。一种好的商业模式可以回答长期以来萦绕彼得·德鲁克(Peter Drucker)脑际的疑问:谁是顾客?顾客看重什么?它也能回答每个管理者必定要回答的基本问题——我们如何通过商业活动来赚钱,还能够解释我们如何以合适的成本向顾客提供价值的潜在经济逻辑。商业模式与企业整个业务体系运作方式相关,如能得到正确使用,就可以促使管理人员认真对待自己的业务。

什么是商业模式?商业模式的概念引进得很早。1997年10月,亚信总裁田溯宁到美国融资,美国著名的投资商罗伯森(Robertson)问他:"你们公司的商业模式是什么?"当时田溯宁被问得一头雾水。罗伯森举例说:"1块钱进入你们公司,绕着公司转了一圈,出来的时候变成了1块1毛钱。商业模式指的就是这多出的1毛钱是从哪里来的。"其实罗伯森对商业模式的描述,重点突出的是企业内在逻辑,偏向于企业赚钱的过程,忽视了为客户创造价值。

如今,学术界对商业模式有着更全面、更客观的定义。商业模式是指为了能实现客户价值最大化,将企业内在和外在所有要素进行整合,从而形成高效率且具有独特核心竞争力的运行系统,并通过推出的产品和服务达到持续盈利目标的整体解决方案。其中,"整合""系统""高效率"是先决条件和基础,"核心竞争力"是方法和手段,"客户价值最大化"是主观目的,"持续盈利"才是最终的检验结果。确定企业的商业模式,不仅仅是告诉你企业的努力方向,更是指明了通往方向的道路。

对商业模式本质与定义的阐述表明,商业模式内涵正由经济、运营层次向战略层次延伸,即由初期从企业自身出发关注产品、营销、利润和流程,逐渐开始转向关注顾客关系、价值提供乃至市场细分、战略目标、价值主张等。商业模式起初强调收益模式,但是对企业收益来源的追溯导致了组成要素的扩展。实际上,对收益来源的追溯使商业模式指向了创业者创业的实质,即抓住市场机会为顾客创造更多的价值。只有满足消费者尚未得到满足的需求或解决了市场上有待解决的问题以后,才能创造真正的价值。当然,企业创造市场价值,必须依靠自身拥有的资源、能力及其组合方式,因此企业内部资源与外部市场机会的结合是商业模式研究的起点。同时,模式组成要素的扩展也使商业模式的特点更加突出。

首先,商业模式注重描述企业的整体性和系统性。模式远大于它的各部分之和,它能体现企业系统如何聚焦的实质。商业模式对企业整体的重视,表现为对企业要素组合的关注。而各种要素的创造性组合正是具有企业家精神的创业者发挥作用的结果,这也是必须一再强调的创业行动原则。熊彼特(J. Schumpeter)提出的五种创新组合更是明确了不同要素组合在企业创新和创业中的地位。另外,商业模式对系统性的强调,也使得模式的战略性逐渐增强,成为潜在经济逻辑的战略性展开。

其次,商业模式包含价值创造与价值获取两种机制。商业模式是一个综合性概念,它并非指单纯的盈利模式,但也没有抛弃价值获取的内容,而是将价值来源(即价值创造)与价值获取有机地结合起来,实现价值发生和获取两种机制在企业内部的平衡。这两种机制也合理地说明了企业内部资源和能力与外部竞争优势的内在逻辑关系。价值创造与价值获取在企业中同时发生且并存。电子化企业的价值创造由四个驱动因素产生,即新奇、锁定、互补与效率。实际上"锁定""新奇"这两个因素也是价值获取的重要途径。我国学者在商业模式研究中也将价值创造与获取结合在一起。

从创业研究来看,创业者被认为是关注机会、追求创新的人,注重获取经济效益而非效率,也就是说创业者凭借创造性地满足消费者的需求来获得回报,并不太注意机会开发过程中的运作效率,从某种意义上来说,存在重视价值创造而忽视价值获取的倾向。但是,目前的一些创业研究对机会利用效率的重视程度已悄然上升,创业者更加关注在开发利用机会的过程中力争做到效益和效率的平衡。对商业模式的研究则经历了类似的过程,由注重获得收益(获取价值)转向寻求价值创造与获取的平衡。因此,在寻求价值创造与获取平衡的机会开发过程中,商业模式可以为创业活动提供指导,并成为初创企业要实现的理想目标,也将成为创业理论研究的重要工具。

1.1.2 商业模式的理论基础

商业模式来自企业界的实践,其理论基础仍是一个有待开发的研究领域。商业模式涉及对企业整体系统的基本认识,也是商业创意的实现形式,其包含的要素内容涵盖极其广泛。鉴于此,学者们一致采取了综合的观点,对战略、创业、经济学、社会学等理论进行融合使用,其中创业理论和战略理论是主要支撑。

阿米特(Amit)和卓德(Zott)认为,"没有单一的理论能够充分解释企业的价值创造潜力"。他们利用虚拟市场、价值链分析、熊彼特创新理论、企业资源观、战略网络、交易成本等理论对价值创造的来源与作用进行了分析。莫里斯(Michael Morris)等也采用了商业模式理论的综合观点,并指出:商业模式常基于企业战略及相关理论的核心思想,比如价值链、战略定位等;商业模式对企业创立竞争优势产生作用,因此也涉及企业内部的能力和资源;有效的商业模式还包括导致优异价值创造性的独特组合,对初创企业的经济性作用明显,因此符合熊彼特的创新理论。

创业者建立独特商业模式的过程,是战略实施过程,更是个人或企业的创业活动过程。因此,有关创业过程的理论模型将成为商业模式研究的理论基础之一。目前比较完善的创业过程模型有：① 加特纳(Gartner)模型：包括创业者个人、组织、环境和创业过程四个维度,共51个要素;② 霍尔特(Holt)与奥利弗(Olive)等人结合企业生命周期理论,以时间发展脉络构建的具有动态性的创业过程理论模型;③ 蒂蒙斯(Timmons)的创业过程理论框架,包括创业机会、创业团队、创业过程所用的资源三个要素。此外,布塞尼茨(Busenitz)、克里斯廷(Christian)及谢恩(Shane)等人也相继提出了一些颇有价值的创业过程模型。

商业模式的理论基础来源较多,这是由商业模式本身就是一个综合概念而造成的。商业模式要描述企业创造价值和获取价值的诸多方面,要阐明企业各部分间的独特组合。它的理论基础常根据自身组成要素而定,偏重于企业内部结构和关系的商业模式更重视价值链分析、资源观、系统论等理论,而关注企业与外部利益相关者关系的商业模式则涉及价值网络、定位以及竞争优势等理论观点。商业模式的创新则涉及创意如何演化为成熟模式并在环境条件影响下如何变革的问题,这就需要创业理论来支持。

1.1.3 商业模式的组成要素

由于学者们所界定的商业模式定义存在差异,商业模式的组成要素及其结构也因此表现出多样性,组成要素差异进而导致学者们对相关理论的运用也存在明显的差别。目前,主要的商业模式研究是在电子商务领域。早期研究关注网络企业如何获取收益的问题,随后的研究开始区别基于产品提供、价值创造过程、企业构架以及其他变量的模式类型。关于模式组成要素的研究因此也相对丰富起来,但对关键组成要素仍没有形成一致意见。

当前普遍认为,商业模式至少应该包含以下九个要素：

一是价值主张,即公司通过其产品和服务能向消费者提供何种价值。表现为：标准化/个性化的产品/服务/解决方案、宽/窄的产品范围。

二是客户细分,即公司经过市场划分后所瞄准的消费者群体。表现为：本地区/全国/国际、政府/企业/个体消费者、一般大众/多部门/细分市场。

三是分销渠道,即描绘公司用来接触、将价值传递给目标客户的各种途径。表现为：直接/间接、单/多渠道。

四是客户关系,即阐明公司与其客户之间所建立的联系,主要是信息沟通反馈。表现为：交易型/关系型、直接关系/间接关系。

五是收入来源(或收益方式)，即描述公司通过各种收入流来创造财务的途径。表现为：固定/灵活的价格、高/中/低利润率、高/中/低销售量、单一/多个灵活渠道。

六是核心资源及能力，即概述公司实施其商业模式所需要的资源和能力。表现为：技术/专利、品牌、成本/质量优势。

七是关键业务(或企业内部价值链)，即描述业务流程的安排和资源的配置。表现为：标准化/柔性生产系统、强/弱的研发部门、高/低效供应链管理。

八是重要伙伴，即公司同其他公司为有效提供价值而形成的合作关系网络。表现为：上下游伙伴关系、竞争/互补关系、联盟/非联盟关系。

九是成本结构，即运用某一商业模式的货币描述。表现为：固定/流动成本比例、高/低经营杠杆。

1.1.4 如何设计商业模式

一个有效的商业模式，不是上述九个要素的简单罗列，它们之间存在着有机联系。各要素之间的逻辑关系如图 1-1 所示。

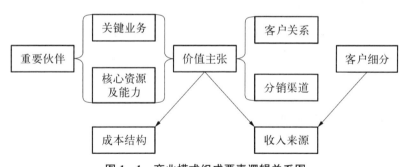

图 1-1 商业模式组成要素逻辑关系图

根据九大要素间的逻辑关系，商业模式的设计可以分以下四步进行：

第一，价值创造收入：提出价值主张，寻找客户细分，打通渠道通路，建立客户关系。

第二，价值创造需要基础设施：衡量核心资源及能力，设计关键业务，寻找重要伙伴。

第三，基础设施引发成本：确定成本结构。

第四,差额即利润:根据成本结构调整收益方式。

值得注意的是,因为客户关系取决于价值主张和渠道特性,核心能力和成本往往是关键业务确定后的结果,所以,九大要素中的客户关系、核心资源及能力、成本结构三个要素难以形成商业模式创新。

1.2 数字经济时代的商业模式

数字经济是指运用数字化的知识和信息、现代化数字信息网络以及通信技术提升企业效率和优化经济结构的一系列经济活动。数字经济是一种全新的经济发展形态,已经成为世界经济发展的重要推动力。人工智能、大数据和互联网与实体经济的快速融合与发展是当前数字经济最显著的特征。数字经济有着可持续性、边际效益递增性以及高渗透性等特点,完全颠覆了传统的商业模式,对企业来说既是机遇也是挑战。

中国信通院发布的《中国数字经济发展与就业白皮书(2019年)》显示,2018年,我国数字经济规模达到31.3万亿元,按可比口径计算,名义增长20.9%,占GDP的比重为34.8%;产业数字化规模超过24.9万亿元,其中,服务业数字经济占行业增加值比重为35.9%。显而易见,数字经济时代已经来临,数字经济业已成为促进经济高质量发展的主要动力源泉和产业转型升级的重要驱动力,同时,也是全球新一轮产业竞争的制高点。

1.2.1 数字经济时代的特征

数字经济表现出的突出特性是原有经济形式难以比拟的。虚拟性,意味着无形无影,却织起一个网络世界、无量平台;开放性,意味着要素自由流动,主体个性彰显;交互性,即不受约束的共时性对话交流;无限性,即信息资源取之不尽,空间范围无穷无尽;指数性,即信息传播迅速爆发、信息资源迅速放大与价值快速增值;等等。数字经济这个新的经济形态已经并仍在改变着、冲击着既有的经济运行方式、活动规则和经济发展方式。

1. 虚拟性及共享性、开放性、即时性

虚拟性,源自数字(信息)技术。首先,由0和1组成了一个无影无形、深不可测的虚拟空间,开创了一个有别于实体空间的大千世界。经济活动的空间已经不再仅仅是传统意义上的地球表面的一部分,而是在这个实体空间上,外加一个连通实体空间的无形网络世界,人类文明在向新世界延伸。其次,虚拟空间打破了传统物理空间的概念,导致经济活动在"虚拟"与"现实"空间的更替和转换。此时的经济运行、要素流动已经超越了传统的物质世界(空间)这个无形的电子空间,冲击着传统(包括思想观念、理论、生产方式、行为方式、生活方式、管理方式等),重构着全新的秩序。

数字技术在生成虚拟性的同时,也共生出了即时性、共享性和开放性(跨界、无界),并衍生出了便捷与公开透明。当数据信息在以光速传递的世界(平台)中运行时,延时被克服了,秒杀出现了,排他性消失了,地域差异的裂痕弥合了,数字技术创造了一个神奇的世界(平台)。这个新世界,充满了海量数据,打破了信息不对称,改变了生产者、消费者和市场的诸多行为。对传统经济学许多原理也产生了冲击,诸如:"理性人"假设由有限理性转向高度理性,边际成本递增转向递减,边际效用递减转向递增,研发、服务环节重视度陡升,一般技能劳动者占比减退,等等。正如曼纽尔·卡斯特(Manuel Castells)在《网络社会的崛起》一书中所说,网络以其独特的超大功能彻底动摇了以固定空间领域为基础的民族国家或所有组织的既有形式。同样,网络也以其独特的方式从根本上改变了现实的政治、经济和社会生活。

2. 指数性及可复制性、无限性、爆炸性

数字经济是以数字技术为依托、以数据为本源(资源)、以创新为动力、以服务为方向的经济形式和投入产出体系。由此,认识和把握数据的特性和产业系统、市场体系状况就显得十分关键。

首先,"数据是数字时代的石油",作为新的生产要素,具有可复制、可共享、无限供给、无限使用和无限增长的特点。数字时代,数据资源不仅可以重复使用、复制(静态生长、边际成本趋零、摊薄),而且随着数据资源的使用,时空边界在不断延伸(动态生长、边际收益趋增),其资源规模巨量增长,开发利用潜力更是"取之不尽,用之不竭",这为社会经济发展提供了强大支撑。需要指出的是,数字资源及其产生的财富,在单位时间内规模数量的增加速度十分惊人。数字技术的发展使得单位时间内的运作效率大幅提高,能在短时间内积累或释放出巨大的能量。许多新兴的电商、科技公司经过几年的发展就可以超越许多传统行业的企业巨头,为年轻创业者提供了创造巨额财富的土壤。小米公司用不到10年的时间,便跻身世界500强企业行列;2015年成立的拼多多用不到3年时间,便在美国纳斯达克证券交易所正式挂牌上市;"直播带货"模式的当红主播紧抓这一机遇,创造了一个又一个电商销售奇迹。

其次,数字时代,产业系统、市场体系处于一个暴增的环境中。平台日益完善,数据资源能够为生产者和消费者提供第一线信息,便于对接、实现各自的预期。产业系统、市场体系由于是建立在可复制、可共享、无限供给的数据资源基础上,创新活力被激发,因此在市场信息对称性不断完善的激励下,产销、供需日益精准对接,消费需求日益提升,经济出现指数增长和倍增效应。

最后,数字经济产生了"赢者通吃"的效应。规模经济理论告诉我们,需求方数量的增长可以减少供应方的成本,又使产品对其他用户更具吸引力,加速了需求的增长,触发了正反馈机制,从而形成了一家公司或一种技术垄断市场的局面。平台企业正是利用网络的外部性(爆炸性)圈拢吸纳客户,快速实现规模经济。比如,微信凭借其规模经济、技术、渠道等形成了信息交流、支付、购物、缴费等全方位的生态圈,市场占有率越来越高。

3. 多样性及分散性、精准性、公平性

数字经济开启了一个"个性化"消费时代。由于数字技术创建了虚拟空间和平台经济,大数据、云计算、智能工具等不断满足用户多样化和个性化需求。数字技术促进了企业的生产方式从规模化生产向分散化、个性化定制转变,厂商可以运用数字技术方便地汇集海量客户信息资源,低成本地开展多样化业务,有效满足多种消费需求,包括以往难以提供服务的部分(如末端消费对象、模拟、体验消费等),产生长尾效应。这种新的经济形态能够做到在每一个品类上都可实现自身的规模经济。这是以往的生产方式难以企及的。例如,淘宝作为一个典型的长尾平台,具有零库存,无采购成本、库存成本、流通成本等特点,每个商家都可以实现产品的销量最大化。

多样性还表现在用户的全流程参与、消费的精准性实现、个体与中小企业的扩张等方面。由于平台经济的快速发展,范围经济的实现条件由产品的相关性转向基于用户数量的规模经济,消费者倾向于选择适合自己的小众商品,客户需求被进一步细分。这样,大型企业时代开始转向中小企业时代,市场原本存在的大量长尾端消费被激活,有了实践空间。市场主体的多元化和中小型化、市场导向的多元化和精准化有利于社会公平性的实现。可以看到,在这个新的数字经济下,许多沿用数百年、上千年的规范失去了魅力,许多颠扑不破的规则、原理不再"放之四海而皆准"。

4. 可达性、互通性、渗透性及跨越性、均衡性

数字技术的跨越性、互通性、渗透性突破了地理空间的割据性,消除了距离对地理空间相互作用的制约,降低了交易费用,使得实体空间可达性大为提高,致使实体空间的经济联系由原有的等级阶层联系向新的平等共享式互动发展转移。原有的垂直等级空间被打破,新的无限纵横交错的空间网络得以建立。

数字技术强大的可达性、渗透性,弱化了距离要素的制约作用,把地理空间制约经济活动(空间障碍的摩擦成本)降至最低限度,即经济活动中的空间距离成本在缩减,甚至变得无足轻重,使得市场竞争无限趋近于自由竞争。就空间距离而言,数字技术将整个世界经济连为一体,世界真正成为"地球村"。加上数字信息的完全性(全息性)与传播的快捷性,理性预期增强,推动了经济自由化,减少了信息不对称。经济的全球化进程大大加快,世界各国经济的相互依存性空前加强。

数字技术的可达性、渗透性,大大强化了均衡性、跨越性。其实,虚拟空间不仅使人们可以摆脱距离"空间"的束缚,也可以摆脱"时间"的约束,数字技术进一步使人脱离了地理实体空间的束缚,给区域经济带来了革命性变革。由于市场准入门槛大幅降低,那些家庭困难或者贫困人群可以开设虚拟店铺,通过虚拟世界接触世界市场和国际客户,没有大幅的营销费用和庞大的商业体系也能够构建自己独特的竞争力。还有那些占地面积小、轻耗能材、低污染的小型智慧型企业等也可以获得最大化发展。数字技术打破了"区位"逻辑作用原理,各种知识、创意和信息可以低廉、自由、高效地传递到四面八方,实现共享,促进区域均衡发展。在社会管理服务层面,这将有助于科学合理地做出决策,大大提高服务、管理效率,协调经济社会发展,催生新的资源依托、支撑、锁定模式,如弯道超车、超常发展、裂变式指数型的经济增长等。

1.2.2 数字经济时代的商业模式

数字经济是时代发展大势所趋,改变了人们的生产生活方式,推动着企业

商业模式向网络化、智能化、数据化发展,数字经济成为实体经济发展的新动力和新引擎,带动以创新、创业为主要引领和支撑的企业商业模式的发展,进一步激发出数字经济的社会效应。

1. 共享经济商业模式

共享经济模式是指将闲置的商品、人才、服务及其他资源等通过一定的渠道实现资源的重新配置的一种经营方式。共享经济最本质的特征是数据资源的共享,在数字经济背景下,创业型企业面对需求者这一陌生人群,彼此间亟须建立信任关系,使供应和需求相匹配。

基于信任关系建立的共享经济商业模式,维护良性循环的供求关系建立健全制度建设是关键。从数字经济发展趋势讲,强化政府职能部门对共享经济商业平台的监管力度很有必要,以法治建设推动信用平台的搭建,为创业型企业发展营造公正、法治、诚实、守信的发展环境。从企业自身发展看,平台是重中之重,作为供应边的用户群体,创业型企业应当在平台上首先采用地推的方式,积累第一批种子客户,再进行逐步扩大,当客户的规模达到一定数量之后,采取措施使客户满意,进而实现客户的忠诚,构建良好的用户口碑和品牌效应。

2. C2M 模式

C2M 又称为顾客对工厂,这是一种典型的短路经营模式,这种模式省略了物流、经销商、分销商等中间环节,实现了顾客到工厂的直接连接。C2M 这种基于顾客需求进行私人定制的商业模式给创业型企业带来了很大冲击,同时,也对创业企业提出了更高的要求,创业型企业应当增强洞察市场需求的能力,及时把握市场的发展方向,依托实时的数据分析结果对企业的经营策略进行调整。

C2M 模式充分利用了大数据的作用,为创业型企业发展挖掘新的商机,在提升个性服务的同时减少了高消耗的中间环节,顾客利用智能化、数字化的应用技术,可以在商业平台中搜索到自己需要的商品,极大满足了顾客个性化需求,如拼多多等 C2M 商业模式快速进入人们的视野,形成巨大的商业威力。C2M 商业模式以顾客为中心,提供了便利、个性化及形式成熟的供应链服务模式,存在服务水平个性需求高、消费高等正比关系,且 C2M 模式个性化定制服务的设计理念并不突出,从众数据居多,真正个性定制利用率较低。因此,应扩大各行业向C2M模式发展,为创业提供更广阔的空间,从而促进创业型企业走高品质、便民化服务电商平台,进一步释放数字经济的数字红利,惠及于民。

3."网红"经济的商业模式

"网红"经济商业模式是一种定向营销的经营模式,它以"网络红人"为主题,以庞大的"粉丝"群体为依托,在各个网络媒体上进行营销,从而将"粉丝"资源转化为价值。由于其具有宣传成本较低、顾客忠诚度高等优势,该模式近几年发展迅速,已经初显威力。创业型企业在创业初期,在资金、品牌、宣传等方面还有所欠缺,依托"网红"经济的商业模式,可以快速曝光品牌知名度,使产品得到快速推广。

"网红"经济商业模式依赖于自媒体推广成本低、个性需求针对性强、流量变现等运行的点,带动大批创业型企业的发展,典型案例不少,但这种模式的商业发展周期较短,通常"网红"经济如昙花一现,产生的实实在在的经济效应较低,存活下来的企业较少。因此,在数字经济环境下,发挥"网红"经济效应,应不断提升产品品质、服务质量以及优化运行的网络间环境,利用新技术提高短视频直播的吸引力,强化视频内容内涵,以共享的方式带动创业型企业创新发展、可持续发展。

1.2.3 十大互联网盈利模式

1. 电子商务与无线的结合发展模式

2006年,腾讯拍拍网以"黑马"姿态杀入,并凭借腾讯QQ强大的即时通信IM平台所拥有的庞大用户基数和IM与拍拍网的强黏性结合,取得了不错的业绩。2006年底,eBay易趣作为中国颇具实力的C2C平台之一,易手TOM在线,这意味着中国C2C互联网平台的格局从2005年的淘宝、eBay易趣之争经过2006年的发展进入了2007年淘宝、拍拍、TOM易趣"三国鼎立"的时代。在无线互联网蓬勃发展、5G大门被频频叩响的今天,基于用户基数的无线互联网的引进将成为中国电子商务C2C领域的"黑马",无处不在的用户电子商务时代即将来临。

2. 企业电子商务平台的垂直发展模式

对于个人用户来讲,无法熟知的企业级电子商务,例如环球资源等,一贯以综合电子商务平台的角色出现。综合性B2B平台所提供的信息具有全面性的优势,交易平台本身对于中小型交易在电子支付领域、物流接口等方面具有优势,但是运营压力大,利润率相对低。而在中国,我们触手可及的资本市场成功上市的网盛科技改变了企业级电子商务市场的格局,通过垂直B2B平台所具有的运营成本低、信息精准和高置信度特点等优势,更主动地扩大了其在专业企业级交易中的市场份额。

3. "以销定采"的电子商务发展模式

以往电子商务服务提供商所面临的三大挑战是:信息流、资金流、物流。2006年一家名为"爱代购"的新型电子商务宣布上线时,为业界带来的则是以BforC为主的商业模式,有效避免了传统的B2C库存的缺陷。BforC模式采用的是"以销定采"的方式,通过虚拟的产品定购,避免了原有B2C厂商的库存压力,解决了信息流、资金流、物流"三流"中关键的资金流问题。

4. 线上、线下畅通的电子商务发展模式

国家邮政局与某集团在北京签署了电子商务战略合作框架和产品协议,在电子商务的信息流、资金流、物流等方面达成了全面、长期的合作伙伴关系。为了增加合作的可信度,作为人们心目中的国有企业——邮政EMS还专门为此次合作推出了一款名为"e邮宝"(EMS电子商务经济快递)的新产品。

5. 搜索引擎与电子商务运营商间开展合作

电子商务和搜索引擎的发展趋势使合作越来越紧密,电子商务网站最重要的特征是要具备优秀的搜索功能,一旦消费者无法搜索到想要的商品,就会转移到其他网站。因此,拥有高质量的站内搜索工具对刺激在线零售商的销售收入是至关重要的。为了在2008年奥运经济中占领商机,2007年,大型搜索引擎在运营商与电子商务运营商之间开展深入合作,"电子商务+搜索"的模式使商业信息搜索更有针对性、更有商业价值,且有风险控制体系。

6. 强强联手的合作创新模式

与电子商务相同,无论是互联网还是传统行业都在窥视着这一合作模式的成功。

单一产品的可诉求性无法满足用户日益膨胀的需求,在搜索引擎领域乘胜追击的百度与微软宣布启动一项基于搜索服务方面的合作,目的在于将百度的竞价排名系统引入微软在MSN、Live以及其搜索相关的服务中,并寻求可能的商业机会。中国是微软全球最重要的市场之一,这次合作不仅为中国的在线广告客户创造了新的机会,而且也提高了搜索服务质量。

7. 虚实电子货币市场的合作创新模式

兴业银行携手腾讯推出国内首张虚实合一的信用卡——兴业银行QQ秀信用卡,面向腾讯QQ秀一族提供包括虚拟卡支付、财付通还款、在线申请、电子账单通知、即时消息提醒等多种网络特色服务。

8. 网络广告媒介资源的合作创新模式

合作模式一般主要出现在企业间,而对于万普世纪这个提供独立WAP站点的媒体代理服务机构来说,合作不是基于企业的,而是基于个人用户的。WAP站点由于其非官方性导致其拥有很大一部分个人用户网站,通过对个人用户的培育,万普世纪获得了庞大的独立WAP站点队伍,促进了无线互联网的发展。由于是培育的,所以对这些站点有着深入了解,可以有效控制,实行集中管理和采购,并实现更高媒介代理利润率。

9. 互联网商业模式

《征途》在2006年8月份推出正式版本,并在运营模式上再次变革,采用给玩家发"工资"的"征途模式",受到玩家欢迎。此外,从公布的在线人数上来看,《征途》也取得了较大进步。给玩家发"工资"的模式有效获得了用户的黏性并将其转变为交易,运营商可以从中获得广告以外的虚拟物品易货利润。

10. 与用户一同赚钱的合作创新模式

与用户一同赚钱的合作模式指的是:将广告嵌入视频博客作品中,根据广告展示次数与作者共同分享广告收入。其根据人气把博客分为九段,段位越高分成比例也越高,通过这样的分成模式,使更多优秀的内容持续上传到网站,保证了内容的质量,也在量上有了显著的提升。

1.3 商业模式的新形态

1.3.1 商业模式创新路径之一"共享+"

互联网技术的推广、社交网络生态的日益成熟,以及移动终端、物联网和云计算的发展,为共享模式的创新与应用提供了更多可能,众多的共享平台如雨后春笋般涌现。

当"滴滴出行"刚出现的时候,出租车公司并没有任何危机感,一家不拥有一辆出租车、不拥有一名司机的互联网公司推出一款 APP,怎么能跟拥有几百万辆车、几百万名司机的出租车公司相提并论?然而,当用户习惯使用软件叫车后,"滴滴"顺势推出了专车、顺风车、代驾、大巴等服务,专车直接威胁到了出租车公司的生存,这下出租车公司才反应过来,想要打击专车服务。但是,专车服务已势不可挡。因为出租车公司和大部分企业一样没有意识到,在"互联网+"时代,连接比拥有更加重要。滴滴出行 2017 年 4 月宣布完成新一轮超过 55 亿美元融资,估值预计突破 500 亿美元,远超任何一家出租车公司。

从共享住宿、共享单车、共享电动车到共享充电宝,"共享+"模式随之而兴。共享模式的本质,归根到底是资源的优化配置,让商品、服务、数据以及智慧拥有共享渠道的商业运营模式。在"互联网+"时代,共享模式主要以移动互联网为载体,利用互联网技术促进信息的高效流通,减弱信息的不对称性,从而使得使用价值的获取更为廉价,也更为方便快捷。共享的对象可以包括汽车、房子、办公室或闲置设备等固定资产,也包括信息、能源、资金等资产。

1.3.2　商业模式创新路径之二"社群+"

互联网商业正从物以类聚走向人以群分。互联网时代的核心是连接。连接一切已成为互联网创造价值的独特手段。在这样的背景下,以相同价值观、共同归属感为主要特征的社群经济的兴起,成为连接人与人、用户与企业的重要方式。社群实现了人与人之间最快的连接和高度信任的互联网经济,社群将是移动互联网时代下一个红利,也将是未来商业的核动力。

社群经济是指一群有相同兴趣、认知、价值观的用户因为一个共同的目标或追求,发生群蜂效应,在一起互动、交流、协作、感染,对产品品牌产生反哺的价值关系,这种建立在产品与"粉丝"群体之间的情感信任+价值反哺共同作用形成的自组织、自运营的范围经济系统。在社群中,产品与消费者之间不再是单纯功能上的连接,消费者开始在意附着在产品功能之上的诸如口碑、文化、魅力人格等灵魂性的东西,而且很容易把这种社群文化移植到社群其他延伸品上。

小米手机一夜崛起,引发了人们对小米模式研究与学习的热潮。如今小米旗下的产品数不胜数,包括手机、路由器、电视、笔记本、移动电源等,完全可以说小米是由一部手机开始构建的整个商业帝国。但是不管小米的商业版图有多大,甚至有些眼花缭乱,其核心基础都离不开几千万名对小米文化高度认同的"米粉"。

在社群3.0时代,以连接一切为目的,不仅仅是人的聚合,更是连接信息、产品、服务、内容、商业等的载体。互联网将散落在各地的星星点点的分散需求聚拢在一个平台上,形成新的共同需求,并形成了规模,解决了重聚的价值。

社群的商业价值取决于其所在领域的产业格局与营运模式,社群如何在更大格局的领域,通过多个社群之间的交互跨界演化出动态平衡的商业生态,是所有社群实现商业价值的未来所向。所以,商业社群生态的根本价值,是满足社群中消费者多元化、个性化的需求。

因此,不是获取更多用户的垂青,而应围绕这群人精耕细作,服务于这群人的衣食住行,形成闭环,因为未来企业制胜的关键不在于规模有多大,在于拥有多少用户和社群"粉丝"。

1.3.3 商业模式创新路径之三"平台+"

猪八戒网最初确定的盈利模式是收项目成交佣金、会员费和广告费,但这种模式很容易赶跑用户或遇到瓶颈,并且买卖双方也不乐意:对卖方来说,好不容易到手的蛋糕不愿与平台分享;对买方来说,他愿意把完整的蛋糕给设计师,好让他拼全力为自己干活。于是猪八戒网创始人朱明跃深刻地认识到,猪八戒网的商业模式需要革命。

朱明跃在深度钻研淘宝的成功要素后认为,猪八戒网最宝贵的资产是创办多年积累了海量的数据:平台已经有超过300万家中小微企业,接近1 000万个拥有专业技能的机构或个人。除此之外,他们还有几十T的原创作品数据,而且每一次交易还会产生大量用户行为数据。

那能不能通过交易平台沉淀的这些资源,为平台和用户双方创造更多的价值呢?经过研究,该公司很快就发现:中小微企业来猪八戒网设计了标志后还需要商标注册和版权登记,于是在2014年成立了一个商标注册服务团队,为这个平台上海量的中小微企业提供商标注册服务。结果,仅用了半年的时间,该公司便成了国家商标总局里平均单日注册量最高的公司,收入达两三亿元。

猪八戒网在这口"大油井"中挖到了丰厚的收益,线下商标代理机构的通过率在40%—46%,而猪标局可以达到80%以上,一跃成为国内首屈一指的商标代理机构,这就是大数据的力量。而商标注册还有后续服务,有时需要诉诸法律等。于是猪八戒网沿着从商标设计到知识产权服务再到商标注册服务的路线开展业务,在整条产业链上延伸其他服务,如印刷服务、制造服务等。

钻完第一口井,猪八戒网开始把盈利模式从"过路费"升级为"钻井"模式,免除了平台20%的佣金(比稿、计件除外)正式挖掘数据海洋。所谓"钻井"模式,就是"平台＋"模式,也就是先做好交易平台,吸聚海量用户,然后通过对用户行为和习惯的数据分析,挖掘市场潜在需求,从而在整条产业链上开始延伸,做闭环服务。现在,猪八戒网内部共有6支"钻井"队伍,分别从不同的地方入手,对海量数据库进行全方位的勘探。

不过对于传统企业而言,不要轻易尝试做平台,尤其是中小企业不应该一味地追求大而全、做大平台,而应该集中优势资源,发现自身产品或服务的独特性,瞄住精准的目标用户,发掘用户痛点,设计好针对用户痛点的极致产品,围绕产品的应用场景打造核心用户群,并以此为据点快速打造品牌。

平台型商业模式的基础是大规模的用户量,这就要求企业一切必须以更好地满足用户需求为导向,使产品更为多元化和多样化,更加重视用户体验和产品的闭环设计。"平台＋"模式的精髓,在于打造一个多方共赢互利的生态圈。

1.3.4 商业模式创新路径之四"跨界＋"

2011年底,在实体书店没落的背景下,"方所"在广州横空出世。占地1800平方米的广州方所,书店占500平方米,占方所面积不足1/3,却有超过9万册书,内容覆盖设计、建筑、文学、艺术、电影、诗歌、美食、心理学等,是集图书、生活用品、咖啡、展览与服饰时尚于一体的立体文化空间。

方所开业前2天营业额即突破30万元,日人流量最多达到1万人次。每逢周末,这里人头攒动,咖啡区一席难求,收银台前总有着一排长队,各类展览、沙龙、文化活动座无虚席,这便是方所的魅力所在。

在良好的环境中,人们不仅可以买书,还可以选衣服、买工艺品、看展览、体验文化消费。反过来，这些周边产品的利润又很好地支持了书店的发展。这样它们就能进行产业相互支撑，看衣服的人可以坐下来喝个咖啡，再拿两本书看看。

据相关数据显示，方所60%的营业额都是来自精致生活用品、服装，而不是图书。与其说方所在卖书，不如说是在卖一种氛围、一种生活方式。方所策划总顾问廖美立曾说过："我们做的不是书店，而是一个文化平台，一种未来的生活形态。"

如今进入体验经济时代，大众的物质性需求已经得到了极大满足，根据马斯洛需求层次理论，现在的消费者追求更高精神层次的满足。过去那种只靠图书经营的传统书店的盈利模式单一，而且给消费者的消费体验也不理想，因此，实体书店必须转型升级。方所通过与艺术、设计、服饰产业的跨界融合，顺应了人们消费升级后对场景文化体验的更高需求。

1.4 创新商业模式分析

1.4.1 抖音短视频商业模式分析

抖音短视频是"今日头条"旗下一款音乐创意短视频社交软件，是一个专注年轻人的音乐短视频社区。

1. 抖音短视频商业价值分析

2017年短视频火热，用户规模的增长和广告主的关注带动整体短视频市场规模提升，市场规模达57.3亿元，同比增长183.9%，预计2021年短视频市场规模将达到2 110.3亿元。抖音作为短视频平台的代表，商业价值潜力巨大，通过分析与整理发现，抖音短视频商业价值主要有以下四个方面。

（1）巨大流量加持与智能分发能力

2018年4月初企鹅智酷发布的《抖音、快手用户研究报告》显示，抖音日活跃用户与月活跃用户的比值已经达到了0.45，这意味着每月会有13.5天打开使用抖音短视频。除了有流量的加持，抖音平台可以依据用户画像和地点实现个性化精准推送，满足用户不同的需求，用户喜欢什么就推荐什么，同时减少无效的受众，达到最大广告效果。

（2）抖音品牌传播能力

在碎片化的今天，人们不再满足于单纯的文字声音以及图片分享，转为更生动的短视频分享。抖音作为短视频平台的代表，有优秀的品牌传播能力。从抢占微博，到进入微信，如今，抖音已然成为新媒体时代的新利器，"双微一抖"成为企业品牌营销的新的组合。抖音浸入到人们生活的原生态的内容，具有人格化和独特个性的表达方式，将产品和品牌场景化，驱动了口碑的迅速形成和用户的主动卷入。因此，抖音可以成为品牌营销内容的发源地以及品牌新媒体营销的前沿内容场。

（3）抖音互动平台的渗透引导能力

随着短视频的发展，视频平台的内容不再局限于媒体的输入，用户可以自己生产内容并进行发布，用户不仅仅是信息的接收者，更多的情况下是信息的发布者，用户之间点对点的信息传递逐渐增多，网络传播也日趋个性化。例如，一位抖友自己原创了一款新的海底捞吃法并通过抖音发起了♯海底捞♯话题挑战，该话题通过网友的迅速传播，带来3万多名用户的参与。

（4）抖音短视频平台的用户转化能力

餐饮老板们发现，一些顾客就餐点单的方式变了。他们不是坐下来翻看菜单，而是一个个举着手机，从抖音上寻找他们想要的菜品。抖音作为巨大的线上流量平台，线下导流也做得相当成功，已经捧红了无数"网红"产品和景点。

2. 抖音短视频盈利模式分析

如何充分实现短视频的商业价值，开辟一条公认可行的可持续盈利模式，将短视频的高点击量与互动量转化为商业价值，将人气变为利润，是迫切需要解决的现实问题。

（1）广告营销

传统视频网站的广告盈利来源主要靠片前的贴片广告，但短视频由于时长极短，片前安插广告将极大影响用户体验，因此贴片广告并不能成为抖音的广告盈利点。抖音将广告营销的重点放在开屏广告、信息流广告和植入广告上。

第一，开屏广告。抖音短视频的开屏广告作为应用开启第一入口，可以实现抖音达人的全量触达，同时，动态和静态全竖屏展示，超强的视觉冲击，其广告效果是其他广告形式无法比拟的。

第二，信息流广告。广告主将广告的产品特性与短视频轻松娱乐的内容巧妙结合，将内容等同于广告，通过软性广告的形式向受众传递广告信息，故事性的情节更生动形象，在吸引受众的同时，更易提高受众的接受度。

第三，与短视频达人合作，进行广告植入。内容带动人气，人气驱动利益，短视频达人变身营销达人，无一例外都存在着一种相似的模式：人气暴增—保持知名度—植入营销获得收益。

(2) 边看边买的电商模式

抖音上线反沉迷系统，成为国内首个上线反沉迷系统的短视频。但是从侧面可以看出，用户使用抖音不仅打发碎片化时间而且花费整块时间段，用户在抖音上花费的碎片和整块时间可以转化为强大的购买力。抖音"打发时间"的属性，让用户在观看过程中呈现最放松的状态，在这种无意识的状态下，非常容易接收到广告主希望植入给他们的信息。抖音的带货能力不容小觑。目前，抖音＋淘宝边看边买的组合模式已屡见不鲜。

(3) 达人直播的付费模式

抖音有两大流量入口，一个是短视频，另外一个就是达人直播。而达人直播在用户量和网红资源上具有先天优势，它基于短视频"粉丝"的关系设置直播入口，强化短视频社交链接。短视频因为时长的限制，达人并不能更加全面地展示自己，同时短视频与达人的互动主要通过评论进行，并没有实现真正的双向交流，相比短视频，达人直播互动的即时性更强，用户与达人可以直接通过直播平台进行交流，达人也可随时根据"粉丝"意见调整短视频创作内容。作为"粉丝"回报，用户也可以为自己喜欢的达人进行直播打赏，鼓励他们进行更多更好的视频创作，以实现抖音短视频内容生态的优化。

(4) 线上线下的互动营销

一是话题挑战。抖音以 UGC(用户原创内容)为核心，基于抖音的社交平台特点，以"社交式传播"作为广告投放的核心思想，由品牌发起话题挑战活动，设置奖励，让普通用户通过上传与主题相关的视频，参与广告互动，使用户不自觉成为广告传播体系中的一员，从而起到深化品牌形象、推广品牌产品的目的。寺库发起的"给你全世界的美好"挑战赛，用一个简单但不失趣味的黄盒子贴纸，融品牌信息于脑洞大开的挑战赛之中，实现了软性植入却又不失调性,不仅能让品牌信息的输出更为自然,也能让用户参与制造品牌内容的过程,是一种更深层次的互动行为。

二是创意贴纸定制。抖音通过 AI 技术的支持,实现了可视化创意定制助力品牌创意化传播。创意贴纸使用场景原生,用户主动使用,接受度高,互动时间长,另外带创意贴纸的原生视频可以激发用户主动传播,触发二次使用。而对于广告主而言,创意贴纸视频广告形式生动,提升了品牌在抖音用户中好感度。例如为了配合必胜客♯DOU 出黑,才够 WOW♯话题挑战,必胜客定制系列贴纸,配合做品牌曝光,海量用户使用了贴纸,随着视频的曝光,贴纸影响了更多人群。

现阶段,抖音短视频比较成熟的盈利模式是广告营销与互动营销,电商和直播都正处于探索和完善阶段,以上四个盈利点都是依靠抖音强大的流量实现变现的。抖音短视频除了要深度挖掘流量变现以外,还要注重内容变现,利用平台内容的价值来提升长期盈利能力,吸引用户直接向短视频内容付费。首先,抖音要打造足够优质的内容。要让用户为此付费,就必须在内容上过硬,尤其是专业性的垂直内容,真正满足用户需要。其次,抖音要开发多种商业变现模式。用户对喜欢的达人和视频内容,可以通过打赏、赠送礼物等方式表达支持,也可以通过培养"网红达人"和"网红内容",发展"粉丝"经济,促成商业和 IP 的变现。

1.4.2 叮咚买菜商业模式分析

叮咚买菜的前身是叮咚小区 APP,2014 年 7 月首个叮咚线下服务站建在了用户家门口,在全球率先提出了"即需即达"的快递服务,也成为中国最早的社区前置仓。叮咚买菜于 2017 年 5 月正式上线,以社区生鲜为切入点,围绕一日三餐的生活场景,聚焦 25—45 岁的年轻群体,专注卖菜业务。截至 2018 年 10 月,叮咚买菜共 119 个线下服务站服务上海大部分社区。截至 2019 年 12 月,叮咚买菜单月营业收入达 7 亿元。其平台上的产品涉及各种蔬果、肉禽、活鱼活虾、日配等。采用"城批采购+社区前置仓+最快 29 分钟配送"模式,避开"源头、冷链、冷库"的固有套路,以此来降低供应链成本,提升生鲜配送效率和服务质量。

1. 价值主张

价值主张是指公司通过其产品和服务所能向消费者提供的价值。叮咚买菜以"品质确定、时间确定、品类确定"为核心指导原则,利用社区前置仓为消费者提供便捷的生鲜到家服务,致力于满足社区居民一日三餐的做菜需求,打造"蔬菜＋调味品"组合,通过培养消费者高频购买习惯增强消费者黏性。叮咚买菜创始人梁昌霖曾表示:"我们要解决的就是社区居民'买菜难'的问题。"叮咚买菜通过在入驻城市设置多个几百平方米的前置仓和不超过 2 000 个 SKU 来满足用户多样化需求,最快 29 分钟送货上门的配送速度为用户提供便利的服务,活鱼活虾"打氧箱"配送保证品质新鲜,打造便利高效的线上菜市场。

2. 价值传递

价值传递是指企业以产品和服务为载体将价值主张传递给消费者的途径(渠道模式)、方式(沟通模式)及企业如何与用户构建可持续的消费关系(客户模式)。

(1) 渠道模式

叮咚买菜将大数据贯穿于整个产业链,通过对用户订单进行预测、用户画像,智能推荐提供更符合消费者需求的产品组合,实现精准营销。利用"妈妈帮"进行广告投放,吸引第一批种子用户,采取拼团和分享红包的方式吸引社区用户,利用社区关系网实现裂变式传播;在社区入口设置地推摊位,宣传并引导消费者下载使用叮咚买菜 APP,下载后即赠送礼品,以低成本实现市场研究高效率推广;设置"吃什么"专栏,根据社区用户数据提供菜谱和一键购买功能,为消费者做菜提供"一条龙"服务,刺激消费需求,提升用户黏性和复购率。

(2) 客户模式

利用微信等社交软件建立社区用户群,用户可在群内反馈投诉,与其他用户讨论做菜心得;为用户提供优质的配送到家服务,0 元起送,承诺送货到家时间,未按时送达会赠送积分,积分可抵现,配送人员送货到家时会主动询问顾客收到的鱼虾是否鲜活、蔬菜是否新鲜,若顾客对品质不满意配送人员会重新配送,且用户可以无条件退货,细节上让消费者感到放心满意;提供绿卡服务,用户开通绿卡可享受每周五更新的专享特价及定期赠送的优惠券;每天在不同时间段开启限时抢购活动,提前更新抢购产品,用户可设置"提醒我"提醒抢购,提高用户购买频率;在食材详情界面为用户提供推荐做法,用户可点击相应做法获得详细做法流程,并为用户提供净配菜、快手菜服务,基于场景刺激用户消费;采取"城批采购＋品牌供应商直供"模式,以稳定可靠的产品品质维系与客户之间的长期联系。

3. 价值实现

价值实现是指企业创造的价值被市场认可并接受,从而完成要素投入到要素产出的转化。

(1) 成本模式

叮咚买菜通过"城批采购+品牌商直供"的采购模式,既可以从源头上监管品质,获得稳定的产品来源,又可缩短采购链,节约冷链配送成本,减少损耗,在体量达到限度时还可获得相应议价能力,将社区前置仓建立在社区1.5千米附近,且仅在线上销售,无线下门店,减少线下门店运营成本和生鲜损耗;拥有完善的自建冷链物流,运用大数据进行配送路径优化和订单预测,降低产品滞销损耗和物流损耗,降低成本;提供预售产品,用户可提前几天订购保鲜难、易损耗的产品,有利于采购端有计划地采购,降低库存,提高商品流通速度。目前叮咚买菜将主要的成本支出放在产品配送、前置仓建设和采购上,营销方面的支出还未成为其主要成本。

(2) 盈利模式

叮咚买菜目前主要盈利来自用户购买,提升服务质量和顾客满意度可以提高用户复购率,因蔬菜是社区居民一日三餐的刚需,购买的高频性可以使叮咚买菜获得大量稳定的日单量。起初的"0配送费"旨在培养用户消费习惯,留住老客户,再在此基础上加大宣传力度吸引新客户。除此之外,叮咚买菜APP内的绿卡功能也为其积累了付费优质用户,且可获得会员收入。

(3) 壁垒模式

叮咚买菜专注"卖菜",精准定位于高频、刚需的蔬菜,填补生鲜电商空白,"中心仓+前置仓"模式有助于渗透社区,提高配送效率;"城批采购+品牌商直供"模式在产品来源上稳定可靠,以优质的产品品质获得用户信任,且生鲜鱼类还提供加工功能,最大限度方便顾客;0门槛配送降低用户购买成本,可提升用户客单量;专注服务质量、产品品质与配送效率,在这三个方面形成根本性优势,建立起竞争对手难以跨越的壁垒。

4. 优势

(1) 精准定位

叮咚买菜瞄准了当时在生鲜电商市场上空缺但刚需高频的蔬菜市场,专注卖菜业务,将蔬菜与调味品用菜谱联系起来,营造线上消费场景,帮助用户一站式购买做菜所需材料,易于培养消费者习惯。

(2) 城批采购＋品牌供应商直供

叮咚买菜从源头上控制产品品质,可自主掌控产品质量,保证提供稳定优质的产品,并且可提高自身议价能力,获得价格优势。

(3) 社区前置仓＋自建物流＋纯线上销售

社区前置仓能缩短商品到达消费者的时间和距离,减少商品损耗,降低配送成本;自建物流方便管理;纯线上销售打造线上菜市场,节省线下门店成本。

(4) 0门槛配送｜优质配送服务＋最快29分钟配送到家

目前"0门槛配送"在生鲜电商市场可以说是其一大优势,很多生鲜电商平台都设置了配送门槛,叮咚买菜提出的"一根葱也配送"理念形成独特优势,再加上优质的配送服务,极大地提升了消费体验。

5. 面临的挑战

第一,目前各互联网巨头纷纷开设生鲜平台,依靠已有数据库为精准营销奠定了坚实的基础,叮咚买菜作为无互联网巨头依靠的垂直电商平台面临着巨大的挑战。

第二,叮咚买菜的盈利模式比较单一,不利于拓展业务和资金周转。

第三,虽说叮咚买菜的"0门槛"配送可提升消费者满意度,利于留存客户,但同时也在一定程度上提高了配送成本。

第四,生鲜的品类有待拓展,平台上本地化农产品居多,有机农产品以及进口农产品较少,无法完全满足消费者对产品多样化的需求,在一定程度上导致用户流失。

6. 对社区生鲜电商发展的建议

(1) 深入社区,提高消费者购买频率,培养消费者线上购买习惯

消费者习惯未养成是阻碍生鲜电商发展的重要原因,而社区生鲜电商可深入用户社区,利用社区关系网进行扩张,以社区为单位培养消费者习惯。

(2) 充分运用技术,如大数据、人工智能等

利用交通大数据对配送路径进行优化,利用大数据对用户需求进行预测。进行用户画像智能推荐,优化配置各前置仓中商品种类和数量;运用人工智能对运营过程进行智能控制,如天猫超市使用实时智能排序系统根据库存对商

品进行排序,控制不同商品的曝光量,还可运用人工智能进行语音搜索购买。

(3) 营造线上消费场景,增强线下互动

生鲜处在生活场景中,消费者在进行线上选购时,若有消费场景(如菜谱推荐、做法指导、个性化定制等)进行助推,将大大提高消费者购买可能性。将线下场景根植于线上,并在线下多多进行互动(如社区交流、好友分享、送货到家等)。

(4) 保证生鲜品质稳定,提升服务质量

通过城批采购,打造独有生鲜供应品牌,在消费者心中树立稳定的企业形象,并可保证农产品来源可靠,质量稳定;提升终端服务质量,如对快递员进行专业培训;对客户进行定期回访,了解消费者对农产品和服务的意见,奖励优质的反馈;APP界面设置客户需求端口,用户可提出新农产品需求,生鲜平台对客户新需求尽可能给予满足等。总之,生鲜电商作为电商领域的蓝海具有无限的潜力,进行模式创新是各生鲜电商平台都需要走的路。在服务至上的生鲜电商时代,提升消费者满意度始终是生鲜电商平台进行模式创新的出发点和落脚点。

本章参考文献

[1] 李新庚.创新创业基础[M].北京:人民邮电出版社,2016.

[2] 郭凡.抖音短视频的商业价值及盈利模式分析[J].新媒体研究,2018(12):59-60.

[3] 商学院,郭梦倩,黄麟.社区生鲜电商商业模式分析:以叮咚买菜为例[J].中国商论,2020(11):12-13,27.

[4] 陈立梅,曹雅莉,邵丽娟.数字经济下零售企业效率提升研究——以苏宁易购为例[J].电子商务,2020(10):35+74.

[5] 蒋文生.数字经济时代传统渠道商转型发展模式研究[J].中小企业管理与科技(下旬刊),2020(7):59-60+94.

[6] 付晓东.数字经济:中国经济发展的新动能[J].人民论坛,2020(21):20-23.

[7] 韩继超,武超茹.数字经济背景下创业型企业商业模式研究[J].价值工程,2019,38(35):102-103.

第二章 行业产业链分析

2.1 行业的上下游搜寻与分析

上下游产业链又叫延伸产业链,是将一条既已存在的产业链尽可能地向上下游拓展延伸。产业链向上游延伸一般使得产业链进入基础产业环节和技术研发环节,向下游拓展则进入市场拓展环节。产业链的实质就是不同产业的企业之间的关联,而这种产业关联的实质则是各产业中的企业之间的供给与需求的关系。上游企业主要是对原材料进行深加工和改性处理,并将原材料转化为生产和生活中的实际产品。

上游产业原指处在整个产业链的开始端,包括重要资源和原材料的采掘、供应以及零部件制造和生产的行业,这一行业决定着其他行业的发展速度,具有基础性、原料性、联系性强的特点。在现代的产业链理论中,上游产业则是一个相对的概念。

根据微笑曲线理论,上游往往是利润相对丰厚、竞争缓和的行业,原因是上游往往掌握着某种资源,比如矿产,或掌握核心技术、有着较高的进入壁垒的行业。但是,并不是所有产业链都存在微笑曲线,上游也会出现供给过多、竞争加剧的情况,而且比较受制于下游需求的变化,无法主动去开拓新的需求或市场,通常都有明显的周期性。比如整个电子产业链的上游半导体芯片行业,存在很高的技术和资金壁垒,全球只有少数几家厂商参与竞争,但是受下游需求的冷暖和自身产能扩张的驱动,业绩经常出现大赔大挣的情况。由于农业现代化和农业生产向工业化过渡的发展方向,使农业生产与工业生产的关系越来越密切,因此上游产业概念往往不限于工业生产,其外延越来越宽泛,泛指各类原材料或半成品生产(包括农业在内)。实际上,上游与下游在现代化生产产业链中是一个相对概念,比起传统的农业、重工业、轻工业的划分,具有更细密、更广泛的应用价值。经济全球化的发展趋势,使产业与整个社会经济发展的关联度不断提高,产业与相关产业之间的联系更加密不可分。除了某些终端消费品(如某些家电)生产之外,绝大多数产业从一个角度看是上游产业,从另一个角度看则是下游产业。比如农业是粮食加工、纺织、家具工业等企业的上游产业,同时又是化肥、农药、种子等生产企业的下游产业。纺织印染是化纤业的下游产业,同时又是服装加工的上游产业。

产业链是一个包含价值链、企业链、供需链和空间链四个维度的概念。这四个维度在相互对接的均衡过程中形成了产业链。这种"对接机制"是产业链形成的内模式,作为一种客观规律,它像一只"无形之手"调控着产业链的形成。

产业链分为接通产业链和延伸产业链。接通产业链是指将一定地域空间范围内的断续的产业部门(通常是产业链的断环和孤环形式)借助某种产业合作形式串联起来;延伸产业链则是将一条既已存在的产业链尽可能地向上下游拓展延伸。产业链向上游产业延伸一般使得产业链进入基础产业环节和技术研发环节,向下游产业拓展则进入市场拓展环节。产业链的实质就是不同产业企业之间的关联,上下游产业中的企业之间的供给与需求的关系。

产业链是产业环上逐级累加的有机统一体,某一链环的累加是对上一环节产业追加劳动力投入、资金投入、技术投入以获取附加价值的过程,链环越移向下游产业,其资金密集性、技术密集性越明显;链环越移向上游产业,其资源加工性、劳动密集性越明显。一般而言,欠发达地区更多地从事资源开采、劳动密集等的上游产业经济活动,其技术含量、资金含量相对较低,其附加价值率也相对较低;发达地区更多地从事深加工、精加工和精细加工等下游产业经济活动,其技术含量、资金含量相对较高,其附加价值率也相对较高。

在大行业类别里面,上游企业是相对下游企业而言的,指处于行业生产和业务的初始阶段的企业和厂家,这些厂家主要生产下游企业所必需的原材料和初级产品等的厂商。下游企业主要是对原材料进行深加工和改性处理,并将原材料转化为生产和生活中的实际产品。可以说,上游企业和下游企业是相互依存的。没有上游企业提供的原材料,下游企业犹如巧妇难为无米之炊;若没有下游企业生产制品投入市场,上游企业的材料也将英雄无用武之地。所以,各个行业的上游企业和下游企业都应该同甘共苦、互助互赢、共同生存发展。

在讨论循环经济等问题的时候,有时还会出现"中游产业"的概念。比如纺织印染是化纤业的下游产业,同时又是服装加工的上游产业。那么,纺织印染则是介于化纤业和服装加工业之间的中游产业。

下游产业指处在整个产业链的末端,加工原材料和零部件,制造成品和从事生产、服务的行业。产业要形成竞争优势,就不能缺少世界一流的供应商,也不能缺少上下游产业的密切合作关系。

在分析行业时,从一个确定的行业出发,本行业确定会有大的发展,那么它的上游必然会获得更多的需求,也就会有更好的发展,反之亦然。比如:如果知道医药行业未来的发展会非常迅速,那么医药行业的上游必然也会因此获益,医药行业的上游有原料供应、设备供应、基础化工等等。基本可以确定这些行业会因此兴旺一段时间。在投资的过程中,最重要的是确定性,哪些行业的确定性最强,这就是一个支点,从这个支点出发去分析它的关联行业。

对于上下游管理,要分成两个方面,一个是"上游",一个是"下游"。通过上下游的分析,我们能很直观地知道公司的地位。优势企业往往对上下游都具有较强的话语权,一方面对下游渠道商收取预收账款,另一方面则对上游原材料供应商滞后付款。

2.2 行业的边际与细分市场

2.2.1 行业边际

1. 边际的含义

经济学中的边际指的是因变量随着自变量的变化而变化的程度,即自变量变化一个单位,因变量会因此而改变的量。边际的概念植根于高等数学的一阶导数和偏导数的概念。在经济学中根据不同的经济函数,可以求得不同的边际,如边际成本、边际收入、边际效用、边际消费、边际储蓄等。

2. 边际分析特点及对经济学发展的作用

边际分析是马歇尔两百多年前创立的,它告诉人们在决策的时候,除了应用绝对量作决策参数外,更应该运用增量参数进行决策。这种方法有以下几个特点:① 边际分析是一种数量分析,尤其是变量分析。② 边际分析是最优分析。边际分析实质上是研究函数在边际点上的极值,要研究因变量在某一点递增、递减变动的规律,这种边际点的函数值就是极大值或极小值,边际点的自变量是做出判断并加以取舍的最佳点。据此可以做出最优决策,因此是研究最优化规律的方法。③ 边际分析是现状分析。边际值是直接根据两个微增量的比求解的,是计算新增自变量所导致的因变量的变动量,这表明,边际分析是对新出现的情况进行分析,即属于现状分析。这显然不同于总量分析和平均分析,总量分析和平均分析实际上是过去分析,是过去所有的量和过去所有的量的比。在现实社会中,由于各种因素经常变化,用过去的量或过去的平均值概括现状和推断今后的情况是不可靠的,而用边际分析则更有利于考察现状中新出现的某一情况所产生的作用和所带来的后果。

边际分析法在19世纪70年代提出后,最先用于对效用的分析,由此建立了理论基础——边际效用价值论。这一分析方法的运用可以说引起了西方经济学的革命,具体说它的意义表现为:① 边际分析的运用使西方经济学研究重心发生了转变,由原来带有一定"社会性、历史性"意义的政治经济学转为纯粹研究如何把有限的稀缺资源分配给无限而又有竞争性的用途上,并加以有效利用。② 边际分析开创了经济学"数量化"的时代。边际分析本身是一种数量分析,在这个基础上,使各种数量工具线性代数、集合论、概率论、拓扑学、差分方程等逐步渗入经济学,数量化分析已经成为西方经济学的主要特征。③ 边际分析导致了微观经济学的形成。边际分析以个体经济活动为出发点,以需求、供给为重心,强调主观心理评价,导致了以"个量分析"为特征、以市场和价格机制为研究中心的微观经济学的诞生。微观经济学正是研究市场和价格机制如何解决三大基本经济问题,探索消费者如何得到最大满足、生产者如何得到最大利润、生产资源如何得到最优分配的规律。④ 边际分析奠定了最优化理论的基础。在边际分析的基础上,西方经济学从理论上推出了所谓最优资源配置、最优收入分配、最大经济效率以及整个社会达到最优的一系列条件和标准。⑤ 边际分析使实证经济学得到重大发展。研究变量变动时,整个经济发生了变动,这为研究事物本来面目、回答经济现象"是什么"问题的实证经济学提供了方法论基础。

从平均分析进入边际分析,是经济学分析方法的一个重大发展和转折,意义十分重大。它表明数学对经济学的渗透迈出了重大一步。希克斯(J. Hicks)的《价值与资本》与萨缪尔逊(P. Samuelson)的《经济分析基础》全面总结和发展了一大完整的微观经济活动行为理论,提出了一般经济均衡问题,建造了一般经济均衡的理论框架,创立了当今的消费者理论、生产者理论、垄断竞争理论以及一般经济均衡理论的数学基础,因此边际革命的影响是深远的。

3. 边际效用

边际效用是指其他投入固定不变时,连续地增加某一种投入,所新增的产出或收益反而会逐渐减少。也就是说,当增加的投入超过某一水平之后,新增的每一个单位投入换来的产出量会下降。

边际效用是现代经济学发现的一个重要规律。它的基本内容是,在一定时间内,在其他商品的消费数量保持不变的条件下,消费者从某种物品连续增加的每一消费单位中所得到的效用增量,即边际效用是递减的。边际效用递减规律,可以从两个角度去解释。一是从人的生理和心理的角度来进行解释,认为效用即满足程度是人神经的兴奋,外部给一个刺激(即消费某种物品给以刺激,如吃面包刺激胃),人的神经兴奋就有满足感(产生效用)。随着同样刺激的反复进行(消费同一种物品的数量增加),兴奋程度就下降(边际效用递减)。二是从物品的多用途的角度来进行解释,认为消费者总是将第一单位的物品用在最重要的用途上,第二单位的物品用在次重要的用途上,如此等等。这样,物品的边际效用就随着其用途重要性的递减而递减。贝勃定律是社会心理学发现的一种现象。

边际贡献分析就是在对成本进行习性分析的基础上,根据在相关范围内固定成本相对不变的特性,在决策分析时对这部分成本不予考虑,而只对产品所创造的边际贡献进行分析,通过比较各方案的边际贡献大小来确定最优方案的分析方法。

(1) 开发新产品的决策分析

前面叙述的只是利用企业剩余生产能力分析研究究竟开发哪种新产品比

较合适。至于通过增加固定资产投资、扩大生产能力以发展新产品的决策,则属于长期投资决策范围。

(2) 是否接受追加订货的决策分析

这方面的决策可以采用差量分析法,也可采用边际贡献分析法。原则上只要对方客户的开价略高于单位变动成本,并能补偿专属成本,即可接受。

(3) 亏损产品是否停产或转产的决策分析

工业企业在日常经营过程中,往往会由于某些产品质量较次、款式陈旧等原因造成市场滞销、仓库积压,发生亏损,这就引起了亏损产品是否要停产或转产的问题。对于这方面的决策,通常可采用边际贡献分析法加以解决。

4. 边际产业扩张论

边际产业扩张论是关于从边际产业开始国际直接投资的理论,由日本经济学家小岛清在1977年出版的《对外直接投资论》中提出。其认为国际直接投资应从本国(投资国)已经处于或即将处于比较劣势地位的产业(即边际产业)依次进行,这些边际产业也是东道国具有比较优势或潜在比较优势的产业。从边际产业开始进行投资,可以使东道国因缺少资本、技术、经营管理技能等未能显现或未能充分显现出来的比较优势显现或增强,扩大两国间的比较成本差距,为实现数量更多、获益更大的贸易创造条件。该理论能够较好地解释日本20世纪六七十年代国际直接投资的实践。

边际产业扩张理论是一种符合发展中国家对外直接投资的理论。在国际直接投资理论中,边际产业扩张理论被认为是发展中国家对外直接投资理论的典范,它来源于当时高速发展的日本跨国经营实际状况。正是在这一理论的指导下,日本的对外直接投资大规模发展,带来了日本经济的腾飞,使日本很快即从发展中国家的队伍稳步迈进了发达国家的行列。而小岛清的边际产业扩张理论很好地揭示了发展中国家对外直接投资的原因和行业特点,弥补了原有的国际直接投资理论只能解释发达国家的状况,对广大的发展中国家开展对外直接投资指明了方向和道路,有着巨大的借鉴和指导意义。

我国中小企业的跨国经营刚刚起步,还处于探索和尝试阶段。中小企业由于资金有限、迎接挑战的经验不足以及缺乏强大的竞争力,跨国经营对它们来说还存在一定的风险。但目前我国的状况是:第一,国内家电、纺织、重化工和轻工等行业已普遍出现了生产能力过剩、产品积压、技术设备闲置等问题,这些行业要获得进一步的发展,就必须寻找新的市场,通过对外投资,变商品输出为资本输出,在国外投资建厂,建立销售网络和售后服务网点,带动国产设备、原材料以及半成品的出口,有效地拓展国际市场。第二,"入世"在给中国企业带来压力的同时,也为中国企业走出去提供了良好的条件。因为"入世"后中国企业面临的义务和挑战主要体现在国内,所获得的权利和机遇则主要体现在国外,即体现在外国向中国的产品、服务和投资更大程度地开放市场和实行国民待遇方面。也就是说,中国企业要想享受"入世"后的权利和机遇,就要尽可能地向海外进军。第三,从企业国际化道路的一般进程来说,首先是发展间接出口,如通过专业的外贸进出口公司进出口商品或服务,而后是直接出口,如企业内部设置专门机构或进出口部门来处理相应的业务,最终再发展到对外直接投资。中国改革开放以来,国际贸易取得了长足发展,国际贸易方面获得的巨大成就,为中国企业进一步进行对外直接投资准备了必要的物质基础。第四,我国的出口企业在国外不断受到贸易壁垒的限制,绿色壁垒、技术性贸易壁垒、进口限制等关税和非关税的贸易壁垒种类繁多,层出不穷,极大地限制了我国出口的进一步增加。面对这样的背景,我国发展对外投资,企业进行跨国经营势在必行。边际产业扩张理论为我们的中小企业跨国经营提供了理论依据,说明了我国中小企业跨国经营的可能性和优势所在,我们的中小企业应该抛弃恐惧心理,勇敢地迈出跨国经营的步伐,以自己的优势占领国外市场,不断地发展壮大自己。

我国中小企业跨国经营的产业选择应该按照边际产业扩张理论的内涵,主要发展那些在国内处于边际产业位置的公司,以传统制造业和手工业等加工产业为主,如我国有一定声誉的特色行业,丝绸、瓷器、航运、餐饮、中国特色的食品加工、中成药等。制造业目前仍是国际直接投资中机会最多的热点行业,也是我国产业结构中行业门类最多、规模最大的部门。我国在机械加工、纺织、轻工、化工业已具有一定优势,产品和技术的国际竞争力比较强。通过对外直接投资,我国实用性中间技术和传统技术可以在发展中国家的制造业发挥优势。不仅如此,我国制造业的一些技术也具有相对优势,可以在发达国家产品周期变化和产业结构调整转型中发挥其优势。

在区位选择上,边际产业扩张理论认为应该选择与该国生产技术相近的国家,这样容易在海外,特别是在发展中国家找到立足点,占领当地市场。按照这一理论,中国资本输出的最佳地区应该是那些在经济发展程度上和中国差距较小的国家和地区。一般来说,东欧和中亚比较符合这一条件。东欧和独联体国家正处于经济改革之中,急需外国在那里开展直接投资。这些国家和地区工业基础好,资源丰富,具有经济发展潜力和广阔的市场,我们应该积极关注和投资开拓这一领域,通过直接投资进入这些地区相对落后的轻工业、加工业和制造业。发展中国家丰富的劳动力资源和生产要素,为我国的产品和技术(尤其是成熟产品和技术、劳动密集型生产技术)和机器设备等提供发挥相对优势的广阔市场。通过对这些国家和地区的直接投资,可以推动我国产业结构调整,并转移到发展水平相对较低的国家和地区。我国要提高国际竞争力,对发达国家的投资必须注意。通过对发达国家直接投资,一方面可以获取我国经济现代化急需的先进技术和管理经验,以及经济发展短缺的资金、技术、设备,信息和其他经营资源;另一方面可以抓住发达国家产品周期变化和产业结构调整转移带来的机会,使我国具有一定相对优势的技术、产品进入发达国家市场。向发达国家直接投资所获得的区位优势和比较利益最大,因此应成为今后我国跨国直接投资的主导方向。总之,我国的对外直接投资应以巩固和扩大对发展中国家和地区的直接投资为基本取向,以加快发展对发达国家直接投资为主导方向。

5. 企业出口行业边际的扩张与收缩

行业扩展边际(简称行业边际)调整是出口企业应对外部环境变化的主要方式。一方面,企业出口行业范围的扩张能够规避贸易条件恶化,降低集中于单一行业或单一市场的出口结构脆弱性,而且能够充分利用"干中学"和"出口中学"的技术溢出效应,促进出口产品质量提升;另一方面,企业通过收缩出口行业的范围,退出贸易摩擦和市场不确定性较大的产品市场,能降低企业遭受冲击的负面影响,同时促使企业更专注于发展自身核心产品、降低出口平均成本和缓解外部竞争压力,更好应对国际贸易环境中各种不确定性因素的冲击,获取更丰厚的利润和更广阔的发展空间。

直观上,具有市场比较优势的行业具有技术经验、网络信息等隐性资源优势,知识溢出不仅有助于企业节省产品进入的固定成本,促使企业模仿和适应新技术,而且可引导企业向市场比较优势方向扩张。随着经济的不断发展,一国具有比较优势行业的数量会不断上升,多样化水平及出口目的地范围也随之增加。这将有效提升出口企业市场竞争水平和出口环境的复杂程度,进一步对企业出口产品范围的方向产生影响。

从更宏观的角度看,市场比较优势的演变规律也会引导企业出口边际的扩张与收缩方向。产品空间假说认为,一国或一地区的产品空间结构特征决定了其比较优势的演化路径,进而影响其经济增长的动态发展。那么,在同一个国家或地区内,与原有比较优势行业的关联程度越高,目标行业发展为新比较优势行业的概率越高。企业在发展新产品或进入新市场时,会优先建立那些与企业比较优势关联度较高的产品－市场出口关系。类似地,出口企业更倾向进入那些与已出口比较优势相似的行业,同时从比较优势关联度较低的行业退出。总的来说,企业会更倾向进入具有市场比较优势的相似行业,从而更好捕捉未来发展优势;否则,企业会始终游离在比较优势行业外围,不利于可持续发展。

产品空间假说不仅强调了比较优势的演变具有路径依赖的特征,还揭示了出口经验会引导企业进入关联度较高的行业进行扩张。企业开拓新市场时更可能选择与之前出口目的地邻近的市场,更倾向于从已有的出口市场网络中选择新进的出口市场。此后,有关行业或产品层面的扩展边际调整逐步受到关注,并催生了一系列行业或产品层面的相关研究。企业既可以在出口中自我学习,也可以从以往出口的产品中积累经验,促使企业向产品关联度较高的行业进行扩张,提升出口扩展边际的积极影响;同时,目标产品和企业已出口产品的关联程度越高,企业新出口该目标产品的概率越大。

无论是关注地理扩张还是行业扩张,出口经验对行业边际调整行为的影响主要有两个方面:其一是缓解沉没成本约束。企业在进行出口决策时,需承担各种沉没成本,而出口经验的存在可以通过学习效应帮助企业减少不完全契约带来的交易费用,降低企业进入新市场或新行业的搜寻成本,并能够从邻近企业或市场中获取溢出知识,促进企业出口范围的扩张。其二是维系产品的出口关系。原有出口市场会为企业进一步扩张至周边的市场提供经验参考;企业出口进入一个完全陌生或较为不熟悉的领域,难免会遇到各种问题,最终引致出口企业因经营不善而退出市场,而出口经验的存在意味着出口企业对出口行业的熟悉程度更高,从而降低了企业退出行业的可能性。

2.2.2 行业分类

1. 行业的定义

行业是介于宏观和微观之间的重要范畴。所谓行业,是指从事国民经济中同性质的生产或其他经济社会活动的经营单位和个体等构成的组织结构体系,例如林业、汽车业、银行业、房地产业等。

从严格意义上讲,行业和产业是有差别的。产业作为经济学的专门术语,有更严格的使用条件。构成产业一般需具有三个特征:① 规模性,即产业的企业数量、产品和服务的产出量达到一定的规模;② 职业化,即形成了专门从事这一产业活动的职业人员;③ 社会功能性,即这一产业在社会活动中承担着不可或缺的角色。行业虽然也拥有职业人员和特定的社会功能,但一般不要求规模性。不过,由于证券分析中一般都关注具有相当规模的行业,所以业内一直约定俗成地把行业和产业视为同义语。

2. 行业分析的意义

行业分析主要是界定行业本身所处的发展阶段和其在国民经济中的地位,分析影响行业发展的各种因素以及判断对行业的影响力度,预测并引导行业未来发展趋势。对不同的行业进行横向比较,为最终确定投资对象提供准确的行业背景。从证券投资分析的角度来看,宏观经济分析能帮助我们了解宏观经济运行的总体状况和发展趋势,从而把握证券市场的背景条件和总体趋势。但是,宏观经济分析没有对总体经济的各组成部分进行具体分析,因而不能提供具体的投资领域和投资对象的建议。由于构成宏观经济的各行业有着自身发展的内在规律和行业特点,不同行业的发展与宏观经济的发展不一定保持同步,一些行业的增长率高于宏观经济的增长率,而一些行业的增长率则低于宏观经济的增长率。行业研究是对上市公司进行基本分析的前提,也是连接宏观经济分析和上市公司分析的桥梁,是基本分析的重要环节。行业有自己特定的生命周期:① 处在生命周期不同发展阶段的行业,其投资价值不一样;② 在国民经济中处于不同地位的行业,其投资价值也不一样;③ 公司的投资价值也可能因为所处行业的不同而有明显差异,不同的行业会为公司投资价值的增长提供不同的空间。行业是直接决定公司投资价值的重要因素,行业分析的重要任务之一就是挖掘最具投资潜力的行业,进而在此基础上选出最具投资价值的上市公司。行业分析和公司分析是相辅相成的。行业内各企业间的收益率同样存在差异,要评价具体投资对象的收益率和风险状况,在行业分析基础上的公司分析也是必要的。

3. 行业的分类方法

(1) 道琼斯分类法

道琼斯分类法是在19世纪末为选取在纽约证券交易所上市的具代表性的股票而对各公司进行的分类,它是证券指数统计中最常用的分类法之一。

道琼斯分类法将大多数股票分为三类:工业、运输业和公用事业,然后选取有代表性的股票,这些股票代表了行业的一般趋势。在道琼斯指数中:① 工业类股票取自工业部门的30家公司;② 运输业类股票取自20家交通运输业公司,包括航空、铁路、汽车运输和航运业;③ 公用事业类股票取自6家公用事业公司,主要包括电话公司、煤气公司和电力公司等。公用事业产业直到1929年才被确认添加到分类中。

(2) 标准行业分类法

为了便于汇总各国的统计资料并进行相互对比,联合国经济和社会事务统计局曾制定了《全部经济活动国际标准行业分类》(简称《国际标准行业分类》),把国民经济划分为10个门类:① 农业、畜牧狩猎业、林业和渔业;② 采矿业及土、石采掘业;③ 制造业;④ 电、煤气和水;⑤ 建筑业;⑥ 批发和零售业、饮食和旅馆业;⑦ 运输、仓储和邮电通信业;⑧ 金融、保险、房地产和工商服务业;⑨ 政府、社会和个人服务业;⑩ 其他。

对每个门类再划分大类、中类、小类。例如,制造业部门分为食品、饮料和烟草制造业等9个大类。食品、饮料和烟草制造业又分为食品业、饮料业、烟草加工业3个中类。食品业中再分为屠宰、肉类加工和保藏业,水果、蔬菜罐头制作和保藏业等11个小类。各个类目都进行编码:① 各个门类用一个数字代表,例如制造业为3;② 各个大类用两个数字代表,例如食品、饮料和烟草制造业为31;③ 各个中类用三个数字表示,如食品业为311—312;④ 各个小类用四个数字代表,如屠宰、肉类加工和保藏业为3111。根据上述编码原则,在表示某小类的四位数代码中,第一位数字表示该小类所属的部门,第一位和第二位数字合起来表示所属大类,前三位数字表示所属中类,全部四个数字则表示某小类本身。

(3) 我国国民经济行业的新行业分类法

随着我国社会主义市场经济的不断发展和产业结构的调整,以及对外开放的扩大和国际交往的增多,出现了许多新兴行业。为正确反映国民经济内部的结构和发展状况,2002年,国家标准《国民经济行业与代码》(GB/T 4754—2002)对我国国民经济行业分类进行了详细的划分。

新行业分类借鉴了联合国的《国际标准行业分类》的分类标准,采用经济活动的同质性原则,将社会经济活动划分为门类、大类、中类和小类四级,共20个门类,95个大类,396个中类,913个小类。门类采用字母顺序编码法,其中,大的门类从A到T分别为:A. 农、林、牧、渔业;B. 采矿业;C. 制造业;D. 电力、燃气及水的生产和供应业;E. 建筑业;F. 交通运输、仓储和邮政业;G. 信息传输、计算机服务和软件业;H. 批发和零售业;I. 住宿和餐饮业;J. 金融业;K. 房地产业;L. 租赁和商务服务业;M. 科学研究、技术服务与地质勘查业;N. 水利、环境和公共设施管理业;O. 居民服务和其他服务业;P. 教育;Q. 卫生、社会保障和社会福利业;R. 文化、体育和娱乐业;S. 公共管理和社会组织;T. 国际组织。

(4) 我国上市公司的行业分类

我国在证券市场建立之初,对上市公司没有统一的分类。上海、深圳证券交易所根据各自工作的需要,分别对上市公司进行了简单划分。上证指数分类法将行业分为五类,即工业、商业、地产业、公用事业和综合类。深证指数分类法将行业分为六类,即工业、商业、金融业、地产业、公用事业和综合类。随着证券市场的发展、上市公司数量的激增,原有分类的不足明显地显现出来,过粗的分类给市场各方对上市公司的分析造成了诸多不便。在这样的背景下,中国证监会于2001年4月4日公布了《上市公司行业分类指引》(以下简称《指引》)。《指引》以在中国境内证券交易所挂牌交易的上市公司为基本分类单位,规定了上市公司分类的原则、编码方法、框架及其运行和维护制度。对上市公司的行业分类以其营业收入为标准,所采用的财务数据为经会计师事务所审计的合并财务报表数据。当公司某类业务的营业收入比重大于或等于50%时,将其划入相对应的类别;当公司没有一类业务的营业收入大于50%时,如果某类业务营业收入比重比其他业务收入比重均高出30%,则将该公司划入此类业务相对应的行业类别,否则,将其划入综合类。由此,《指引》将上市公司分为13个门类：农、林、牧、渔业，采掘业，制造业，电力、煤气及水的生产和供应业，建筑业，交通运输、仓储业，信息技术业，批发和零售贸易，金融、保险业，房地产业，社会服务业，传播与文化产业，综合类，以及90个大类和288个中类。中国证监会负责制定、修改和完善《指引》，负责《指引》及相关制度的解释，就证券交易所对上市公司所属类别的划分备案。证券交易所负责《指引》的具体执行，包括负责上市公司类别变更等日常管理工作和定期向证监会报备对上市公司类别的确认结果。未经证券交易所同意，上市公司不得擅自改变公司类属。上市公司因兼并、置换等原因而发生营业领域的重大变动，可向交易所提出书面申请，并同时上报"调查表"，由交易所按照《指引》对上市公司的行业类属进行变更。

2.3 相关产业链举例

2.3.1 电力行业产业链分析

电力行业的产业链比较短，上游主要包括燃料供应商、设备供应商和电力辅业公司，而电网公司是电力行业唯一的下游客户（参见图2-1）。

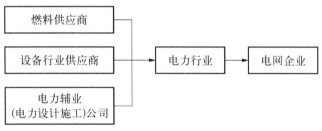

图2-1 电力行业产业链

上游燃料资源对电力行业的影响主要集中在火电生产这一领域，而对水电、风电生产来说基本不会受到燃料涨价对电力公司发电成本所带来的负面影响。专业发电设备对电力公司的生产有较大的影响，首先体现在设备造价高昂，导致电力公司初始投资非常高；其次，这些专业设备每年必须进行固定资产维护与修理，折旧费用不容小觑，这关系到公司的利润状况；最后，设备的利用效率也会影响电力公司的生产能力。电力辅业对电力行业的影响要视电力公司的投资项目规模而定。一般来说,大型的水电项目开发从选址、库区移民到大坝建设,最后到装机运行,一般得经历10年左右的时间(三峡工程计划工期为18年),总投资百亿元至千亿元不等。中小型水电站建成也需要3—5年。相比之下,传统火电厂和新能源发电项目(风电、光伏发电、生物质能发电)无论在建设周期还是初始投资金额方面较前者都具有优势。

下游电网公司以建设和运营电网为核心业务,其负责从发电公司买电然后再出售给各个不同的用户。上网电价是一把双刃剑,它直接关系到电力行业和电网公司的盈利状况,一方收益较多必定意味着另一方收益减少。国家发改委掌握着电价的制定权,在电价政策制定时要综合考虑双方的利益分配。而用电行业对电力的需求则是间接地通过电网公司对电力行业产生影响,比如当国民经济保持快速增长时,为了满足终端电力用户旺盛的需求,电力公司会加大对电力固定资产投资,提高发电容量。

下面分别对火电、水电以及风电(新能源发电代表)行业的产业链进行具体分析。

1. 火电

影响火电行业的关键指标有两个:原材料价格和上网电价。煤炭公司是火电行业最重要的燃料供应商。电煤作为火电生产的主要原料,其价格的波动将直接影响电力生产公司采购成本,使电力生产盈利能力受限。

近几年来,煤炭的价格在长期内是不断走高的。由于火电公司是用煤大户,对煤有着相当高的依赖程度,但中国煤炭价格已经市场化,加上火电公司没有很强的议价能力,这意味着电力公司的原材料成本还要不断增加,公司负担日益加重。为了缓解来自上游原材料涨价的压力,唯有提高对电网公司的销售电价才是解决之道。但是,我国电力生产公司没有自主的电价制定权,电价制定受到国家发改委的管控,这使得电价上调的速度远远落后于电煤价格的上涨速度,当遭遇经济情况不好时,火电行业举步维艰。

如果煤价上涨得不到有效控制,而电价不能得到及时疏导,火电行业将有可能重新陷入全行业亏损的境地,经营风险大大提升。因此,未来电煤价格的波动和煤电联动相关政策走向将会对电力行业的盈利状况构成较大影响。

此外,由于火电厂是二氧化碳排放大户,与环境问题密切相关,近年来国家不断出台多项政策鼓励电力环保,大力推进"上大压小",对火电厂的经营进行高标准的环境考核,关停未达标的小火电机组以淘汰落后产能等,这也会加大火电厂的经营成本。

2. 水电

水电建设普遍具有投资金额巨大、工期较长和资金回收慢的特点。加上水电发电量受季节等综合因素影响,水电单位千瓦造价比火电贵1倍左右。在设备制造方面,我国大型水电设备国产化进程大大提高。目前我国大型水轮发电机组的设计、制造等关键技术已获得突破,进入了产业化阶段。反映水电设备高端制造的抽水蓄能电站设备,我国也具备自主设计、制造大型抽水蓄能电站设备的能力。水电机组国产化、本土化将显著降低水电工程造价。

水电机组的上网电价低与水电的长期运营有关。一般大型水电站的设计使用寿命为50年,中小型水电为25—30年,再加上水电生产省去了原材料成本,相比之下,长期运营成本是比较低的。虽然目前水电公司经营会存在某些困难,但是随着电源结构改革的不断深入、国家在发展清洁能源时对水电项目的大力支持(提高水电上网价格),水电公司在未来还是有着比较好的前景的。

3. 风电

中国的风机设备产能近几年增长很快,表现出很高的产业集中度。风电设备制造行业明显地分为三个梯队:第一梯队,华锐风电、金风科技和东方电气(均属于全球风机制造商十强之列);第二梯队,明阳风电、国电联合动力和湘电集团;剩下的小风电制造商属于第三梯队。

随着国家千万千瓦级风电基地规划逐步浮出水面,国内整机制造公司也纷纷加快了产业布局,更加有效地贴近市场,降低运输成本。与此同时,为支持风电设备关键技术研发,提高自主创新能力,加快风电产业发展,财政部于2008年印发了《风力发电设备产业化专项资金管理暂行办法》,采取"以奖代补"方式支持风电设备产业化。在政策导向作用下,风电设备制造业迅猛扩张,国产化程度提高,规模收益加大,随之而来的是风电机组价格不断下降,风电建设成本降低。

同样,风电的上网电价关系到风电公司的收入盈利问题。为促进风力发电产业健康持续发展,国家发展改革委发布了《关于完善上网电价政策的通知》,对风力发电由招标定价改为实行标杆上网电价政策。风电实行标杆上网电价,一方面为风电投资公司提供了一个明确的投资预期,有利于引导风电项目有序开发;另一方面则激励风电公司降低投资成本,控制运营成本,从而达到提高投资收益的目的。此外,国家对风电行业的资金补贴每年都在大幅度增长,给予风电行业巨大的产业支持。

电网设施建设的滞后也会给电力公司带来负面影响。现在我们有很多公司电力生产能力不成问题,完全可以满足当地的电力需求。但是,由于输配电线等电力系统建设不到位,生产出来的电力无法上网,电力资源白白浪费,对公司、对国家都是巨大的损失。智能电网的建设能有效地解决这一问题。

2.3.2 医药行业产业链分析

医药行业的产业链主要由三部分组成:原料企业、生产企业、患者。如图2-2所示,产业链的上游原料企业主要包括化学药的原料、中药材企业和生物原料企业;中游生产企业主要生产化学药、中成药和生物制剂,然后通过流通渠道到达经销商及终端客户平台,最终面向用药群体。

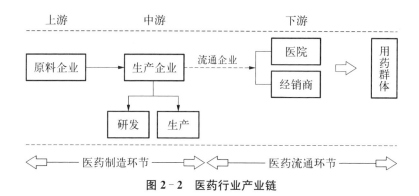

图2-2 医药行业产业链

上游原料企业主要为中游制造企业提供生产各类产品所必需的化工原料或动植物药材。

化学药的价格易受石油化工产品的价格波动影响。对于生产中药和生物生化药的企业而言,其成本构成中,原材料占比在20%以下,对于上游原材料企业的依赖程度不如化学药企业那样高。不过,值得提出的是,由于中药材企业的原材料来源受地域和自然气候影响较大(尤其是一些特定的品种),故须注意生长条件发生巨大改变时易引起较大价格波动。此外,由于农作物产品的来源广,近几年原材料的运输费用也占据着较高比重。

产业链末端最终面向的是用药群体。此处要指出的是,处方类药品由于其专属性和专业性很强,被称为指导商品,消费者在药品的消费上具有较低的自主选择性。具体来讲,由于普通群众对医疗知识的缺乏,药品的使用者一般无法自行判断疾病,不容易完全理解药品说明书中的药学专业术语及药学原理,因而在选择针对自己病情的药品种类和规格时,必须在医师的指导下才能完成选择和使用。故而,患者对药品的需求大部分来自医生的处方,患者几乎不具备对药品的选择权,而仅具有使用权。

就定价而言,中国药品定价实行政府定价、政府指导价和企业自主定价的方式。政府定价是由价格主管部门制定最高销售零售价格,各药品零售单位在不突破政府最高零售价格的前提下销售药品。政府指导价是指由价格主管部门规定基准价及其浮动的范围,从而确定了价格的最高限度和最低保护价。目前实行政府定价或指导定价的药品包括列入国家基本医疗保险药品目录的药品以及国家基本医疗保险药品目录以外具有垄断性生产、经营的药品(包括国家计划生产供应的精神、麻醉、预防免疫、计划生育等药品)。企业自主定价,即采取企业自主提供成本信息资料的方式报批价格,定价药品的利润则根据国家的经济政策和价格政策来确定,由于物价部门往往没法核实这些成本信息资料是否真实,导致企业自主定价的药品价格具有不可监察性。

1. 医药工业

在医药工业中,其主要支柱分为三大板块,即化学药、中药和生物生化板块。这三大板块每年工业总产值占整个医药行业的比重都达到80%以上,利润总和也占据了整个行业的绝大部分。

不同的板块又有着不同的发展特点,具体分析如下:

第一,化学药板块。化学药板块包括化学原料药和化学制剂两个子行业。化学原料药指由化学合成、植物提取或者生物技术所制备的各种用来作为药用的粉末、结晶、浸膏等,它是化学制剂药在完成制造工艺前所需要的原料,其重要及关键的制造原料是药物中间体。化学制剂是指直接用于人体疾病防治、诊断的化学药品制剂,包括片剂、针剂、胶囊、药水、软膏、粉剂、溶剂等各种剂型。

从全球的化学制药产业格局来看，欧美和日本的大型专利药企的业务模式等级最高，"重磅炸弹"药物在其销售收入来源中占据重要地位。全球性仿制药企业处于整个医药产业链的终端，销售的产品以非专利药为主。

中国化学制药企业的业务模式则相对处于低端，一方面作为全球最大的原料药出口国，中国向欧美、日本和印度制药企业提供诸如维生素类、抗生素类、解热镇痛类的大宗原料药，与此同时，近年来国内化学药企业向利润更高的特色原料药转型趋势明显，如提供普利和沙坦类的华海药业、提供他汀类的海正药业等。

另一方面，我国生产的制剂超过90%都是仿制药，其中绝大多数是面向国内市场的低端仿制药，如传统的抗生素类等。由于制剂的生产壁垒较高，我国制剂企业大多以仿制专利已过期多年的基础药物为主。由于缺乏自主研发及创新能力，国内高水平的新剂型和新制剂较少。总的来说，国内制剂企业基本还处在为国际药企提供制剂OEM代工这一阶段，还没有进入诸如转移生产、合作开发等高附加值的环节。

第二，中药板块。中药板块包括中成药和中药饮片两个子行业。中药饮片指在中医药理论的指导下，可直接用于调配或制剂的中药材及其加工炮制品。中成药则是用一定的配方将中药加工或提取后制成具有一定规格，可以直接用于防病治病的一类药品。

作为中国的特色药，中药由于毒副作用低以及源于自然的特点，受到了更多的青睐。传统中药包括中药材、草药、饮片和一些古方经典制剂等。这些制剂主要以生药粉入药，剂型古老，主要为膏、丹、丸、散等。我国中药至今尚未真正进入国际医药主流市场，主要原因是我国中药在药效和安全性评价、生产工艺、质量标准、制剂技术、临床研究等方面发展滞后，药品成分和药理不明确，不符合国际医药市场的标准和要求，无法进入发达市场，中药的消费主体仍是国内市场。中药生产中绝大部分是中成药制剂。

如果想要真正把中药企业做强做大、打入国际市场，则需要向现代中药转型。现代中药是指来源于传统中药的经验和特点，严格按照GAP、GCP、GMP等各种规范所生产的优质、高效、安全、稳定、质量可靠、服用方便的新一代中药。

目前我国每年批准的新药中有90%左右是中药,具体模式转变如图2-3所示。

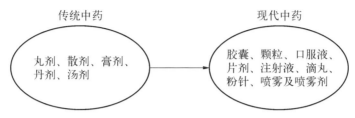

图2-3 中药行业业务模式转变趋势图

就现今而言,我国现代中药发展迅速且具有远大发展前景的药种有中药注射剂、中药粉针和滴丸。

总的来说,我国医药市场中单品过亿元的国产重磅药集中在中成药领域,如首个突破10亿元销售额的天士力的复方丹参滴丸。此外,江中集团的健胃消食片、仲景宛西制药股份有限公司生产的仲景牌六味地黄丸、康恩贝股份有限公司开发的植物药前列康、神威药业的清开灵注射液、哈药集团中药二厂生产的双黄连粉针剂都是近年来我国发展迅速的现代中药。现代中药企业的核心产品则具有自主研发专利,企业利润率相对较高。广泛开发拥有自己知识产权的中成药系列产品,在单品上做到行业最强,已经成为中成药企业快速发展的立足点。

第三,生物生化板块。生物生化制品是指利用生物技术和动植物材料进行生产,目前产品结构大致可以分为血液制品、疫苗、诊断试剂和其他生物工程产品等,其中疫苗是生物制药最重要的部分(参见图2-4)。

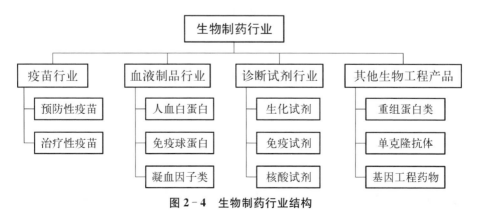

图2-4 生物制药行业结构

从全球范围来看,生物医药产业集群主要分布在三大区域:北美、欧洲和日本。我国是世界上最大的疫苗生产国,年产疫苗超过10亿个计量单位,在计划免疫疫苗市场上占有大量份额,在有价疫苗市场上还处于初级阶段。目前我国生产疫苗或与疫苗相关的主要上市公司情况如表2.1所示。

表2.1 我国生物药行业主要疫苗生产厂商

厂商名称	代 表 产 品
海王生物	流行性感冒亚单位感疫苗
长春高新	冻干水痘减毒活疫苗、VERO细胞生产狂犬病疫苗
华兰生物	乙肝疫苗、禽流感灭活疫苗、小鹅瘟活疫苗
天坛生物	重组酵母基因工程乙肝疫苗、VERO细胞乙脑疫苗和无细胞百白破疫苗
联环药业	禽流感灭活疫苗(H9亚型,F株)、鸡新城疫低毒力活疫苗(La Sota株)
辽宁成大	VERO细胞人用狂犬病疫苗、人用乙脑疫苗

2. 医药商业

医药商业是整个医药系统中的重要一环。作为连接上游医药生产企业和下游经销商以及终端客户的平台,医药商业从上游厂家采购货物,然后批发给下游经销商,或直接出售给医院、药店等零售终端客户,并通过交易差价及提供增值服务获取利润。

目前医药流通企业的经营方式以分销为主,具体又分为两类:纯销和批发业务(如表2.2和图2-5所示)。

表2.2 纯销和批发业务对比

类 别	纯 销	批 发
流通模式	制药企业—医疗机构、药店等	制药企业—分销商—下一级分销商—医疗机构、药店等
毛利率	较高	相对较低
应收账款回收周期	较长	较短

我国医药流通企业以批发商居多,纯销业务的占比份额还较小。医药流通领域更多地采用"统购包销、逐级调拨"的三级批发流通管理模式,严格控制

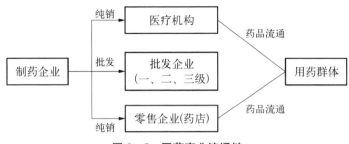

图 2-5 医药商业流通链

药品的流通。作为特殊的、具有垄断地位的零售环节,我国医疗机构和药房占据了75%以上的药品零售市场份额,是医药物流的主要干线。

我国医药分销行业以全国性分销龙头企业(如国药集团、九州通)和区域性的医药分销龙头企业(如上海医药)为主导,份额主要集中在医药市场容量较大的沿海发达地区以及以北京为中心的华北地区。其中,国药集团和九州通已经形成了全国性的销售网络,上药、广药、南药等也形成了区域性的竞争优势。

2.3.3 汽车行业产业链分析

汽车行业属于传统制造业,位列于产业链中游(参见图2-6),其上游是原材料和零配件供应商。汽车产品由上万个零部件组成,采用分级供应商模式:整车公司直接面对一级供应商,而一级供应商为整车公司提供模块化零部件或整车关键零部件,一级供应商可能是整车公司的子公司或参股公司;二、三级供应商为一级供应商提供组件或其他较小的零部件。产业链前端基础原材料主要包括钢铁、轻金属、塑料、橡胶件、玻璃等。

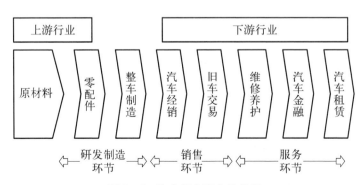

图 2-6 汽车行业产业链分析

下游主要为汽车经销商,开展与相关汽车服务贸易业务,包括汽车金融、汽车租赁、汽车维修养护、旧车交易。对应到具体的终端需求部门,商用载货车与乘用车不同,本质上不属于终端消费品,它作为资本品与房地产投资、城镇基础建设和物流等部门相联系。

2.3.4 煤炭行业产业链分析

我国煤炭行业发展已经比较成熟,形成了稳定的上下游产业格局,在保证供应稳定的条件下,下游是影响煤炭行业发展的关键。煤炭采选业、炼焦产业、煤化工行业等都是和煤炭紧密相连的行业,从"链条"角度可粗略简化为三条线"煤—电—铝""煤—焦—化""煤—铁—钢"(参见图2-7)。

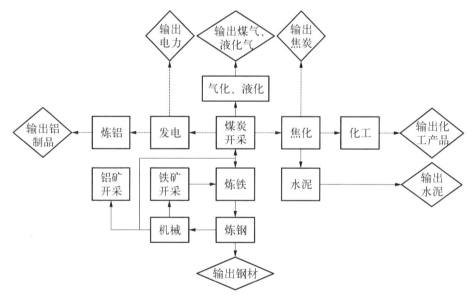

图2-7 煤炭行业链条示意图

开采得到的原煤,经过洗选工艺获得精煤后,根据各自含硫量不同,大致分成无烟煤、炼焦煤、动力煤和褐煤,随之各自的用途也不尽相同,根据其自身的特点被不同的下游产业所利用,形成错综复杂的链条关系(参见图2-8)。

2.3.5 房地产行业产业链分析

住宅地产公司和商业地产公司大致遵循的产业链如图2-9所示。

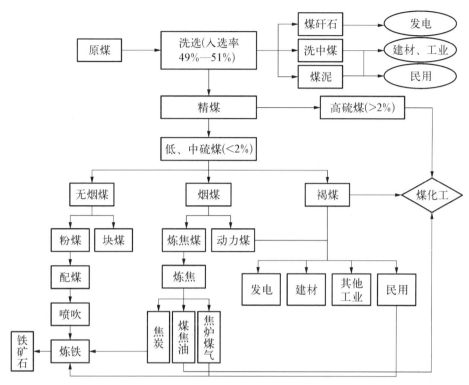

图 2-8 煤炭行业产业链产品结构示意图

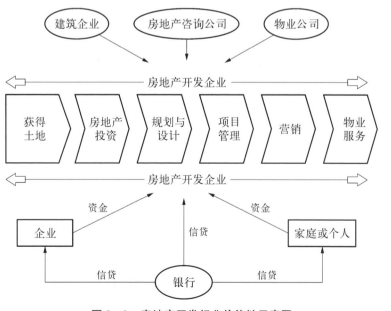

图 2-9 房地产开发行业价值链示意图

从图2-9可知,银行在产业链条中扮演了重要的角色,这是因为房地产行业是典型的资金密集型行业,融资需求高。

获取土地则是房地产公司完成价值创造和增值的重要前提。与国外普遍存在的土地私有制不同,我国的土地归国家所有,并采取土地批租制度。所谓土地批租制度是指:国家将在若干年内的土地使用权一次性出让给土地使用(经营)单位;土地批租的费用,即土地使用权出让金,亦称土地价款,由用地单位一次性支付。出让土地到期后,国家有权将土地连同地上建筑物、构筑物一并无偿收归国有。

1998年住房市场化改革后,房地产投资增长偏快引发了管理层对经济过热的担忧,政府开始从控制土地供给的角度对房地产投资进行调控。2002年开始实行"招拍挂"制度,2004年的"831"大限标志商品住宅和商业地产的土地出让完全归国家垄断,从此大量的公司自有土地被排除于市场之外,土地资源迅速变的短缺。房地产开发公司购置土地面积增速在2004年后迅速降低。

所以,土地与金融信贷两个至关重要的因素与政策紧密相连,话语权主要掌握在政府,其次是大型银行手中。房地产公司能否在竞争土地和争取信贷上获取优势,将起到决定性作用。

而之后的五个主要环节,与国外地产公司往往直接参与整个链条的规划建设不同,我国的房地产公司往往没有直接参与所有环节的工作,而是通过"外包"的方式由建筑商、咨询机构、物业服务商等来完成。因此,房地产公司能否通过自己的组织和管理充分调动内外可利用的资源使自身和与之合作的各种专业机构的资源有效地整合起来,成为能否获取竞争优势的决定性因素。

这要求房地产公司与其合作公司紧密合作,从成本控制、产品差异化、目标聚集三个角度综合考虑,有的放矢,实行顺应趋势潮流:符合公司自身定位的经营战略。具体来说有以下五个环节:

一是房地产投资环节。这个环节能否获取竞争优势主要取决于公司能否做出恰当的区位投资布局以及对投资目的的选择(销售、租赁或者持有获得房地产增值收益)。

二是规划与设计环节。这个环节能否获取竞争优势主要取决于公司能否符合产业政策的导向和当地居民的消费水平,实行差异化开发与建设。比如,规划设计可复制的"社区综合开发模式",实践"装修房战略",逐步推广"绿色住宅"等。

三是项目管理环节。这个环节能否获取竞争优势主要取决于公司对地产项目的质量、速度、成本的控制以及对合同、安全管理的效率。比如,能否构建一套行之有效、能有力压缩成本的建筑标准化体系。

四是营销环节。这个环节能否获取竞争优势很大程度上取决于上述三个环节的绩效,当然广告的力度和创意、能吸引顾客的优惠或付款模式、开盘时间的节点选择也是重要的。

五是物业服务环节。这个环节能否获取竞争优势取决于公司能否在交付、维修等大的环节上注重客户感受的提升,从而获得消费认知,打造品牌价值。

2.3.6 新媒体行业产业链分析

新媒体产业链与传统媒体不同,产业链更长、更丰富。整个新媒体产业链由多个个体组成,包括设备制造商(传统媒体产业并不涉及)、内容提供商、网络运营商、平台提供商、广告运营商、软件及技术提供商(传统媒体并不涉及)、终端提供商、受众和检测机构等。

由于纵贯新媒体产业链的核心是免费使用的全球化互联网,竞争基础高度一致,用户群体又高度分散,这就创造了一个从零到无限、自由而宽阔的产业价值域,而且是一个有着高度弹性的价值区域,既可以实现在整个媒介产业的价值范畴,也可以实现在单个媒介企业的价值范畴。新媒体产业价值链的起点,始于货币成本趋近于零的那一刻,也就是互联网让用户得以免费传播和使用信息的时刻。但凡需要用户直接为技术的应用付出货币成本的,不论技术本身如何先进,其血缘都可以追溯并归属到传统媒体的范畴。

在整个新媒体产业链中,设备制造商、内容提供商、网络运营商、平台提供商、营销机构、软件及技术提供商、终端提供商、受众和检测机构等每个个体都有各自的作用且环环相扣,相互影响,相互呼应,形成了一个有机的整体,形成完整的新媒体产业链(参见图 2-10)。

1. 设备制造商

设备制造商是新媒体产业链的重要一环。试想,如果没有平板电视的制

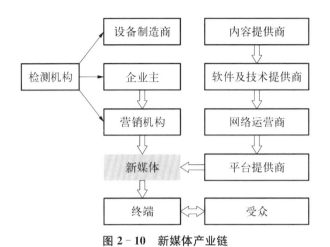

图 2-10 新媒体产业链

造生产,楼宇电视将在萌芽时期"死于非命"。车载电视和星空电视简直就成为天方夜谭。

根据国家统计局 2012 年对我国战略性新兴产业的分类,新一代信息技术产业的设备制造包括高端计算机制造(内含新型计算机和高端服务器的整机制造、计算机零部件制造和计算机外围设备制造)、其他计算机制造(工业控制计算机、高端路由器、宽带网络接入服务器、信令网关、IP 中断媒体网关、云储存设备、云终端设备、海量数据智能处理平台、绿色云计算平台、云应用开发支撑平台、物联网网关和无线射频 RFID 产品)、通信系统设备制造(新一代移动通信基站设备、新一代移动通信网络控制设备、新一代移动通信基站天线、新一代移动通信电路交换机、新一代移动通信分组交换机、数字程控交换机、卫星通信传输设备、散射通信设备、载波通信设备、通信导航定向设备和交互式广播网络)、广播电视设备及数字视听产品制造(广播电视节目制作及发射设备制造、广播电视接受设备及器材制造、电视机制造、音响设备制造和影视录放设备制造)。单电视机制造就有高清/超高清电视机、交互电视机、节能电视机、3D 电视机、OLED 电视机、激光投影电视机、网络及智能电视机和新型数字显示终端等八个品类。此外,还有高端电子装备和仪器制造、基础电子元器件及器材制造和集成电路制造等。

2012 年我国战略性新兴产业分类缺失了手机新媒体产业。实际上,手机特别是智能手机的制造业与新媒体产业息息相关,应该在新媒体产业链中续补上去。

2. 内容提供商

内容提供商包括内容的生产制作者和提供者,新媒体的内容提供主要来源于三大阵营:专业的内容提供商(含传统媒体)、新媒体运营商企业主和爱好新媒体内容创作的个人。

专业内容提供商主要指提供影视、新闻、音乐的专业制作公司和传媒机构等,传统媒体也在积极参与新媒体的内容制作。两种类型的内容提供商均以技术的发展和普及为实现基础。新媒体时代也称为自媒体时代,即以个人为单位,自主创造节目,自由上传。平民获得更多机会发声,智慧积累的方式由少数精英的生产扩大为全民生产,各种知识冲破二八定律,按照长尾理论或早或晚地整体疯狂膨胀、混杂无序,形成信息内爆。

3. 软件及技术提供商和网络运营商

如果说传统媒体时代的产业发展是"渠道为王"或"内容为王",那么,新媒体产业时代完全可能是"技术为王"或"想象力为王"。掌握信息时代的前沿核心技术,兼备超乎寻常的创意想象,将是新媒体产业的王者。

软件技术提供商是指新媒体整个产业链的运作中业务、资费、管理等环节的软件提供者和技术提供者。网络运营商是指拥有骨干和核心网络资源、通过建立虚拟网络来进行运营服务,为平台提供商提供网络支持的企业。网络运营商包括无线网络运营商、固网运营商、数字广播网络运营商等。

4. 平台提供商和营销机构

平台提供商是指内容呈现平台,指为网络分享、交易等服务提供网络空间、技术支持、服务支持的计算机网络系统的网络运营者,如国内知名 C2C 网站淘宝网、视频直播网 PPLive 和优酷网等。

营销机构主要指根据信息发布者需求,提供营销活动前期调研、营销方案制定、方案的执行监督等服务,如广告公司即广告运营商、PR、SP 公司等。部分营销机构单独或协同监测机构提供营销活动监测及效果评估服务。

5. 受众

传统媒体时代,受众是指信息的接受者。新媒体时代,受众是具有信息接收者和信息生产者双重身份的人,可以自我产生内容并将其传送给他人。新媒体的发展是在互动技术、搜索技术等基础上实现的。因此,新媒体对受众技术的使用、掌握以及文化素质水平提出了更高的要求,新媒体的受众人群主要是上班族和学生群体,其中上班族多为企业管理者、技术人员等中高收入者。通过研究发现,传统媒体的受众呈现老龄化趋势,新媒体人群的消费能力远高于传统媒体。

6. 检测机构和企业主

检测机构指的是提供效果评估的机构,对广告的传播效果、到达效果、用户行为等指标进行综合评估、分析,为企业主下一步营销计划提供参考。相对于传统媒体的检测机构,新媒体的检测机构涉及的检测范围传输网络多,传播行为复杂。

企业主指的是使用新媒体进行营销活动的发起者、新媒体营销服务费用的提供者。企业主同时是新媒体信息来源的重要发源地,企业主一方面可以通过营销机构发布信息,另一方面也可以自己发布营销信息。

随着新媒体产业内部分工不断向纵深发展,价值创造活动通常由多个企业协同完成。用产业链的学说来观察新媒体产业发展,可以看到新媒体产业链的环节相对于传统产业的环节更为繁多,且产业链中上下游链条依附关系更为紧密。

当前,新媒体产业链有四个主要关键环节,即策划创意、内容制作、生产复制、交易传播。产业内部的分工与合作不但大大提高了工作效率,还扩大了价值增值流量。四者紧密联系,为新媒体产业循环发展提供了良好的环境。在所有四个环环相扣的产业链中,策划创意所占比重最大,它决定着整个产业制作生产的作品能否符合市场需求,能否大规模批量复制,能否实现版权市场价值并达到低耗能、高产出的目标。其次是交易传播环节,各占产业链价值的50%和35%左右。这两个环节对新媒体产业价值链的贡献率达到85%的比重,成为新媒体产业发展和聚集的关键环节。

在5G时代,以"技术为王"或"想象力为王"的趋势将更加明显。内容创意上的收入将达到整个产业链产值的近1/2。在发展新媒体产业的道路上,内容是基础,技术是支撑,创意是根本,这是新媒体产业发展的内在规律。

2.3.7 移动支付产业链分析

我国移动支付产业链主要由移动运营商、金融机构、移动设备提供商、移动支付服务提供商、商家、用户等多个环节构成。我国移动支付业务具有自身的独特性,只有建立并不断完善产业链,移动支付业务才能获得健康的发展,产业链中的各个成员才能获得各自的利益和地位,从而实现共赢。

在整个产业链中,不同的要素由于各自所处地位、实力、利益需求不同,都有各自的定位和发展方向,以下对各个要素进行简单的分析。

1. 移动通信运营商

移动运营商凭借用户群优势和品牌效应可以在用户中产生强大的吸引力,对用户来说,它们是值得信赖的业务提供者。中国移动和中国联通同它们的用户具有长期的支付契约,具备开展移动支付业务的基础。移动运营商在移动支付中是非常重要的环节。

移动运营商为移动支付系统提供包括语音、短信、WAP、CDMA 等方式的支付手段;同样,移动运营商有能力为不同类别的移动支付业务提供不同级别的安全保障。从这个意义上说,移动运营商控制着移动支付系统的运行。移动通信运营商的不足之处在于,它们对移动支付业务内容的开展方面经验不足,对市场的反应较慢,需要一些独立的移动支付服务提供商来协助其进行业务开发。这种情况同移动增值业务刚刚开展时极为相似,即由移动运营商提供网络支持,众多的 SP 提供内容上的服务。而不同之处在于目前移动支付的产业链中涉及的银行开展的业务发展缓慢,因此在产业的初期由移动运营商领衔开展的业务无论是从内容、范围还是交易金额上来说都较小。随着移动支付业务内容的延伸,移动运营商必将触及移动支付的核心领域,即由银行等金融机构主导的大额金融资金转账服务。由于监管政策的限制,运营商需要同银行进行合作来进入这一领域,同时,随着移动支付交易额的增加,移动小额支付也会给移动运营商带来欺诈和坏账的风险,而移动运营商在这方面的风险规避和管理能力非常薄弱。因此,移动运营商不得不同银行机构合作,借助其雄厚的资金和技术合作开展业务,同时也可以规避监管政策的风险。在整个产业链中,移动运营商主要通过以下几个途径获取利润:

第一,用户进行移动支付时,只要是使用了移动运营商的网络,无论是采用 SMSWAP 方式,还是进行电子化产品的下载,都会产生数据业务流量,从而需要向移动运营商缴纳相应的费用。

第二,同短信收益的模式相似,移动支付的第三方支付服务提供商需要挂靠在移动运营商的移动通信网络之上,因此就需要向移动通信缴纳一定的佣金。

第三,移动支付业务可以刺激用户产生更多的数据业务需求,增加其对媒体业务、电子化产品的下载量,从而也增加了移动运营商的收益。

第四,移动用户为了使用移动支付业务,需要在运营商那里存储专用的资金由于用户基数的效应,这笔资金总额非常可观,移动运营商可以将其投入各个方面的建设中,从而带来更多的收益。

从以上内容可知,移动运营商拥有自身的优势,它们有能力在移动支付产业链中成为主导者。

2. 金融机构

移动支付业务涉及金融交易,必然要面临来自金融行业部门的监管。因此,为了规避工商行政管理和金融政策的监管,移动运营商推出的小额支付一般都采用了手机用户先通过银行在专门的账户里预存金额再进行消费的方式。通过这样的做法,移动运营商可以规避吸纳储蓄的嫌疑,回避金融监管部门的干涉。但是,移动支付业务的延伸必将触及大额资金转账的领域,而产业链的延长也会给银行等金融机构进入移动支付领域带来机会,它们理所当然地需要分得自己的那块"蛋糕"。银行可以从移动支付业务中获取很大的利益,主要体现在以下几个方面:

其一,银行通过移动支付业务可以提升银行的传统金融业务的服务功能,可以吸引更多的储户和资金,提供更多的信贷服务。

其二,银行与移动运营商合作,将手机号码同银行卡绑定之后,将刺激银行卡的使用,为移动银行提供更多的用户数量,从而扩大信用卡的年费收入;同时,与移动运营商就移动支付业务的结算也可以为银行增加不小的收益。

其三,通过移动支付业务,银行可以降低经营成本,把一些非营利性的代收费服务的柜台过渡到电子支付平台。通过移动支付业务的开展,移动支付终端的普及也对银行设置的ATM机等设备产生替代作用,从而节约大量的资金。

银行的资金结算体系将使银行成为移动支付的重要参与者,同时,银行单独作为运营主体也存在一定的弊端:

第一,各银行提供的移动支付业务在银行之间不能互联互通,这在一定程度上会限制移动支付业务的开展。

第二,各银行如果需要自己独立开发移动支付系统则需要购置大量的设备,而开发系统软件无疑将投入巨大的成本,各银行自建系统还将造成资源的浪费。

第三,正常情况下,每个用户只拥有一部手机同一家银行的信用卡绑定,这样用户将无法享受其他银行的服务。

第四,银行,特别是银联,作为金融秩序的规范者,如果参与支付平台运营就会形成一种"既是运动员又是裁判员"的尴尬局面,利益分配问题也由此产生,从而会引起其他参与方的不满。

因此,在移动支付产业链中,银行不可避免地需要占据领导地位,而移动运营商第一次遇到了同自己具有相同甚至更高议价能力的对手。这是因为,在结算方面用户还是更加依赖于银行,而不是移动运营商,同时,银行拥有交易清算的经验和强大的数据支撑平台。而银行独自开展移动支付业务也有一定的困难,并且会引起产业链中参与方的不满。因此,银行同其他参与方如何合作并建立合理的利益分配机制将是影响移动支付产业链的关键。

3. 移动支付服务提供商

在移动支付应用中,需要构建包括支付网关、客户钱包、商家账号和结算系统等组成的移动支付服务系统,它需要提供两方面的接口:一是与移动通信网络挂靠的终端设备识别与管理,二是同银行等挂靠的业务接口与管理。这些功能需要由移动支付服务平台来提供。

第三方移动支付服务提供商在移动支付产业发展的进程中具有非常重要的作用。移动支付服务提供商可以整合产业链的资源,在移动运营商和银行之间建立桥梁,并最终向商家和消费用户提供移动支付服务。其主要的特点如下所述:

其一,银行、移动运营商、支付服务提供商之间可以进行明确的分工,而且移动支付服务提供商可以起到插转器的作用,调和银行、运营商、用户等各利益群体之间的关系,将业务的用户界面仅仅限定在自己这个领域中,从而提高整个业务流程的效率。

其二,移动支付服务提供商可以解决不同银行之间的移动支付业务无法互联互通的状况,通过资源整合,在银行和SP之间交叉推广各自的服务,从而可以实现跨行的移动支付交易。

其三,业务的不断发展对移动支付服务提供商的要求也逐渐增高,需要其在市场推广、技术研发、资金运作等方面都具有较强的感召度和认知度。

移动支付服务提供商也是移动支付产业链中最活跃的因素,它们是该业务的积极推动者。在欧洲,最早开始提供手机支付服务的不是移动运营商,而是一些第三方门户网站。在国内,也有联动优势、广东金中华等一批移动支付服务提供商,它们都致力于整合移动运营商和银行的资源,为用户提供支付服务。独立的移动支付服务提供商主要通过两种途径获取利润:一是向移动运营商、银行和商户收取技术使用许可费;二是与移动运营商签订协议,由移动支付服务提供商进行市场和业务开拓,为移动运营商开发签约用户,再与移动运营商对用户使用移动支付所缴费用进行分成。

从目前情况来看,移动支付服务提供商的存在是必要的,并且对移动支付产业有很大的推动作用,因为用户的需求是多样性的,琐碎并且缺乏规律。移动运营商由于拥有巨大的用户基数,在市场反应和业务开拓上就像一头笨象,有时候它的力量和资源使用不到最恰当的地方。移动支付产业链涉及银行业、移动运营商等多个参与方,独立的移动支付服务提供商作为缓和矛盾的桥梁,可以协调各方的利益关系。更重要的是,通过这种方式,移动支付服务提供商开始进入金融行业,从而触发金融支付领域深刻的变革。

由于移动支付服务提供商最终为商家和消费者提供移动支付服务,因此目前中国移动和中国联通两大运营商都倾向于做移动支付业务的服务提供商(主要采用合资合作建立第三方支付平台的形式)。同时,银行的交易和结算功能也使得银行自己也可以扮演移动支付服务提供商的角色,出于维护自身利益和规范金融秩序的考虑,银行等金融机构也将触及这一领域。

4. 移动支付设备提供商

移动支付设备提供商在移动支付整个产业链中基本处于下游,具有相对稳定的利益。随着移动支付业务内容和实现方式的不断进步,对支持移动支付的新系统设备、终端、应用软件等的需求也不断增加。而移动支付又是一种技术驱动型的产业,因此,硬件设备制造商和软件开发商将成为移动支付的积极推动者。

随着移动通信由 4G 向 5G 的升级以及移动数据业务的迅猛发展,移动设备制造商在提供移动通信系统设备的同时,也提供了包括移动支付在内的数据业务平台和业务解决方案、形成了产业链中最活跃的一级。

在终端上,目前主要的移动设备制造商都推出了各自的移动支付解决方案。如今,具有 STK 功能的 SIM 卡日益普及,手机等终端设备也可以提供方便用户使用的个性化人机界面和定制菜单,通过 Java 等方式允许用户自由下载并安装各种应用程序。嵌入式条形码阅读器可解决移动支付中的数据录入问题,使移动支付的过程中更加简洁和安全。

随着产业链的建立,移动支付设备提供商和移动运营商的责任分工将明确,两者有可能形成某种联盟形式,移动终端的采购将更多地采用移动运营商定制的方式进行。

5. 商家

商家是移动支付产业链中比较微妙的一环。商家是与用户发生交易的主体,无论是移动运营商和银行都无法绕开商家独自建立产业链。

对于我国零售业来说,目前传统的商业模式无论是在业务量还是交易可信度方面都占据绝对的优势。相对于移动运营商和银行来说,商家掌握的资源最少,其用户群存在很大的流动性,无法建立一种长期的契约关系,因此用户拓展和交易的成本就很高。但是,商家在宣传和对用户的影响力上具有银行和移动运营商不可比拟的优势,毕竟移动支付从本质上来说还是商品的销售。因此,商家就处于比较微妙的位置,它们是否参与移动支付和参与的领域会影响用户对移动支付业务的选择。

商家的类型是多种多样的,可以是商场、电影院、超市,也可以是网站等。对于传统商家而言,在商场和零售店部署移动支付系统,在一定程度上可以减少支付的中间环节,从而降低经营、服务和管理成本,提高支付的效率。另外,移动支付可以获得更高的用户满意度,提升企业的核心竞争力。对于一些电子商务网站,移动支付不仅提升了它们的主要竞争力,也成为其业务的主要支柱。

综上所述,对于一些商家,移动支付作为目前传统支付手段的有益补充,不仅可以拓展客户,增加营业收入,还可以减少成本,因此这些商家是愿意支付一定的交易佣金的,而那些互联网电子产品提供商、彩票商等则更愿意参与移动支付的产业链。

6. 消费者

消费者是移动支付的使用者。操作是否方便、支付是否安全是移动支付能否吸引消费者的关键。当消费者形成用户群之后就具有了一定的议价能力,从一定程度上可以影响移动支付业务的发展,甚至是监管政策的调整。

移动支付的提供者需要把握用户的需求,在终端上提供方便的互动操作界面,在扩大小额支付业务的同时,在系统设计上提供开放的接口,从而为移动金融增值服务提供方便的集成功能。

本章参考文献

[1] 余壮雄,董洁妙.企业出口行业边际的扩张与收缩[J].世界经济,2020(2):167-192.

[2] 严渝军.证券投资分析与管理[M].北京:对外经济贸易大学出版社,2010:10.

[3] 宋军.财务报表分析行业案例[M].上海:复旦大学出版社,2012:12.

[4] 曾静平,杜振华.中外新媒体产业[M].北京:北京邮电大学出版社,2014:6.

[5] 王军选.移动商务支付[M].北京:对外经济贸易大学出版社,2012:11.

第三章 行业市场空间分析

3.1 如何估算行业的天花板

行业天花板是指企业或行业的产品（或服务）趋于饱和、达到或接近供大于求的状态。在进行投资之前，必须明确企业属于哪一种情况，并针对不同情况给出相应的投资策略。

3.1.1 行业天花板的分类

根据行业发展程度，可将行业天花板分为以下三类：

1. 已经达到天花板的行业

此类行业天花板投资机会来自具有垄断经营能力的企业低成本兼并劣势企业，一般通过扩大市场份额、降低产品生产和销售的边际成本，进一步构筑市场壁垒，从而获得产品的定价权。

例如王府井百货。百货企业是零售行业的重要组成部分之一，曾经的零售业"老大"。随着经济的发展、科技的进步、市场结构的完善，新兴零售业态发展迅速。面对着专卖店、超市、购物中心、电商、外资百货企业等的挑战，再加上百货企业自身机制的弊端，我国百货企业正处于"内忧外患"的困境：一是新兴零售业态的冲击。新的零售业态的兴起与快速发展，不断压缩着传统百货业的生存空间。二是网络购物的迅猛发展。近几年来,传统百货业一直面临着巨大的压力,相比之下,网络零售行业却呈现飞速发展的态势。三是人力成本上涨。商业企业正在失去劳动成本控制优势。百货行业属于劳动密集型行业,中国市场以前拥有劳动力成本优势。四是百货业商品同质化严重。品牌重合率高、商品大同小异。顾客走进相同层次的百货店往往会发现很多的品牌几乎每家都有,可供挑选的款式也基本一样。而商品作为百货店经营的主要客体,是吸引消费者的重要因素。商品没有特色,百货店的竞争优势就很难体现出来,更不用说吸引消费者的关注,从而导致百货店经营的商品总是随大流、千篇一律。最终,各百货店之间的竞争不得不靠打折促销等价格战手段,恶性竞争到亏本的惨境。

2. 旧的天花板被解构,新的天花板尚未或正在形成

如汽车行业和通信行业,这些行业已经比较成熟,其投资机会在于技术创新带来新需求。"创新"会打破原有的行业平衡,创造出新的需求。

以晨鸣纸业为例。我国造纸行业呈现原料在外、市场在内的局面,主要造纸原料木浆与废纸都要依靠进口,而纸制品出口数量非常有限,木浆与废纸价格的上涨将直接抬高我国造纸行业的生产成本,降低行业毛利水平,而人民币升值将减小这种不利影响,使得造纸行业成为我国目前少有的受益于人民币升值的行业。其中人民币升值有效地覆盖了木浆的涨价,但难以抵消废纸大幅涨价带来的负面影响。另外由于物价的上涨,各纸品都不同程度涨价。成本推动是各纸种涨价的共有因素。晨鸣纸业之前的纸种已经趋于饱和,但是晨鸣纸业打破了天花板,开始发展高档纸业,为企业赢得了竞争力。

3. 行业的天花板尚不明确的行业

这些行业要么处在新兴行业领域,需求正在形成,并且未来的市场容量难以估计,如新型节能材料;要么属于"快速消费"产品,如提高人类生活质量、延长人类寿命的医药产品和服务。

以三皖通高速为例。公路是促进经济发展不可或缺的交通基础设施,而宏观经济增长又直接带动公路运输需求。当前,我国经济也进入增长速度换挡期、结构调整阵痛期、前期刺激政策消化期,经济运行仍然面临较大下行压力。一是行业政策。交通基础设施行业始终受到严格的政府管制,国家行业政策的变化对收费公路企业将会产生一定影响。目前,高速公路行业的舆论

压力仍然存在,收费公路的公益性特征越来越强,收费公路政策可能调整,"绿色通道免费政策"以及"重大节假日小型客车免费政策"将继续完善,未来的政策发展趋势存在较大不确定性。二是随着国家铁路路网建设的快速推进,高铁和城际快客将会大大缩短两地间的通行时间,有可能改变部分旅客的出行方式,对公路客运产生一定影响。另一方面,高速公路网的进一步加密完善、平行线路和可替代线路不断增加周边道路的整修以及项目自身的改扩建等都会使路网的车流量发生变化。三是收费公路资产的特许经营权具有一定的收费年限限制,收费期限届满后公路经营企业的可持续发展面临重大挑战。

行业本身是很难达到天花板状态的,产品或服务趋于饱和就像完全垄断的概念一样,属于理想状态。因为消费者对产品的功能性、舒适性、美观性的需求是没有止境的,对服务的品质要求也在不断提高。在不同的社会发展阶段,消费升级永不停歇。

3.1.2 影响行业天花板估算的因素

对于企业而言,企业估值的天花板不同于行业天花板。例如,对于餐饮行业来说,企业估值天花板不在于消费规模,可能在管理能力。每家公司都有管理边界,一般而言,200人以上的企业易犯大企业病,由此出现了连锁品牌,但连锁也面临着品牌维护、食品安全问题等。影响企业估值的天花板主要有以下因素:

1. 售价天花板

售价天花板即受价格限制,行业没有自主提价能力。通常这些行业价格受到政府的严格管控,如水、电、燃气、公交车等公共事业;或不具有议价能力的行业,如报纸,价格涨幅永远跑不过通货膨胀。

2. 需求天花板

需求天花板分为两种情况:第一,行业本身没有很大的需求,即所谓"卖原子弹的不如卖茶叶蛋的";第二,行业需求中断,也称为"夕阳天花板",即产业与消费升级所带来的"创造性毁灭",如诺基亚的没落、胶卷相机的毁灭。

3. 产量天花板

对于重度依赖物资储量的行业,如矿产、钢铁,除非对外收购,否则均会面临产量天花板。当然,这是超长期投资者才会遇到的问题,在有限的投资生涯中很难遇到具有产能瓶颈的行业。

4. 成长天花板

成长天花板又称恐龙天花板,指的是企业发展成了巨无霸,把企业变成了行业,成长性就大大削弱,缺乏后劲,缺乏市场空间。美国企业策略委员会研究表明,90%以上的世界50强企业在进入50强之后,增长速度会由原来的高增长降为3%—4%。

3.1.3 估算行业天花板的方法

行业天花板的测算最终落实到笔头即计算市场规模,表现为行业天花板＝现有市场规模×成长潜力。市场规模即市场容量,是研究目标产品或行业的整体规模。简单来讲,可以理解为在一定时间内一类产品或服务在某个范围内的市场销售额。根据史蒂夫·布兰克(Steve Blank)的《创业指导手册》,计算一个市场需要估计三类：① 总潜在市场(TAM)：是指一款产品或服务在现有市场上真正的潜在可以达到的市场规模,或者说你希望产品未来希望覆盖的消费者人群规模。② 可服务市场(SAM)：即你的产品可以覆盖的人群。③ 可获得服务市场(SOM)：即你的产品实际可以服务到的市场范围,这要考虑到竞争、地区、分发、销售渠道等其他市场因素。通常遇到市场规模的问题,都是对潜在市场(TAM)进行估算。以此来评估某个产品或项目在某个时间区间内可能真正可以达到的潜在市场规模。如何估算在一个时间和空间尺度下,某个真正可能达到的潜在市场规模的大小？市场容量的估计,总体上有两个角度,分别是：自上而下(Top down)和自下而上(Bottom up)。而自上而下角度又包含三种算法,自下而上角度包含两种算法。

1. 自上而下

(1) 大市场推算法

大市场推算法,通常是确定目标市场,从目标市场更大的上一级市场往下推算的方式。上一级市场,既可以是区域意义上的,也可以是行业意义上的。这样的推算通常适合上一级市场规模更易获取数据和进行估算并且大市场和小市场份额相对稳定或者份额变动易知的情况。例如,从全球市场规模推算到亚太市场规模,再推算到中国市场规模。又如,从整个汽车市场的规模推算到电动汽车市场的总规模。

(2) 关联数据推算法

关联数据,指的是和目标市场发展的相关性较高的数据,通常是宏观数据,例如出生率、总人口、GDP、进出口总额等,通过这些高相关、易获得的宏观数据进行回归分析,实现预测。例如,跨境电商的出货量和进出口总额息息相关,获得进出口总额的发展趋势,也就能估算跨境电商的发展趋势。

(3) 同类对标法

在市场发展的过程中,已经存在如美国、欧洲、日本等市场类似的发展路径时期的规模,以此为据进行估算。估算逻辑如下:目标行业市场规模＝对标同类市场规模/对标同类关联数据×目标行业关联数据。例如,估算2025年国内出境旅游人次,出境旅游和人均GDP水平相关。通过对标,美国人均GDP(国内生产总值)和出境旅游人次的数据,以此来估算国内的相关发展。

2. 自下而上

(1) 细分市场加总法

细分市场,是指不同的细分领域加总在一起。细分市场加总法通常适用于市场内产品基本可穷举,并且能够获得精准的数据。估算逻辑如下:目标行业市场规模＝∑目标行业细分市场规模。例如,估算2025年中国汽车的销售额＝燃油车销售额＋油电混合车销售额＋电动车销售额。每个细分市场的销售额,都是销量×平均单价,销量可以根据目前的销量和发展趋势进行估算。

$$\sum 销售额 = \sum 销量 \times 平均单价$$
$$= \sum 目前销量 \times (1 + 发展趋势) \times 平均单价$$

(2) 需求渗透率分解法

需求渗透率分解法根据产品的目标人群的需求来测算目标市场的规模,适用于估算大市场或者没有明显可替代品的市场。估算逻辑如下:

目标市场规模＝目标需求人群数量×渗透率×目标行业产品均价

例如,估算2025年中国K12在线英语培训市场规模。先获取2025年K12适龄人口,通过英语学科参培率,得到K12英语参培率总人数,再通过人均年支出和线上渗透率,就能实现估算。

以上五种算法即为估算行业天花板的方法。但是,值得注意的是,市场规模的估算通常并不是单一的方法,而是多个方法共同使用的结果。最常用到的就是"细分市场加总法"+"需求渗透率分解法"。通常在需要精确估算的时候,都需要应用"细分市场加总",拆到细分市场上做细致估算。这时候要注意几个重要原则:① MECE 原则——从上到下进行拆分,相互独立,完全穷尽。② 二八法则——抓住核心市场,适当舍弃细枝末节。③ 适当调整——在估算和分析的过程中,遇到某些细分的数据无法获取时,及时调整估算策略和框架。

3.1.4　行业天花板的计算

潜在市场空间,也称为"天花板",即理论推算最大市场空间。

计算市场空间有三种方式:

当前市场空间＝当前用户数量×当前客单价×当前渗透率

潜在市场空间＝目标用户数量×预期客单价×预期渗透率

市场规模＝当期增量市场空间×存量用户复购

当前市场空间和潜在市场空间估算出来的都是时点数,而市场规模计算出来的是区间数。

1. 目标用户群数量

在建立目标用户群时,需要细分市场的目标用户。分为三步:第一步,根据功能、特性、价格等进行产品细分;第二步,根据用户定位目标、群体特性进行用户细分;第三步,获取数据,可以根据直接数据推算,也可以间接进行推算。

例如:M 手机目标用户群数量统计。

M 手机的功能完备、价格中低水平→目标用户群为中等收入群体→群体特性为年收入 6 万—12 万元,生活水平稳定,家庭恩格尔系数为 30%—35%,职业待遇处于社会中等水平→从中国家庭金融调查研究中心获取数据为 2.04 亿人。如此即推算出 M 手机的目标用户群数量。

2. 渗透率

行业的渗透率,可以是一个数据,也可以是对应不同细分领域的几个数据。渗透率包含两个核心概念：一是不同的客户群体可能会存在不同的渗透率；二是渗透率是一个模糊的判断。

假设某产品在16—59岁人口的渗透率为20%，在60岁及以上人口渗透率为10%，综合计算全行业渗透率如表3.1所示。

表3.1 全行业渗透率

年 龄 段	人数（万人）a	比重(%)b	渗透率(%)c	加权平均(%)$d=b×c$
16—59岁	89 729	78	20	16
60岁及以上	24 949	22	10	2
行业整体渗透率(%)				18

数据来源：国家统计局

(1) 渗透率影响因素

行业渗透率的提升度受到多种因素影响，例如政策、技术、成本、基础设施等。需要注意的是，即便是发展前景好的行业，市场渗透率的提升也不是匀速的，受多种因素的影响。预测行业市场空间，先要识别影响市场渗透率的关键因素。国家政策、技术发展、成本、配套基础设施都是影响市场渗透率提升的常见因素。

例如：新能源汽车市场渗透率的提升受到政策、技术、成本、基础设施等因素的影响有：

政策：车牌、"双积分"政策、车辆购置税。

技术：续航能力、电池寿命、充电速度。

成本：相同价位新能源汽车整车性能与燃油车的差距。

基础设施：充电桩的覆盖范围和密集度。

(2) 40%渗透率的"魔咒"

市场渗透率达到40%是科技股增长的临界点。当新兴技术产品或服务的用户达到目标用户总量的40%以后，其增长会出现逐渐减慢的状况，导致科技股出现戴维斯双击现象。新兴技术产品或服务的用户达到目标用户总量的5%为逐渐渡过的导入期；20%为开始进入爆发期；40%为开始进入稳定增长期；60%—80%为大多数行业进入瓶颈期。

3. 客单价

客单价受到宏观经济形势的影响,并非是一成不变的。其主要受到两个宏观因素的影响:一是国民收入水平影响购买力水平;二是通货膨胀率影响名义价格。

影响客单价的最终因素是中观行业竞争格局,例如:① 技术变革导致生产效率提高,产量的提升可能会导致价格下降。② 税收政策的改变会影响产品价格。③ 行业新进入者改变旧的市场竞争格局,导致价格变动。

3.2 细分领域和场景拆分空间

市场空间是在客观经济规律作用下,商品在自由贸易和互相竞争中自然形成的流通网络所占有的地域范围。市场空间即市场的地理界限,从经济运行来看,是商品流通以及形成商品流通的商品供给和商品需求的空间范围。市场空间是市场主体和市场客体的活动区域或范围。随着我国社会生产力和交通运输的发展,市场活动的参与者日趋增多,参与度日趋深入,交换形式不断丰富。这一切促使市场的空间范围扩大化和层次化,形成空间结构。

3.2.1 市场空间

行业的市场空间其实就是需求量,根据经济学中总需求的定义,是商品及服务在一个经济体系中任何可能价格水平下会被消费的总量。

行业市场空间的意义:对行业内企业来说,市场空间代表生意可能的最大边界。

行业市场空间的特点:市场空间不是静态的,会随着时间与空间的变化而变化。

行业市场空间与人口:行业都是为了人而服务的,因此人口是一个非常关键的要素,人口的数量、年龄结构、收入结构等都是考虑市场空间的关键变量。

而大行业规模大,覆盖范围广,综合测算市场空降既存在难度,又不准确。主要有以下几点误差:

第一,一二三线城市消费水平不一样,所以某产品或者服务的渗透率、客单价会存在较大的差别。

第二,科技产品在不同年龄段的人群中渗透率不一样,无法直接得出总体渗透率,要先对不同年龄段的人群进行分析。

第三,一项产品或者技术,在不同的应用领域的渗透率存在差别,要分不同应用领域测算市场空间,比如激光设备在消费电子、汽车及轨道交通、军用领域的不同。

3.2.2 市场空间拆分标准

可以通过一些常用的标准进行市场空间拆分,根据行业具体情况选用不同的拆分标准。产品类型:例如金融行业——资管产品、基金产品、信托产品。产品提供方:例如医疗行业——综合医院、专科医院、社区医院、诊所。应用场景:例如安防行业——政府安防、企业安防、居民安防。地域结构:例如K12培训——一线城市、二线城市、三线及以下城市。

进行行业市场结构分析时,根据各行业的厂商数量、产品性质、厂商的价格控制能力和其他一些因素,可以把各行业划分为完全竞争(如农产品)、垄断竞争(如纺织服装)、寡头垄断(如钢铁、汽车)和完全垄断(如公用事业及稀有金属矿)四种市场类型。总的来说,行业市场的空间按照以下几种方式来分类:

一是行业的周期性。行业景气状况变动与国民经济总体的变动是有关系的,但关系密切的程度又不一样。据此可以将行业分为:① 增长性行业,行业变动不总是随经济的变动而同步变动,经济增长时高增长,经济衰退时有一定增长。② "计算机和复印机"周期性行业,行业的变化态势和经济周期紧密相关。③ 防御性行业,行业的经营状况在经济周期的上升和下降时期都很稳定。④ 典型的周期性行业,包括钢铁、有色金属、化工等基础大宗原材料行业。一些非必需的消费品行业也具有鲜明的周期性特征,如轿车、奢侈品、航空、酒店等。简单来说,提供生活必需品的行业就是非周期性行业,提供生活非必需品的行业就是周期性行业。每个行业都要经历从成长到衰退的发展演变过程,这个过程就是行业生命周期,一般分为以下几个阶段:初创期——分化、衍生、新生长;成长期——需求弹性、生产技术、产业关联度、市场容量;成熟期——技术成熟、产品成熟、工艺成熟;衰退期——有大量替代品,市场萎缩。

二是行业规模。随着行业兴衰,行业的市场容量有一个"小—大—小"的过程,行业的资产总规模也经历"小—大—萎缩"的过程。

三是产出增长率。产出增长率在成长期较高,在成熟期以后降低,经验数据一般以15%为界。到了衰退期,行业处于低速运行状态,有时甚至处于负增长状态。

四是利润率水平。利润率水平是行业兴衰程度的一个综合反映,一般都有"低—高—稳定—低—严重亏损"的过程。

五是技术进步和技术成熟程度。随着行业的兴衰变化,行业的创新能力有一个强增长到逐步衰减的过程,技术成熟程度有一个"低—高—老化"的过程。

六是开工率。长时期的开工充足反映了行业处在成长期或成熟期的景气状态。衰退期往往伴随着开工不足。

七是从业人员的职业化水平和工资福利收入水平。随着行业兴衰变化,从业人员的职业化和工资福利收入水平有一个"低—高—低"的过程。

八是资本进退。行业生命周期中的每个阶段都会有企业的进退发生,成熟期以前,进入的企业数量及资本量大于退出量;而进入成熟期,企业数量及资本量与退出量有一个均衡的过程;在衰退期,则退大于入,行业规模逐渐萎缩,转产、倒闭多有发生。

3.2.3 按照领域拆分空间

以领域拆分市场空间,最具有代表性的是城市内部商业市场的空间划分,城市内部的商业布局一般分为三种:① 多层次商业中心;② 带状商业网点(购物街和干道商业带);③ 专业化商业区。城市内部市场空间则是由这三种商业布局组成的复杂的系统结构。

以市中心商业区为首的多层次商业中心结构包括市中心商业区、居住区级商业中心、小区级商业中心、邻里性商业中心、纯粹是为便利居民而孤立设立的日用杂货店铺,以及更低层次的流动摊贩。这是城市内部市场空间的主体。不同层次的商业服务网点的级别和数量,所提供的服务档次和出售商品的价钱、种类都是不同的。一般来说,在层次系统的顶部,网点级别高,数量少,货品档次高,种类多,例如,大型的百货公司等。在层次系统底部,网点级别低,数量多,货品档次低,品种单调,以日常用品为主。服务范围也是在层次系统的顶部的商业中心最大,往往包括整个城市地区,其他商业网点的服务范围随着它们的地位下降而缩小,局限于其周围地区。这种呈层次系统的商业中心所销售的货物以日用品、食品为主,顾客以邻近地区的占大多数。

带状商业网点主要指城市尤其是大城市和旅游城市传统的购物街,主要干道两旁呈带状连续分布的商业网点,以及欧美超级公路为提供长途旅客中途稍作休息或投宿的带状商业性设施。这些商业网点所销售的货物以非日常用品为主,顾客多为游客。

专业化商业街即城市内一些十分专门化的商业区域,如西方城市常见的汽车专门区、印刷品专门区(如书店等)、娱乐区、古怪物品专门区(包括古玩店区)、家具区以及医疗区等。这种商业区域所销售的货物或提供的服务都是不常用的,或只是服务于有特殊需要的顾客。这些行业在地理上聚集在一起,供顾客比较和选择,对顾客吸引力大,否则,零散分布就没有吸引力,甚至难以存在下去。

改革开放以来,尤其是随着我国社会主义市场经济体制的确立,政府把发展经济作为首要任务,并大力发展第三产业。但由于历史的积淀,第三产业发展起点低,所以到目前为止,我国城市内部还没有形成结构完整的市场空间。有关我国城市内部市场空间的研究仍然停留在借用中心地理论分析城市内部商业中心等级体系的水平上。下面通过三个实例介绍说明我国城市市场空间的一般特征。

1. 北京市商业服务市场空间分析

(1) 商业服务分类

根据居民的不同需要,商业服务分为四大类:① 生活必需品;② 饮食、服务业;③ 修理业;④ 专门项目服务。

(2) 商业服务中心分级

在实地调查基础上,根据各商业区商店的种类和数目多少,把所有商业服务中心划分为五个等级:① 市一级商业中心 A;② 市一级和区一级中心间的过渡型商业中心 B;③ 区一级商业中心 C;④ 区一级和小区级间的过渡型商业中心 D;⑤ 各区中生活小区的商业中心 E。规模较大、等级较高、提供服务项目齐全的商业中心主要位于市中心区。

A级商业中心包括众所周知的北京市三大商业中心区,按商店数目、种类和规模,排列顺序为王府井、前门—大栅栏—珠市口和西单。A级商业区的服务项目和总数,与B级商业区有显著区别,主要表现在专门性商业服务的种类和数量上。C级商业中心是区一级商业中心,平均商店总数不及A级的一半,专门性商店种类一般也仅为A级的一半。E级商业区是各区中生活小区的商业中心,以经营满足居民日常必需用品为主,这类中心商店的典型组合内容是副食品店、蔬菜店、小食店和日用小百货店。此级商店经常表现为一个商店同时经营几种生活必需品。B级和D级商业区的特点介于各自前后两者之间,D级中较特别的是那些因交通枢纽而发展起来的商业区,如北京站、动物园商业区,那里没有副食店,而食品店比重大,如北京站,食品店竟占商店总数的46.9%。从A级到E级商业区,副食、蔬菜商店占整个商业区的比例从不到2%逐渐增加到百分之十几、二十几;而其他专门性商店的比重逐渐下降,这也证明了中心地理论中根据居民需求而形成商业区分级的情况是存在的。

(3) 影响商业中心区位的因素

影响商业中心区位的因素包括:① 历史因素。五个B级商业区和三个A级商业中心区中,除了崇文门、菜市口两个B级中心外,其余六个中心都围绕故宫形成了一个基本上等边的六边形。A级商业区平均直线距离为2.6千米,A与B和A与C之间约为2.1千米和1.7千米。② 人口密度因素。市中心的人口密度比市区边缘的人口密度高若干倍,而且市中心区的商业中心不仅为本市居民服务,还为郊县和外省市来的流动人口服务,故市中心区拥有较大、较多的商业中心,提供的服务项目齐全。③ 交通易达性(或地点便捷性)因素。商店为了争取更高的营业额,十分注意地点的便捷性,高级商店尤其如此。因为它们的存在很大程度上取决于某一特定地点周围的流动人口数量。不言而喻,城市中心是整个城市便捷性最好的地方,从城市其他地方到市中心的交通都比较方便。此外,市区各地的交通干线附近是本区域中便捷性较好的地方。因此,商店布局多趋向交通中心或交通干线附近。交通线路发生变化,商业中心的等级也有可能上升和下降。总交通易达性指数,西单、王府井分别为第一、第二位,西四、东单分别为第三、第四位,前门区为第五位。过去的要道菜市口现已不是入城必经之路,它在全市商业中的地位也随之下降,不再是全市最繁华的商业中心。地位上升的突出例子是西单,现在由它和王府井、前门区共同组成了北京市的商业中心区。

2. 上海市区商业中心市场空间分析

(1) 商业中心的形状

上海市区商业服务部门的分布格局,通常有两种形式:一种是集中于一段街道两旁,形成条带形商业街,这是一种主要的形状,如南京路、淮海中路等。另一种是围绕交叉路口发展,形成一个商业聚集区,如曹家渡、提篮桥等。一条商业街或一个商业聚集区往往就形成一个商业中心。

(2) 商业中心的分类

采用聚类分析方法,选用反映商业中心规模与性质的指标(如商店数量、职能种类、职能单位数量等),可把上海市区的商业中心分为三个级别(市、区、居住区)、五种类型。① 市级商业中心:南京路、淮海中路、四川北路。② 较大区的商业中心:徐家汇、静安寺、西藏路、大自鸣钟、老西门、金陵路、小东门。③ 较小区的商业中心:北站、八埭头、曹家渡、长阳路、石门一路、中山公园、打浦桥、东长治路、大兴街、东昌路、提篮桥、沪东文化宫。④ 小区商业中心:高郎桥、石门二路、康定路、江苏路、太平桥等。⑤ 新村商业中心:新华路、武宁路、天山路。

(3) 商业中心的职能构成

根据商业中心的分类结果,归纳出不同级别商业中心的职能构成特点。居住区级商业中心一般具备20—25种职能,主要为满足居民对日常生活必需用品需求。较小区的商业中心一般有30—35种职能,除包括居住区级商业中心可能有的全部职能外,增加了一些与居民生活有密切关系的非耐用消费品职能,如文化用品、书店、饭店等。较大区的商业中心一般拥有35—40种职能,除包括较小区商业中心的全部职能外,增加了少量耐用消费品职能,如家用电器。该类商业中心的主要特点是,拥有一家综合性的、经营商品品种十分丰富的百货商店。各类商店的经营和服务向高中档发展,出现一些专门化商店。市级商业中心一般拥有47—52种职能,其主要特点是:以中高级职能的商店为主,专业性商店、特色店、名店占较大比例,行业的分工更细,如服装店分为一般服装、时装、西服、童装等类。此外,还有一些特殊职能商店,如古玩、珠宝、工艺品商店等。

从以上不同级别商业中心的职能构成中,我们可以发现,高一级的商业中心一般都包括比它低一级的商业中心所拥有的全部职能,再加上一部分同自身级别相称的职能。同一级商业中心的职能构成基本相似,略有差异。整个等级体系的结构犹如金字塔,顶部由中心商业区和准市级商业中心组成,越往下,商业中心的数量越多,众多的普通商业中心组成了这个"金字塔"的底部。这些特点和中心地理论中的中心地等级体系的概念基本相符。

(4) 影响商业中心区位的因素

除了历史、市区人口密度和地点便捷性因素外,还有地价、消费者行为及城市规划对商业中心区位的影响。

3. 广州市城区零售企业市场空间分析

(1) 商业中心的分类

在实地调查的基础上,选择六个反映商业中心规模和性质的指标(商业中心内的商店数,商业中心的职能种数,商业中心的职能单位总数,高级职能单位占商业中心职能单位总数的百分比,低级职能单位占商业中心职能单位总数的百分比,大型综合商场、大饭店、宾馆职能单位数占商业中心职能单位总数的百分比),采用聚类分析方法,把广州市区主要商业中心分为市级、区级和小区级三个级别,共五种类型:市级商业中心、旅游购物中心、区级商业中心、旧城区小区商业中心和边缘区小区商业中心。这些不同级别的商业中心构成了广州市零售商业等级体系,其特征是级别越高,数量越少,与中心地理论中中心地等级体系的概念基本相符。

(2) 商业区位分布的特征及原因

广州市区商业中心区位示意图表现出两个明显的特征:一是商业区位呈东西向带状分布,由西向东商业中心分布逐渐变疏;二是老商业中心和高级商业中心集中于市区内部,边缘区散布着较低级别的新商业中心。很明显,广州市商业区位分布与中心地理论的六边形等级体系分布原则并不完全一致。形成广州市区商业区位分布特征及理论与实际差异的主要原因在于,中心地理论是静态分布理论,而实际上任何一个城市的商业区位布局都是一个动态过程。城市商业等级体系是历史的延续,存在的分布特征是自然、历史、社会经济、人口甚至政策等综合因素共同作用的结果。具体来说,其受到自然地理环境和城内各部分发展过程差异性的影响,受到人口分布、交通易达性和居民购物行为等因素的影响。

3.2.4 按照场景拆分空间

目前在各个细分领域均出现了许多竞争者,但不同的细分市场发展状态和竞争格局存在较大差异,整体来看,旅游、租房、装修、医美等细分领域仍有待深入挖掘,存在较大的市场空间。在消费金融部分细分领域主要消费场景有:

第一,汽车行业。2018年,我国汽车消费信贷规模9 654亿元,考虑到小型市场参与主体如融资租赁和汽车厂商财务公司,估计我国整体汽车消费信贷规模已破万亿元。截至2017年,国内55%的个人汽车消费金融由商业银行提供,汽车金融公司次之,约占32%的市场份额,融资租赁公司则占据10%的市场份额。随着网络技术的发展,电商平台等也开始快速进入汽车金融市场。未来伴随商业银行零售业务的场景化、市场细分和下沉,车贷业务还有很大的发展空间。

第二,医美行业。2019年,我国医疗美容市场的市场规模达到1 769亿元人民币,2012—2019年的年复合增速达到了28.97%;2019年2季度医疗整形领域整体的月活用户规模达到了1 289.8万人次,环比增长29.5%,同比增长98.3%。行业市场规模的快速扩张和活跃用户数量的明显增加为消费金融在医疗美容场景的渗透打下了坚实的行业基础。

第三,教育行业。目前教育市场参与者众多,种类也非常繁多。如IT培训类机构有达内、传智、千锋教育等;语言类培训机构有华尔街英语、英孚教育、美联英语;职业行业培训有新华教育集团、仁和会计、中公教育、恒企教育等;学历行业有尚德机构、升学教育等;K12行业有VIPKID、掌门1对1、51talk等;还有针对留学的澳际教育等。其中大部分均已与金融机构达成分期产品合作,并且分期占比不低。例如,根据美联英语招股书,2018年其有43.5%的学生使用分期贷款服务,2019年陷入跑路危机的韦博英语据估分期订单数量占比约有60%—70%。参与教育分期市场的平台和机构有京东金融、招联金融、度小满金融、招商银行、交通银行、广发银行等。其中,招商银行、交通银行等支持直接以信用卡分期形式付款。目前,金融机构与教育机构的合作模式大同小异,一般来说,为避免客户套现风险,大多情况是资金提供方即金融机构直接将课程金额全额一次性打给教育机构,教育机构给用户提供相应的课程服务,用户再按月给资金提供方分期还款。教育培训市场这一蓝海也将迎来大规模规范整改,在这个洗牌过程中,可能有些会黯然退场,也会有优秀者脱颖而出。

第四,旅游行业。中国旅游市场快速增长、潜力巨大,也让以同程、携程等为代表的在线旅游企业持续享受红利。随着旅游人数及旅游消费的增加,2019 年中国在线旅游市场规模进入万亿时代,网上预订机票、酒店或旅游度假产品的网民规模达到 5.2 亿人。目前国内的旅游业发展正处在稳步增长阶段,加上消费金融正处于风口,旅游消费金融的前景可期。但可以预见的是,各个旅游公司之间的竞争也将进一步加剧。

3.2.5 影响拆分的因素及拆分方法

1. 影响拆分的因素

(1) 地理差异

依据地理因素进行市场细分是指将服务市场划分为不同的地理单位,如国家、地区、省(州)、市等。由于地理环境、自然气候、文化传统、风俗习惯和经济发展水平等因素的影响,同一地区人们的消费有一定的相似性,而不同地区的人们往往具有不同的消费习惯和偏好。因此地理差异可以成为服务市场细分的依据。服务市场可以选择一个或几个地理单位作为目标市场,但是必须注意,不同国家和地区的消费者有不同的消费需求。例如,考虑到中国人同西方国家不同的早餐习惯,肯德基在中国市场推出油条和花式早餐粥以及专为消费者度身定制的早餐组合套餐。为迎合中国上班族们的上班时间,肯德基餐厅特别提早到每日 7:00 开门。处于不同地理位置和不同地理环境的消费者,会形成不同的消费需求、消费习惯和偏好,因此地理细分是常用的市场细分方法。比如饮食习惯上全国各地有明显的差异,因此餐饮市场上,粤菜馆、湘菜馆、川菜馆、东北菜馆等各具地方特色的餐馆争奇斗艳,在深圳这座移民城市表现得尤为突出。具体的细分依据有:国别、地区、城市规模、人口密度、气候等。但是地理因素是一种静态因素,处于同一地理位置的消费者仍然会存在较大的需求差异,因此,企业在进行市场细分时,还必须进一步考虑其他因素。

(2) 人口特征

这类因素很多,其中性别、年龄与生命周期阶段、收入、教育程度、职业、家庭规模是最常用的市场细分因素。人口统计因素是区分消费者群体最常用的细分因素，这是因为消费者的欲望、偏好和使用率经常与人口统计因素有密切联系。人口统计因素较其他因素更容易衡量，且有丰富的第二手资料可查寻。例如，长期以来，性别细分在服装、美容、化妆品等行业中使用广泛。人口因素细分对于企业识别潜在顾客尤为重要，是市场细分最常用的细分依据。主要的细分依据，如年龄、性别、收入、职业、教育程度、家庭结构、种族、宗教信仰等人口统计因素，比较容易获得和衡量，而且消费者的需求又与此有密切的关系。如收入是影响消费者对住房、家具、汽车、服装等产品需求的重要因素。

（3）心理因素

根据心理因素进行市场细分就是依据消费者不同的社会阶层、生活方式、生活态度，以及个性特征，将他们划分为不同的群体。生活方式指消费者对待生活、工作、娱乐的态度和行为。据此可将消费者划分为享乐主义者、实用主义者、紧跟潮流者、因循守旧者等不同类型。性格方面，消费者通常会选购一些能表现自己性格的款式、色彩及产品。根据性格的差异，可以将消费者分为独立、保守、外向、内向、支配、服从等类型。此外，消费者还会根据自己的背景，将自己主观地融入某一社会阶层，同时在消费和购买产品时也会反映出该阶层的特征。比如在选择休闲活动时，高收入阶层可能会选择打高尔夫球，低收入阶层则可能选择在家中看电视。例如，在我国城市社会中，占主体的社会阶层是工人阶层，工人阶层是我国的消费者的主要构成阶层。通常，香烟、化妆品、酒等服务产品都可以根据个性特征进行市场细分。

（4）行为因素

依据行为因素进行市场细分是指依据消费者对服务产品的了解、态度、使用情况及其反应，将他们划分为不同的顾客群体。服务营销人员应该认识到，行为变量，如利益、使用者状况、使用率、忠诚度、态度、时机等是建立服务细分市场至关重要的出发点。例如，时机包括结婚、生子、升学、离婚、搬家、退休、买房等。婚姻介绍所、婚庆公司、搬家公司等即是利用结婚这一时机进行服务市场细分的典范。行为因素主要指消费者在购买过程中对产品的认知、态度、使用等行为特点，主要的细分依据有寻求利益、使用率、消费时机、使用者状况等。行为因素的细分依据有以下几种：

一是按寻求利益细分。寻求利益指消费者对所购买的产品能带给自己的好处有不同的要求,如购车时,消费者可能会有以下要求:款式好、安全、省油、耐用等。因此,经营者应了解消费者在购买某种产品时所重视的主要利益是什么、消费者还有哪些利益没有得到满足,进而使自己的产品突出这些利益要求,可以更好地吸引消费者的兴趣。

二是按使用率细分。使用率反映的是消费者使用量的多寡。根据消费者使用量的不同,可将消费者分为少量使用者、中量使用者、大量使用者。比如啤酒厂大多选择大量使用者作为自己的目标顾客,它们需要研究这些顾客的特征,制定出相应的营销策略。

三是按消费时机细分。消费时机是指顾客需求和消费产品的时间特性,如对旅游的需求一般在公共假期和寒暑假处于高峰。"白加黑"感冒片,因为能够"白天吃白片不瞌睡,晚上吃黑片睡得香",而比其他感冒药品更受上班一族的欢迎。

四是按使用者状况细分。许多产品都可以按照消费者对产品的使用情况进行如下分类:未曾使用者、曾经使用者、潜在使用者、初次使用者、经常使用者。一般来说,实力雄厚的大企业特别注重吸引潜在顾客,将其转变为企业的顾客;而中小型企业则以维持现有顾客为主,提高他们对企业和产品的偏好和忠诚度。

2. 拆分方法

根据市场空间的拆分依据,有以下三种拆分方法:

(1) 单一变量法

所谓单一变量法,是指根据市场营销调研结果,把影响消费者或用户需求最主要的因素作为细分变量划分市场,从而达到市场细分的目的。这种细分法以公司的经营实践、行业经验和对组织客户的了解为基础,在宏观变量和微观变量间找到一种能有效区分客户并使公司的营销组合产生有效对应的变量而进行的细分。例如:玩具市场需求量的主要影响因素是年龄,可以针对不同年龄段的儿童设计满足不同需要的玩具,这早就为玩具商所重视。除此之外,性别也常作为市场细分变量而被企业所使用,妇女用品商店、女人街等的出现正反映出性别标准为大家所重视。

(2) 主导因素排列法

主导因素排列法即用一个因素对市场进行细分,如按性别细分化妆品市场,按年龄细分服装市场等。这种方法简便易行,但难以反映复杂多变的顾客需求。

(3) 综合因素细分法

综合因素细分法即用影响消费需求的两种或两种以上的因素进行综合细分,例如用生活方式、收入水平、年龄三个因素可将妇女服装市场划分为不同的细分市场。

(4) 系列因素细分法

当细分市场所涉及的因素是多项的,并且各因素是按一定的顺序逐步进行时,可由粗到细、由浅入深对市场逐步进行细分,这种方法称为系列因素细分法。目标市场将会变得越来越具体,例如某地的皮鞋市场就可以用系列因素细分法做细分(参见图3-1)。

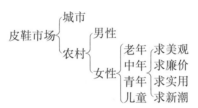

图3-1 系列因素细分法示例

3.3 行业空间分析举例

3.3.1 口腔CBCT市场空间分析

CBCT,即锥形束投照计算机重组断层影像设备,其基本原理是采用锥形射线束投照,射线经患者后由平板探测器接收,扫描时X线发生器围绕投照体投照,将所得数据收集在计算机中重组,从而得到三维图像。与传统CT相比,CBCT用三维锥形束X线扫描,获得近600个不同的图像,重建后直接得到三维图像,图像金属伪影较轻,而传统CT用二维扇形束扫描,重建后形成二维图像数据,伪影较重。

我国大陆口腔CBCT存量市场空间:48亿元。

对标地区情况:台湾有6 000多家民营口腔诊所,其中2 000—2 500家配备CBCT,渗透率约33%—42%。

目标地区情况:我国大陆2014年CBCT的保有量仅1 400台,二维普通牙科CT保有量约7万台,未来升级换代需求量也较大,在约6万—7万家口腔诊所中的实际已实现渗透率仅2%。

存量市场空间:按现有约8万家民营口腔诊所估算,假设CBCT市场需求渗透率为20%,每台价款以30万元计算,当前市场存量空间约为48亿元。

假设:我国大陆口腔CBCT市场空间"天花板":诊所21万家,市场渗透率33%(参见表3.2)。

表3.2 口腔CBCT市场空间

市场空间	对标地区	目标地区	其他
口腔诊所数量	台湾每万人对应2.6家民营口腔诊所	我国大陆的8.13亿城镇人口则需要至少21万家,也就是说至少还需要新增13万家民营诊所	诊所新增13万家
市场渗透率	台湾市场渗透率约33%—42%	假设我国大陆地区"天花板"渗透率为33%,则还有13%的提升空间	渗透率提升13%

预估我国大陆口腔CBCT市场空间"天花板":

现有民营口腔诊所8万家,市场渗透率为20%,口腔CBCT单价30万元/台,即存量市场为:8万家×20%×30万元=48亿元。

预计增加民营口腔诊所13万家,市场渗透率为20%,口腔CBCT单价30万元/台,即增量市场1为:13万家×20%×30万元=78亿元。

预计民营口腔诊所21万家,预计市场渗透率提升13%,口腔CBCT单价30万元/台,即增量市场2为:21万家×13%×30万元=82亿元。

总的市场空间为48亿元+78亿元+82亿元=208亿元。

3.3.2 2020年K12在线英语培训市场空间分析

1. 拆解大纲,分析估算逻辑

2020年,K12在线英语培训市场规模,已经聚焦在"K12在线英语"这一细分市场。因此可以尝试按照大市场往下估算:

"K12在线教育"→"K12在线英语";或者"K12英语"→"K12在线英语"。

在具体估算市场规模时,可以采用需求渗透率分解法:市场人群规模×人均客单价。最终,尝试拆解如下:

2020年K12在线英语培训市场规模＝2020年K12英语参培人数
×线上参培渗透率×年均支出

2. 根据框架,收集相关数据

第一步:计算2020年K12英语参培人数。根据Frost&Sullivan的报告,2020年K12英语教培用户规模将达1 740万人。

第二步:计算2020年K12英语参培中,线上参培人数。根据iiMedia Research(艾媒咨询)数据显示,2020年K12在线渗透率将达18.8%。2020年K12在线用户规模＝1 740 W×18.8%＝327.12万人。

第三步:根据人均支出,计算2020年K12在线英语市场规模。根据36氪研究院2018年的报告,家长在K12在线英语教育上的年支出均值为8 318.8元。2020年K12在线英语市场规模＝327.12 W×8 318.8元≈272亿元。

3.3.3 口腔医疗服务行业市场空间分析

首先根据口腔医疗服务提供方细分标准。目前我国口腔医疗服务提供方主要有四个:口腔专科医院、综合医院口腔科、连锁口腔诊所、个体口腔诊所。口腔医疗服务行业市场规模测算:细分服务提供方。

已知数据:

① 2017年口腔专科医院689家,实现诊疗0.36亿人次,客单价491元/人次。

② 2017年医院端口腔科诊疗人次1.05亿。(则可推算出综合医院口腔科诊疗人次＝1.05－0.36＝0.69亿人次)。

假设数据:

① 综合医院口腔科整体实力略逊于口腔专科医院,假设客单价按口腔医院的80%计算,即393元/人次。

② 个体口腔诊所以基本的"拔、镶、补"治疗为主,客单价按综合医院口腔科80%计算,即314元/人。

③ 个体口腔诊所有 7.75 万家,假设每家诊所每天接诊 5 人次,则年接诊人次共有 1.41 亿。

④ 口腔诊所具有品牌优势,可以开展高附加值诊疗项目,每天接诊 10 人次,客单价介于综合医院口腔科和口腔专科医院之间,按平均数 442 元/人次算。

经测算,2017 年我国口腔医疗服务市场规模约为 931 亿元。根据前瞻产业研究院数据,2017 年我国口腔服务行业市场规模为 880 亿元,中商产业研究院预测 2017 年中国口腔医疗市场规模为 924 亿元,与预测结果基本一致。

本章参考文献

[1] 肖苏,张建芹.市场调查与分析[M].北京:人民邮电出版社,2017:75-119.
[2] 郑聪玲.市场调研:任务、案例与实战[M].北京:人民邮电出版社,2017:43-88.
[3] 袁俊,张晓艳.重度垂直:深度挖掘细分领域的商业机会[M].北京:机械工业出版社,2016:135-197.

第四章 行业的生命周期分析

4.1 经济周期

经济通常会反复经历扩张期和收缩期,不过这些周期的长度和影响程度可能各不相同。这种衰退和复苏不断重复出现的模式被称为经济周期。经济周期由繁荣、衰退、萧条、复苏四个阶段构成。

一般情况下,行业繁荣、衰退、萧条、复苏四个周期阶段的循环是遵循整个行业链条上下游顺序逐次关联发生的,如衰退一般始于基础设施建设、机械、装备制造、汽车、房地产等下游行业,向上延伸就是零配件、化纤化工、矿石冶炼、石油化工、金属加工等中游的制造业,再向上就是矿藏采掘、石油开采、煤炭挖掘等最基础原料上游行业。复苏同样是遵循这一行业链上下游路径展开的。

4.1.1 周期性行业

周期性行业是指行业的景气度与外部宏观环境高度正相关并呈现周期性循环的行业,其经营好坏与整个经济周期的四个阶段的运行水平密切相关。周期性行业的特点是产品价格、需求以及产能呈现周期性波动,行业景气度高峰期来临时产品需求上升,价格大涨,为满足突然膨胀的需求,产能大幅度扩张,而在萧条期时则刚好相反。汽车、钢铁、房地产、有色金属、石油化工等是典型的周期性行业,其他周期性行业还包括电力、煤炭、机械、造船、水泥、原材料行业。

影响周期性行业企业盈利的主要因素包括产品价格、市场需求、资本开支、产能利用等。其中产品价格和市场需求是关键性因素,两者决定周期性行业企业的盈利水平。强周期性行业企业的产品价格、市场需求在繁荣与衰退期间波幅巨大。例如在经济减速期间,有色金属、航运、光伏、风能、钢铁、化工等盈利都出现了极端状况。钢铁行业每吨钢材的毛利不抵一斤猪肉的毛利,行业出现大面积亏损;太阳能光伏行业中的主要材料——多晶硅,在2007年左右行业高景气时期,每千克高达500美元以上,而2012年7月每千克只有30美元,跌幅高达94%以上,许多厂家在此波光伏行业不景气中关闭产能,甚至有不少企业倒闭。

4.1.2 非周期性行业

非周期性行业是指那些不受宏观经济影响的行业。这些行业往往集中在涉及人类日常消费的行业,如食品,医药、酒类、服装等。因为不管经济好与坏,人总会生病,总要吃饭,总要穿衣服,所以这些行业受宏观经济的影响较小。

4.2 行业生命周期理论

行业生命周期理论(Industry Life Cycle)是在产品生命周期理论基础上发展而来的。

1966年,雷蒙德·弗农(Vernon)提出了产品生命周期理论,随后艾伯纳西(Abernathy)和厄特巴克(Utterback)等以产品的主导设计为主线将产品的发展划分成流动、过渡和确定三个阶段,进一步发展了产品生命周期理论。在此基础之上,1982年,戈特(Gort)和克莱伯(Klepper)通过对46个产品最多长达73年的时间序列数据进行分析,按行业中的厂商数目进行划分,建立了经济学意义上第一个行业生命周期模型。

其后许多学者从不同角度对行业生命周期进行了深入研究,主要集中在以下几个方面:一是从实证的角度来考察行业生命周期曲线的形态;二是考察行业生命周期不同阶段,企业的进入、退出以及进入壁垒和退出壁垒等;三是分析推动行业生命周期演化的动力;四是研究如何根据行业生命周期来制定相应的行业政策。

由于行业的生命周期构成了企业外部环境的重要因素,因此行业生命周期理论自诞生之日起就引起经济学和管理学研究者的极大兴趣,迈克·波特(Michael Porter)在《竞争战略》一书中论述了新兴行业、成熟行业和衰退行业中企业的竞争战略;朗德雷根(John Londregan)则构建了行业生命周期不同阶段企业竞争的理论模型。已有的研究成果中,从战略的角度研究行业生命周期主要集中在行业生命周期的阶段性变化对企业战略决策的影响,以及生命周期不同阶段如导入期、成长期、成熟期可供企业选择的战略决策。

4.2.1 行业生命周期的特征

行业生命周期曲线忽略了具体的产品型号、质量、规格等差异,仅仅从整个行业的角度考虑问题。行业生命周期可以从成熟期划为成熟前期和成熟后期。在成熟前期,几乎所有行业都具有类似S形的生长曲线,而在成熟后期则大致分为两种类型:第一种类型是行业长期处于成熟期,从而形成稳定型的行业;第二种类型是行业较快地进入衰退期,从而形成迅速衰退的行业。行业生命周期是一种定性的理论,行业生命周期曲线是一条近似的假设曲线(参见图4-1)。

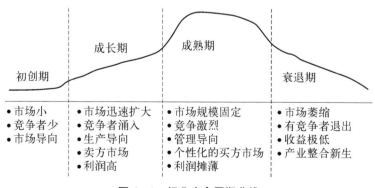

图 4-1 行业生命周期曲线

识别行业生命周期所处阶段的主要标志有：市场增长率、需求增长潜力、产品品种多少、竞争者多少、市场占有率状况、进入壁垒、技术革新以及用户购买行为等。

行业生命周期各阶段的特征：

1. 初创期（幼稚期）

在这一阶段，由于新行业刚刚诞生或初建不久，只有为数不多的创业公司投资于这个新兴的行业。由于初创阶段行业的创立投资和产品的研究、开发费用较高，而产品市场需求狭小（因为大众对其尚缺乏了解），销售收入较低，因此这些创业公司可能不但没有盈利，反而普遍亏损；同时，较高的产品成本和价格与较小的市场需求还使这些创业公司面临很大的投资风险。另外，在初创阶段，企业还可能因财务困难而引发破产的危险，因此，这类企业更适合投机者而非投资者。这一时期的市场增长率较高，需求增长较快，技术变动较大，行业中各行业的用户主要致力于开辟新用户、占领市场，但此时技术上有很大的不确定性，在产品、市场、服务等策略上有很大的余地，对行业特点、行业竞争状况、用户特点等方面的信息掌握不多，企业进入壁垒较低。在初创阶段后期，随着行业生产技术的提高、生产成本的降低和市场需求的扩大，新行业便逐步由高风险低收益的初创期转向高风险高收益的成长期。

2. 成长期

在这一个时期，拥有一定市场营销和财务力量的企业逐渐主导市场，这些企业往往是较大的企业，其资本结构比较稳定，因而它们开始定期支付股利并扩大经营。在成长阶段，新行业的产品经过广泛宣传和消费者的试用，逐渐以其自身的特点赢得了大众的欢迎或偏好，市场需求开始上升，新行业也随之繁荣起来。与市场需求变化相适应，供给方面相应地出现了一系列的变化。由于市场前景良好，投资于新行业的厂商大量增加，产品也逐步从单一、低质、高价向多样、优质和低价方向发展，因而新行业出现了生产厂商和产品相互竞争的局面。这种状况会持续数年或数十年。由于这一原因，这一阶段有时被称为投资机会时期。这种状况的继续将导致随着市场竞争的不断发展和产品产量的不断增加，市场的需求日趋饱和。生产厂商不能单纯地依靠扩大生产量、提高市场的份额来增加收入，而必须依靠追加生产、提高生产技术、降低成本，以及研制和开发新产品的方法来争取竞争优势，战胜竞争对手和维持企业的生存。这一时期的特点是市场增长率很高,需求高速增长,技术渐趋定型,行业特点、行业竞争状况及用户特点已比较明朗,企业进入壁垒提高,产品品种及竞争者数量增多。

但这种方法只有资本和技术力量雄厚、经营管理有方的企业才能做到。那些财力与技术较弱,经营不善,或新加入的企业(因产品的成本较高或不符合市场的需要)则往往被淘汰或被兼并。因而,这一时期企业的利润虽然增长很快,但所面临的竞争风险也非常大,破产率与合并率相当高。在成长阶段的后期,由于行业中生产厂商与产品竞争优胜劣汰规律的作用,市场上生产厂商的数量在大幅度下降之后便开始稳定下来。由于市场需求基本饱和,产品的销售增长率减慢,迅速赚取利润的机会减少,整个行业开始进入稳定期。在成长阶段,虽然行业仍在增长,但这时的增长具有可测性。由于受不确定因素的影响较少,行业的波动也较小。此时,投资者蒙受经营失败而导致投资损失的可能性大大降低,因此,他们分享行业增长带来的收益的可能性大大提高。

3. 成熟期

行业的成熟阶段是一个相对较长的时期。在这一时期里,在竞争中生存下来的少数大厂商垄断了整个行业的市场,每个厂商都占有一定比例的市场份额。由于彼此势均力敌,市场份额比例发生变化的程度较小。厂商与产品之间的竞争手段逐渐从价格手段转向各种非价格手段,如提高质量、改善性能和加强售后维修服务等。行业的利润由于一定程度的垄断达到了很高的水平,而风险却因市场比例比较稳定、新企业难以打入成熟期市场而较低,其原因是市场已被原有大企业比例分割,产品的价格比较低。因而,新企业往往会由于创业投资无法很快得到补偿或产品的销路不畅、资金周转困难而倒闭或转产。

在行业成熟期,行业内行业增长速度降到一个更加适度的水平。在某些情况下,整个行业的增长可能会完全停止,其产出甚至下降。由于丧失其资本的增长,致使行业的发展很难较好地保持与国民生产总值同步增长,当国民生产总值减少时,行业甚至蒙受更大的损失。但是,由于技术创新的原因,行业中的某些行业或许实际上会有新的增长。在短期内很难识别何时进入成熟阶段,但总而言之,在这一阶段一开始,投资者便希望收回资金。

这一时期的特征表现为市场增长率不高,需求增长率不高,技术上已经成熟,行业特点、行业竞争状况及用户特点非常清楚和稳定,买方市场形成,行业盈利能力下降,新产品和产品的新用途开发更为困难,行业进入壁垒很高。

4. 衰退期

这一时期出现在较长的稳定阶段后。由于新产品和大量替代品的出现,原行业的市场需求开始逐渐减少,产品的销售量也开始下降,某些厂商开始向其他更有利可图的行业转移资金,因而原行业出现了厂商数目减少,利润下降的萧条景象。至此,整个行业便进入了生命周期的最后阶段。在衰退阶段里,厂商的数目逐步减少,市场逐渐萎缩,利润率停滞或不断下降。当正常利润无法维持或现有投资折旧完毕后,整个行业便逐渐解体了。

这一时期的特征为市场增长率下降,需求下降,产品品种及竞争者数目减少。从衰退的原因来看,可能有四种类型的衰退,它们分别是:① 资源型衰退,即由于生产所依赖的资源的枯竭所导致的衰退;② 效率型衰退,即由于效率低下的比较劣势而引起的行业衰退;③ 收入低弹性衰退,即因需求—收入弹性较低而衰退的行业;④ 聚集过度性衰退,即因经济过度聚集的弊端所引起的行业衰退。

4.2.2 战略选择

1. 行业初创及成长期企业竞争的战略选择

(1) 尽快使行业结构成形

在行业成长期,企业战略决策应当注意能够使企业销售增长跟上或超过市场增长的速度,努力扩大市场份额,为行业进入成熟期后的企业竞争奠定扎实的基础。具体包括:① 单一经营战略——企业将全部资源集中使用于最能代表自身优势的某一市场或某种产品,构建核心竞争力。② 多元化战略——企业具备多元化的资源和能力时,可采用多元化战略分散风险。③ 成本领先战略——成长期企业在做专、做精的基础上,通过企业组织结构调整,规模经济,廉价原材料,充分利用产能等降低成本,提高市场竞争力。④ 集中化战略——通过满足特定消费群体的需要,或集中服务于某一有限的区域市场,建立市场地位。⑤ 差异化战略——企业提供的产品与服务在产业中具有与众不同的特色。

(2) 进入新兴行业时间的选择

在下列情况下,早期进入新兴行业是有利的:企业的形象和名望对顾客至关重要,企业可因作为先驱者而发展和提高声望;当经验曲线对一个行业至关重要时,早期进入可以使企业较早地开始学习过程;顾客忠诚非常重要,所以那些首先对顾客销售的企业将获益;通过早期进入投资于原材料供应、零配件供应和批发渠道等,因而可以取得成本优势。

在下列情况下,早期进入是非常危险的:行业早期竞争和市场与行业发展后的市场有很大的不同,早期进入企业因此而建立错误的技能,以后面临很高的转换成本;开辟市场代价高昂,其中包括对顾客的宣传教育、法规批准、技术首创等,而开辟市场的利益并不能为本企业所专有;早期与小的新的企业竞争代价高昂,但以后这些小企业将被更难对付的竞争者所取代;技术变化将使早期投资陈旧,并使晚期进入的企业获得新产品、得到生产过程的益处。

2. 行业成熟期企业竞争的战略选择

作为行业生命周期的一个重要阶段,一个行业必然要经历从高速发展的成长期进入有节制发展的成熟期的过程。在这个时期中,企业的竞争环境经常发生根本性的变化,要求企业在战略上做出相应的反应。行业成熟期企业竞争的战略选择包括以下几个方面:① 产品结构的调整;② 正确定价;③ 改革工艺和革新制造方法;④ 选择适当的顾客;⑤ 购买廉价资产;⑥ 开发国际市场。

成熟行业中企业应注意的问题包括:① 对企业自身的形象和行业状况存在错误的假设;② 盲目投资;③ 为了短期利益而轻易地放弃市场份额;④ 对行业实践中的变化做了不合理的反应;⑤ 坚持以"高质量"为借口,而不去适应竞争者进攻性的价格和市场行为;⑥ 过于强调开发新产品,而不是改进和进取性地推销现存产品;⑦ 过多地使用过剩生产能力。

3. 行业衰退期企业竞争的战略选择

目前国内理论界对行业衰退期企业的战略选择基本定位在"转移"和"退出"上。

在行业衰退期,行业内的竞争日益激烈,新兴技术的出现使得行业内原有的主导技术逐渐过时,从而导致市场需求日益减少。由于行业一般来讲生命周期比较长,更多的时候表现为行业波动,考虑到这一情况,将行业的衰退分为短暂的衰退期和长期的衰退期,并分别考察这两种情况下企业的策略行为。

经过研究发现,在完全信息静态条件下,无论行业是短期衰退还是长期衰退,当企业面临较大的退出成本时,竞争的企业都不会退出行业,后果是必须面对激烈的竞争,因为现有的市场份额不足以同时养活多个企业。此外,竞争也会消耗企业的资源。而当退出成本较小时,企业及时退出的损失将小于同时滞留在行业中所导致的损失。在行业衰退期,企业的战略决策不仅仅取决于衰退期的长短,同时企业的退出成本也在很大程度上影响着企业的战略决策。

但事实上,下述因素的影响使得行业衰退期企业的战略行为远远不止战略转移和退出这两种选择。首先,行业的生命周期不同于产品的生命周期,一些行业的生命周期的成熟期无限延长。其次,一些行业的生命周期会出现反复。再次,不同的企业对行业未来发展形势的判断也不尽相同。判断行业生命周期所处阶段的主要指标是整个行业的市场需求和利润,但是在经济实践中影响行业销售的因素很多,有经济的因素、政治的因素,也有文化以及风俗习惯的因素等。最后,即使是一个行业真正进入了衰退期,企业在什么情况下会选择退出战略、企业退出的时机和方式如何也是值得深入研究的问题。有如下的战略在行业衰退期可供选择:

(1) 领先战略

领先战略是指利用一个衰退行业的优势,企业通过面对面竞争成为行业中保留下来的少数企业之一,甚至是保留下来的唯一企业。这样企业或剩余企业拥有达到平均水平以上的利润潜力,形成一个较优越的市场地位,以此来保持自己的地位或实行抽资转向战略。

实行领先战略的一般措施是:在定价、进入市场以及其他为建立市场面而采取的积极的竞争行动上进行投资,并且使本行业的其他企业能迅速退出一部分生产能力;购买竞争者一部分生产能力,购买市场份额,降低竞争者的退出障碍;采取其他方式降低竞争者的退出障碍,如让它们为自己的产品生产零部件,接管长期合同,生产具有私人标记的产品等;为继续保留在衰退行业中,通过公开的声明和企业自己的行为,表明商业上的约定;通过竞争行动向竞争者清楚地表明自己的雄厚实力,消除竞争者试图将企业排挤出本行业的想法;搜寻和公布可降低今后衰退的不确定性的可靠信息,以减少竞争者过高地估计行业的真实前景,以及它们想继续保留在衰退行业中的可能性;通过增加在新产品或改进生产工艺方面再投资的需要,提高对保留在衰退行业中的竞争者的威胁。

(2) 坚壁战略

这个战略的目的是鉴别出衰退行业中那些能保持稳定的需求或者需求下

降很慢且具有获取高收益特点的某一部分。针对企业在这部分市场的不确定性，企业可以采取在领先战略中所列举出的一些措施。最终企业或者转向执行收获战略或者转向放弃战略。

（3）抽资转向战略

抽资转向战略的目的是减少或取消新的投资，减少设备维修，甚至削减广告和研究与开发费用，以及为提高价格或今后销售中获利于以往的信誉而最大限度地利用企业现存的一切实力。普通的抽资转向战略方法有：减少样品数量；减少使用的销售渠道；放弃小的客户；减少因销售而引起的各种服务等。在衰退行业中企业要注意，并非所有的业务都是可抽资转向的，实施抽资转向战略有一些先决条件。这些条件是：① 企业具有能够生存的实力。② 在衰退阶段，一个行业不至于衰退到更加激烈的竞争中。③ 若企业不拥有相当的实力，企业的产品价格将升高，产品质量将降低，广告宣传将停止，其他措施将会引起大幅度的销售量下降。④ 在衰退阶段，如果行业的结构导致竞争反复无常，竞争者就可能会利用企业投资不足的弱点夺取市场或迫使价格下降，由此消除企业通过抽资转向所拥有的低成本的优势。⑤ 由于一些企业具有一些降低投资的选择，使企业不易抽资转向。

（4）快速放弃战略

该战略的依据是在衰退阶段的早期放弃这项业务，企业能够从此业务中最大的限度地得到最高卖价。原因是：出售这项业务越早，资产市场，如国外市场，需求没有饱和的可能性就越大，企业就越有可能从这项业务的出售中实现最高的价值。

4.3 案例分析

4.3.1 房地产行业的生命周期分析

房地产市场的生命周期分为以下四个阶段：

1. 房地产行业的初创阶段

当新开发和预售的房地产或经过改造、翻新后的原有房地产被介绍到市场上时，就开始了该商品房市场的初创阶段。通常人们所理解的房地产市场的开拓就是指这一阶段上的市场开拓。在这一阶段,市场的疆域很小,进入房地产市场的顾客仅限于少数消费上标新立异者,生产成本和市场成本都很高,因而价格也较高对新顾客的渗透比较困难,市场增长速度较缓。

对于中国的房地产行业,初创阶段大概在 1978—2003 年,也就是从中国改革开放到国家全面启动住房货币化改革期间。这一阶段的主要特征是:房地产企业规模小,基本没有全国化布局的房企,房企主要在本城市投资;货地比高,建安成本是房地产成本的主要因素;土地获取方式多种多样,经营管理上主要靠企业主个人能力。在此期间,行业规则和规范逐步明确,如土地招拍挂规则、计价方式、物业管理等,经济快速增长,居民收入快速增长,城镇化率快速上升。

2. 房地产行业的成长阶段

当房地产被证明是令人满意的,早期购房者会接踵而至。竞争者的出现将更多的信息传递到消费者中,价格水平由居高降至正常水平。在这个阶段,房地产销售额上升最快,房地产销售市场密度增大,即同一市场疆域内顾客人数增多或购买量增大。

对于中国房地产行业,成长阶段大概在 2003—2012 年,也就是国家全面实施货币化房地产政策到宏观经济增速换挡这一时期。这一阶段的主要特征是:大型房企积极全国布局,最先布局的是直辖市和省会城市,然后是强地级市,行业集中度开始提升,出现了每年的房企排名;地价上升,地价占房地产成本的比重越来越高,房地产金融开始萌芽;土地获取方式以招拍挂为主,企业经营管理主要靠职业经理人、标准化的全国复制,企业也开始研究和建立宏观经济与房地产市场的关系。在此期间,主要发生了两次市场下行,一是 2008 年次贷危机引起的房地产市场降温,二是 2011 年以温州房地产市场腰斩为标志的市场下行。一些房企开始走自己的特色发展之路,如有的将商业运营与住宅开发结合起来发挥优势,有的在产品上注重设计或绿色建筑;大多数房企通过各种方式向上下游产业链延伸,提升生产和管理水平,向管理要效益。

3. 房地产行业的成熟阶段

这个阶段房地产目标市场的潜在消费者全部或大部分进入了市场;房地产销售额由加速增长变成减速增长,最终停止增长;房地产价格水平相对稳定;开发商的利润在该阶段上达到最高峰并开始下降;房地产的经济规模已达到,成本的降低已达极限;房地产市场密度不再提高。通常人们把房地产成熟市场的主要任务看作是维持现有市场而不是开拓新的潜在市场。目前我国绝大多数房地产企业在这个阶段局限于与竞争者争夺市场,并不惜一切代价赢得市场占有率,这种做法失之偏颇,已越来越难以形成实际上的竞争优势,所以很难取得良好的效益。

对于中国房地产行业而言,成熟阶段大概从2012年持续到现在,预计还要持续1—5年。这一阶段的主要特征是:行业集中度进一步提升,大型房企深入到三、四线城市,一些大型房企由于战略失误或其他原因,业绩不再增长或萎缩;有一些小房企也抓住了市场机会进行全国布局和上市,由于房地产行业的地域关系和细分市场关系,许多小企业也活得不错。在此期间,土地价格进一步抬升,地价在房地产中的成本比例越来越高,房地产金融得到蓬勃发展;企业对战略的管理、对宏观市场的把握处于非常重要的位置,财务杠杆的运用对企业起到非常关键的作用;市场规模已达到最高点,城镇化开始放缓,人均住房面积得到初步满足,市场投机需求和改善需求越来越高。

4. 房地产行业的衰落阶段

新的替代商品房开始在市场上出现,消费者在新的消费潮流影响下开始分化,一部分消费者转向新的房地产市场,成为该市场的创新者。原有房地产市场的销售额急剧下降,利润逐渐趋向零,市场密度降低,最终该市场衰退。

4.3.2　智能手机行业的生命周期分析

1. 智能手机行业的初创阶段

在2007年,iPhone第一代在乔布斯发布后,可以说手机产品的第一个MVP就出现了(所谓MVP,便是要求产品经理在每一次规划中,去除非必要的一切功能,只设计产品满足该版本的最核心需求,以求尽快并精准地将产品推向目标用户,并获取目标用户的反馈,开始下一次产品迭代更新)。乔布斯说,iPhone是"一台网络浏览设备+一台通信设备+一台娱乐设备",乔布斯对iPhone第一代产品的定位至今依旧可以成为手机的定位。不同的是现在的手机功能已经远远超出了当初的功能,可手机的核心依旧没变。可以说iPhone第一代基本奠定了智能手机这十几年的发展,iPhone第一代就是一个典型的MVP。然而在彼时国内,能体验到智能手机的只是少数人,绝大多数人甚至并不知道智能手机是什么。2010年之前,智能手机在中国国内和世界其他地方都处于生命周期的起始阶段。

2. 智能手机行业的成长阶段

2010年,随着iPhone 4的发布,苹果公司将智能手机推上了全新的高度,随着智能手机三年中在市场上的普及、拍照功能的逐步完善以及APP store积累了足够的第三方APP资源,此时智能手机已经完全确定了未来的发展方向,真正达到了PMF(产品与市场契合),开启了智能手机的成长阶段。

在接下来几年中,"中华酷联"开始深耕中国智能手机市场,一度占据了智能手机过半销量,小米开启了互联网革命,通过系统效率挑战传统行业,而在当年还是名不见经传的小厂商vivo和OPPO走起了差异化道路,打着拍照手机和音乐手机旗号摸索手机的奇门遁甲。这个时间段手机补齐了很多功能,拍照能力、娱乐能力、办公能力都在智能手机的成长阶段得到发展,智能手机的溢价和利润被步步推高。

3. 智能手机行业的成熟阶段

智能手机进入成熟市场大概分两步:一是2013年一、二线城市销量饱和,二是到2016年整体市场饱和。进入2017年,智能手机整体市场已经几乎没有增量,反而随着用户换机时间逐渐拉长,销量开始呈现微弱下降趋势。从这个时间开始,智能手机真正进入了成熟市场。在这个阶段,手机硬件创造利润的能力被大幅压缩,包括苹果在内的所有手机厂商纷纷推出各类互联网服务盈利,通过加大运营力度提升盈利也是成熟阶段的特点。

4. 智能手机行业的衰退阶段

说智能手机进入衰退期也许为时尚早,手机在人们生活中的重要性无可替代,如果没有突破性的技术出现或者应用,恐怕手机的成熟期会维持很久很久,就像汽车市场一样。可今天我们还是可以看到一个衰退阶段的产品销量走势,那便是功能手机。

功能手机销量在智能手机出现之后开始大幅衰退,这条曲线几乎和教科书中描述的一样。当年,在突破性产品智能手机的冲击下,功能手机"霸主们"(三星、诺基亚、金立等)一面抓紧研发智能手机,一面推出花样百出的功能机:转动摄像头、超长时间待机……企图榨干功能手机市场最后一滴油水,向我们展示了衰退期市场现状。

4.3.3 铁路行业的生命周期分析

1. 短程铁路阶段(初创阶段)

初创阶段的铁路是从无到有的过程,按现在的说法就是从 0 到 1 的过程。在开始修建铁路之前,人们广泛使用渡轮通过运河运输货物。因此,最早修建的铁路只是用来作为水运的补充,连接运河两岸的城市和商业中心。这些铁路都由私人的铁路公司进行修筑和运营,这些铁路距离非常短(80 千米以下)并且都是单轨铁路。不同的铁路公司之间标准也不统一,例如铁轨的宽度等。最终铁路公司希望像水运一样将修筑和运营分开,使用货物制造商的车辆,但发现在一条固定的铁路线上进行车辆的调度和成本计算上都非常困难。而管理和调配自有的车辆时则要简单得多,所以当时大部分铁路公司都只在铁路上运行自有的车辆。

从组织的角度来看,对于一条 50—80 千米的单轨、短程、运输量不大的铁路来说,大约只需要 50 名工人和 1 位主管或经理就可以开始运营了。由于人数较少,主管可以了解每个工人的工作,并且统一负责铁路的货运业务、铁路保养、机车维修保养,并制定简单的列车时刻表。这个阶段的组织架构比较简单,组织路径与汇报(信息)路径是完全一致的。换句话说,就是每个人都直接汇报给自己的直属领导,主管掌握 80 千米铁路和火车的所有信息。这个阶段需要主管是一个通才。

形成这种组织模式的主要原因是初期铁路里程短,货运量少。由于里程短,早上出发的火车中午前就可以到达终点站。全天所有班次的火车在中途站交汇三次。因此,组织中的工作相对简单,不涉及任何复杂的协调和沟通工作,甚至不需要设计和修改的列车时刻表。因此在这种简单的情况下,一个人统筹负责是最有效率的组织方式。

2. 铁路扩张阶段(成长阶段)

随着技术的进步,修筑路基、开凿隧道和修建桥梁的速度开始提高,铁路总长度开始增加,开始形成初步的铁路运输网。同时,由于火车的车头在凸轮、转向辊轴、平衡杆等方面的完善和改进,乘客车厢在舒适度和载客量上的改进,以及牲畜、木材、货物等专用车厢的出现,铁路开始慢慢吸引之前乘坐渡轮的乘客和一些货物,例如纺织品、棉花、谷物、煤炭等等。

除了笨重的和低价值的货物以外,铁路开始取代渡轮和运河成为当时主要的货物运输工具。并且永远改变了货物的分配和经营方式。

铁路取代运河由很多因素造成,比如对运输地形的要求和限制,铁路的运输速度、单次载货量,不受季节和天气情况影响的运输周期,铺设相同距离铁路与开凿运河及维护的成本的对比等。但最重要的一个原因是铁路提供了比运河更直接的连接。运河受制于河道只能运输到城市的港口,而铁路则可以不需要中途转运直达目的地。同时,从另一个角度来看,铁路也大大减少了运输和购买货物所需的资金成本。

在成长阶段,铁路逐渐成为主要的运输工具,并且带来了许多新的机会。因此吸引了大批的资金用于铁路运输网的扩张。对铁路公司来说,则是进入了跑马圈地的阶段。谁能快速修建并扩张更长的线路线,谁就能占领更多的城市和商业中心,从替代运河获得更多的货运量。

当时的扩张策略主要有两个,第一是按照替代运河的方式修建干线铁路,初始阶段铁路主要作为运河的支线,连接运河两岸的城市和商业中心。而在成长阶段,当铁路开始取代运河时,则开始大量沿运河修建干线铁路,连接主要的城市和商业中心。第二是继续完善和连接初创阶段的短程铁路,在城市和商业中心之间扩张,以竞争城市间的货运量。为了这个目的同一个城市经常有多条铁路线,这些铁路线间不直接相连,并且铁轨的宽度和使用的设备也不一样,导致一家铁路公司的火车无法在另一家铁路公司的铁轨上运行。但无论是哪一种扩张策略,这时货物运输已经成为铁路最主要的收入来源。

从规模化的角度来看,大型长途铁路的运输成本应该低于短途铁路才对,但实际情况却正好相反。这说明大型铁路在运营中存在效率问题。在短程铁路中运输量较小,工作内容相对简单,一位主管可以高效地统筹所有工作,但在长途铁路上事情变得不一样了。我们以一条150千米长的铁路为例,由于铁路线变长,早晨出发的火车要到傍晚才能到达终点站,这就意味着同一时间有多辆火车在铁路上同时运营。每天早上6点、中午12点和下午4点三个时间点两头各发三趟列车,火车在中途要交汇12次。每一次的交汇(会车、让车)都需要在车站进行,需要有专人进行调度,每次会车、让车的等待时间又都不一样,还需要在客车和货车间制定规则。在单轨铁路上,这些都会造成列车的延迟和运行时间的改变,需要对轨道上其他列车时间进行协调和修改,这在没有电报的年代是一件很麻烦的事情。这些都导致了很多附加的工作,比如制定精确的列车时间表、设计交汇的规则、对列车进行调度、通知和协调铁路线上的其他火车、修改火车时间表。所有这些衍生出来的工作都需要有专人负责,以避免事故的发生,造成整条铁路线的瘫痪。

铁路替代运河成为主要运输方式后,货物运输量和种类也显著增加。除了之前的纺织品、棉花、谷物、煤炭等,还增加了牲畜、肉蛋以及邮政信件。与此相伴的是对专用车厢的使用。例如邮政需要有两节单独的车型用来在运输过程中完成对信件的初次分拣工作。其他种类的货物则相应地也需要不同的车厢和装卸过程以及为了确保不间断高效运输而建立的仓库。以上这些工作都需要大量且专业的人员来负责。简单来说就是工作种类的扩展和工作量的增加以及对安全性保障要求对人员进行专业化分工。而这大量的人力又产生了大量的调配信息、运输信息、货物储存信息、市场需求信息等。

这种情况下,之前短程铁路的组织模式已经不再适用,需要对组织进行变革,以更专业和灵活的方式进行协调,并在整个铁路组织上传递信息(之前的逐层上报的集中式信息汇总模式会造成延迟,主管没有能力处理大量运输下的仓储、市场需求、运输调配信息,会变成信息传递的瓶颈)。新的组织模式把主管的工作职责细分为货物运输、铁路养护、机械维修等几个职责,分别由专业的人员单独负责,并把大型铁路线分为几段区域分别进行管理。每一段区域都有相同的人员配置,包括运输助理、机械师、铁路养护主任等等,每个人对区域内的铁路运营负责。而每一段区域的机械师和铁路养护主任不再像之前一样直接汇报给本区域的运营主管(避免形成信息瓶颈),而是直接汇报给整条铁路的总机械师和总工程师。具体方法是每周报告机车和引擎的状态及运转情况,每月预估下个月的路基和机车的养护和修理费用。这样总机械师和总工程师就可以掌握整条铁路线上枕木、路基、铁轨、机车、桥梁和车站的情况。

而每个区域的运营主管则把本区域货物数量、货物类别、市场需求、乘客信息等汇报给铁路的总运营经理,由总运营经理和总机械师、总工程师等统一制定运营和协调方案。在确保铁路和火车调配安全、运力充足的情况下,根据需要运输的货物数量、类别、仓储情况和市场需求完成运输。在这个阶段,每个区域的组织线与汇报(信息)线单独分开了。每个区域的机械师和铁路养护主任从工作内容和组织架构上来看属于各自负责的区域,但从信息架构上来看,则属于整个铁路公司。这个阶段中区段的运营主管在运营总主管的权力线上,负责基本的铁路运输职能。机械师和养护主任在总机械师的职能线上,负责制定铁轨、机车、引擎的运行和养护标准。

3. 竞争与自循环阶段(成熟阶段)

在铁路替代运河成为主要的运输工具之后,货物运输就成了铁路主要的收入来源。但由于修筑铁路的资本问题(修筑铁路所需资本很少有低于 200 万美元的,大部分在 500 万美元以上,1850 年前最大的铁路线耗资 800 万美元),每个铁路公司都仅能覆盖一小片地区,各个区域的铁路公司为了获得更广泛区域的货物运输能力(不同城市和港口之间、干线铁路与支线铁路之间、不同铁路网之间),不同的铁路公司之间开始进行合作联营,并统一运费。而进行联营的第一步是对铁路进行标准化。进行联营的铁路公司对铁轨的标准宽度,所使用的设备以及所使用的成本核算方式都进行了统一的标准化,甚至铁路公司的从业人员把手表都统一调整为统一标准时间。

联营本质上来讲是一种横向的扩张,联营产生了两个最直接的效果:第一,提高了货物运输的效率,节省了运输成本。铁路运输中最影响效率的环节就是转运。每次转运都需要卸载货物并重新装载,一条铁路线一年的货物卸载费用就能达到 50 万美元,并且每次转运货物都至少耽搁 1 天的时间。联营可以以直达的方式运输货物。第二,联营增加了不同铁路公司间的竞争。当可以以直接方式运输时,就不会有人再选择转运。铁路公司收入主要来自直达货运量的多少,同时非联营的铁路线首先受到挤压。此外,一个城市或商业中心通常有几条平行的直达铁路。为了争夺货运量,铁路公司开始降低运费进行竞争。而当竞争进行到白热化,每家铁路公司都没有足够的利润时,铁路公司又开始为了控制价格进行合作。同时,由于商人和农场主协会批评联营公司统一制定运费,1887 年美国的洲际商业方案也将联营定为非法。

前面我们说过,修建铁路是一个非常耗费资本的工程。初创阶段的短程铁路线路短,修建成本也较低,所以主要由铁路沿线的农场主、商人和制造商筹集资金。而他们需要将货物通过铁路运往城市和运河,所以愿意出资参与建设。但随着铁路开始扩张,铁路线开始延长,并且经常会经过一些山脉或未开垦的地区,甚至是无人区,所需的大量资本就无法用与短程铁路一样的方式筹集了,而必须向本地的银行或金融团体以债券的方式筹集。当同时有多条铁路修建,或是修建连接东西部的干线铁路以及跨领域的自循环系统时,以股票的形式向欧洲最大的金融团队募集资金。因此,说到底铁路是一个固定成本极高的行业,19 世纪 80 年代的铁路固定成本占总成本的 2/3。同时,铁路又是一个同质化非常强的行业。因此,按波特的五力模型来看,铁路公司在竞争中会非常激烈,但又都无法退出。所以选择联营和合作,甚至是一起控制运输价格,是控制竞争的最好方法。

铁路开始了联营以后的第二次合作,消除在运费价格上的恶性竞争。这种合作方式在有充足货运量可以填满大部分铁路的时候是稳定和有效的,一旦货运量不足,各个铁路公司由于线路和位置的差异、运营效率的差异和来自固定成本的压力,以及商人在多条铁路线间的比价和相互打压,联盟很容易被打破,重新回到价格战来争夺货运量。

在高固定成本和货运量不足以及联营与合作无法控制竞争的情况下,铁路公司开始建立自循环系统。这个自循环系统简单来说就是通过控制供需来实现稳定的货运量。计划的内容是要进入主要商业中心和重要城市(向前整合)以及盛产自然资源的煤炭、石油和木材地区(向后整合)。此外,还进入了采矿业和制造业,并在无烟煤区域购买了大量煤矿。最后,又与豪华客车厢供应商合作。记得迈克尔·波特关于竞争的描述中曾说过,当你的竞争对手完成横向整合时,你必须也以相同的姿态才能与其竞争。当部分铁路开始联营开始直接运输时,其他铁路也必须进行联营,并通过直接运输来竞争。而当部分铁路开始从货物供给到需求的垂直整合后,也就迫使其他铁路公司以同样方式进行竞争。

此时的扩张与竞争已经不是为了完善铁路网,也不是为了提高效率,而是为了自身的生存。这时的铁路由于竞争进入到非理性的扩张期,每家铁路公司都意识到,只有不断扩张才是唯一安全的防御手段,这次面对竞争的防御性扩张带来了铁路行业的运力过剩。

在"铁路与货物模型"中,铁路总是按照对现有渠道的依附和短途的补充,通过技术的创新、完善和标准化以及速度、便捷性等效率的提升对现有渠道的部分货物进行替代,再逐步发展长途的大型渠道,逐渐形成渠道网络。初期从 0 到 1 的过程中主要通过联营与合作的方式扩大市场和运输能力。后期则依靠垂直整合控制货物生成端和市场入口,形成自循环的网络。

铁路的行业生命周期后续又在城市交通和通信行业中不断重复上演。

本章参考文献

[1] 滋维·博迪.投资学[M].汪昌云,张永骥译.机械工业出版社,2017:7.
[2] 陈佳贵,黄群慧.中国工业化报告:2009[M].北京:社会科学文献出版社,2009.

第五章　行业竞争结构分析

5.1　结构化分析和行业定义

　　界定相关行业是制定竞争战略的重要一步。人们非常关注相关行业的界定。很多著作都强调要越过产品从功能的角度来定义企业,超越国界来看待潜在的国际竞争状况,越过现在的竞争企业排名去发掘未来的竞争者。由于这些要求非常紧迫,准确定义企业所属的行业就成了一个争论不休的话题。这些争论背后的重要诱因就是担心自己忽视那些有可能在未来威胁行业的潜在竞争源头。

　　通过分析广义的竞争开展超出当前竞争者范围的结构化分析,不应该拘泥于行业的界限。任何一种有关行业的定义,从本质上来看都是划清现有的竞争对手和潜在的替代品之间的界限,了解行业内现有企业和潜在进入者之间的区别,明白行业内现有企业与其供应商和买方之间的关系。划清这些界限本身只是程度的问题,与战略选择没有太大关系。认识了这些广泛的竞争源头及其影响后,在制定战略的过程中,划分行业边界就成为一个次要问题。当然不能忽视潜在的竞争源头,也不能混淆竞争的关键维度。

　　行业的定义与企业想要竞争的范围定义(即业务定义)不

同。行业的定义比较广泛,但不能因此认定企业有能力或者应该在比较广义的范围内竞争。在相关的行业内竞争有许多好处,区分行业和企业理想的竞争业务范围,能够进一步厘清思路,更清楚地定义行业边界。

本章梳理了可能对行业竞争产生影响的多种因素,这些因素并非在所有行业都很重要。结构化分析框架有助于快速地辨别确定特定行业竞争性质的关键结构要素,这是在分析和制定战略时要格外注意的。

5.2 集中度与集中度的衡量

生产的集中是现代经济增长的重要特征,在产业组织学中,生产的集中程度一直是反映市场结构的首要特征。对生产集中程度的研究,既可以揭示某一产业资源配置的结构以及某些相关特性,又可以为评析该产业的竞争程度和特点提供重要的线索。生产的集中程度越高,产业的寡占程度亦越高,从一开始便成为产业组织学说中一个固有的观念。

5.2.1 集中度

简单地说,集中度是衡量某一市场(或行业)内厂商之间市场份额分布的一个指标。市场集中度是指某一特定市场中少数几个最大厂商(通常是前四位、前五位或前八位)所占有的市场份额。因此,集中度是市场寡占程度的一个指示器。市场中的寡头垄断者可以如同一个独家垄断者那样协调其行动,也可以展开激烈竞争,还可以采取一种介于两者之间的竞争形式。集中度就反映了这些厂商共同占有的市场份额的多寡,例如,1950年美国铝业公司占有铝制品市场90%的份额,此后美国铝业公司被肢解为三家寡头垄断厂商,被肢解后的三家寡头垄断厂商依然共同占有铝制品市场至少90%的份额,但是,毫无疑问的是,三家寡头垄断厂商之间肯定存在着激烈的竞争。

大多数经济学者认为,随着某一产业生命周期从初创、成长、成熟到稳定(或衰退)的逐步演进,企业的数量从而集中度最终会趋向一个相对稳定的状态,更确切地说是一种相对的动态均衡。在任何一个产业的整个生命周期中,始终存在着企业的进入和退出。一般而言,大部分的进入和退出对于行业中最大的厂商的影响会相对较小。在产业发展的初期,市场集中度很低;当产业技术成熟、进入繁荣期时,市场集中度会逐步提高,而后趋于稳定;随着产业的衰退,部分厂商退出,市场集中度就会再度上升。

很明显,集中度最高的市场是只有一家厂商的独家垄断。当任一市场中的厂商数量大于1时,以下两个因素就会影响市场的集中度:一是该市场中的厂商数量多少;二是该市场中厂商市场份额的分布。所以,衡量集中度的指标必须灵敏地反映这两个因素,换句话说,同时反映这两个因素的集中度指标才算是科学的。

令 N 代表任一市场中的厂商数量,Q 代表该市场中厂商的销售量,q_i 代表第 i 个厂商的销售量,$i=1,2,\cdots,N$。那么,$Q=\sum_{i=1}^{n}q_i$。再令 $S_i=(100q_i/Q)$ 代表该市场中第 i 个厂商销售量在总销售量中的百分比,S_i 被称作第 i 个厂商的市场份额,可以得出 $0\leqslant S_i \leqslant 100$ 和 $\sum_{i=1}^{n}S_i=\dfrac{100\sum_{i=1}^{n}q_i}{Q}=100$。由此得出衡量市场集中度的两种方法:一是绝对法;二是相对法。

5.2.2 集中度的衡量

一个产业内生产的集中程度可用各项产业(市场)集中度指标来衡量。这些指标的计算方法各一,所采用的统计口径也各有差别。迄今为止,较为常用的集中度指标主要有集中比率(Concentration Ratios,CR)、基尼系数(Gini Index,GI)和赫芬达尔-赫希曼指数(Herfindahl-Hirschman Index,HHI)等。集中度统计的范围通常为同属一个市场内的企业,不同市场的企业一般不能纳入同一项集中度统计之中。

1. 绝对法

绝对法就是直接计算前几位厂商的市场份额,常用的绝对法计算指标有两个:前 n 位厂商的集中比率和赫芬达尔-赫希曼指数。

(1) 集中比率

集中比率是指产业产出规模最大的前 n 家企业的合计产出占整个产业总产出的比重,它衡量的是一个产业中各企业产出分布的绝对集中程度。用公式可表示为：

$$CR_n = \sum_{i=1}^{n} X_i \bigg/ \sum_{i=1}^{N} X_i \qquad (5.1)$$

式中，CR_n 为产出最大的前 n 家企业的产出集中比率，N 为产业内全部企业数量，X_i 为产出规模排在第 i 位的企业的产出。至于反映产出水平的指标 X，则通常可在产量、生产能力、销售收入、销售量和产值等项指标中选择。另外，在集中比率计算过程中，n 的选取并没有硬性的规定，完全根据特定研究的需要并结合特定产业的具体情况而定。

根据集中比率的大小，许多经济学家还提出过市场结构的相应分类。如贝恩在指出集中度是衡量市场结构的主要指标的同时，将美国制造业部门按集中比率的高低分作了六类：① 极高集中型产业；② 高集中型产业；③ 中高集中型产业；④ 中低集中型产业；⑤ 低集中（Ⅰ）型产业；⑥ 低集中（Ⅱ）型产业。

在计算集中比率时，有两个问题需要引起特别注意：第一，如果在同一产业内存在着一家母公司所控制之下的多家子公司，那么在统计时应将这几家子公司的相应数据合并计算。第二，对于多角化生产企业，在统计时应只计入属于同一产业的相应数据。

集中比率指标虽然因计算简便而常常成为衡量集中程度的首选指标，但它的一个主要缺点是集中比率指标不能精确反映产业内全部企业的产出规模分布结构。事实上，集中比率指标只是反映了整个产业最大的前几家企业的产出规模分布情况，即使这一指标可以反映市场结构的基本特征，也并不能完全揭示全部企业的产出规模分布结构。

(2) 赫芬达尔-赫希曼指数

赫芬达尔-赫希曼指数是厂商市场份额的凸函数，对厂商之间市场份额的非均等分布非常敏感，该指数的定义为：

$$HHI = \sum_{i=1}^{N} \left(\frac{X_i}{X}\right)^2 = \sum_{i=1}^{N} S_i^2 \qquad (5.2)$$

式中，X 表示产业的总产出，通常以销售收入或销售量表示；X_i 表示产业内第 i 家企业的产出，$i = 1, 2, 3, \cdots, N$，与集中比率指标和基尼系数测算不同的是，所有企业可任意排列；S_i 为产业内第 i 家企业的市场份额。

显然，HHI 指数值的分布区间为 $(0, 1]$。不过，在许多文献中，HHI 指数值通常取的是 $(0, 10\,000]$，即计算时不考虑百分比，其实际计算数值相当于采用式(5.2)方法所获数值的 10 000 倍，而此时其计算公式为：

$$HHI = \sum_{i=1}^{N} (100 S_i)^2 \tag{5.3}$$

HHI 值越接近于 10 000，表明集中程度越高；越接近于 0，表明集中程度越低。当产业内只有一家企业时，HHI 指数值为 100 的平方即 10 000；当产业内所有企业规模相同时，由 $S_1 = S_2 = S_3 = \cdots = S_N$ 可得 $HHI = 10\,000/N$。因此，在企业数量足够多的条件下，产业内企业规模越是接近，HHI 值就越接近于 0。

不仅如此，我们还可以引入企业市场份额方差，对 HHI 指数作进一步的分析。设一个产业内所有企业市场份额的方差为 σ^2，则有：

$$\sigma^2 = \frac{1}{N-1} \sum_{i=1}^{N} (S_i - \bar{S})^2 = \frac{1}{N-1} \left(\sum_{i=1}^{N} S_i^2 - N \bar{S}^2 \right) \tag{5.4}$$

其中 $\bar{S}$ 为全部 N 家企业的平均市场份额，即 $\bar{S} = 1/N$，我们再设 H 为 HHI 指数值，则由式(5.4)可得：

$$(N-1) \sigma^2 = \sum_{i=1}^{N} S_i^2 - N \frac{1}{N^2} = H - \frac{1}{N} \tag{5.5}$$

因此，

$$H = (N-1) \sigma^2 + \frac{1}{N} \tag{5.6}$$

式(5.6)表明，市场份额方差的增大和企业数量的减少都会令 HHI 指数值上升，而市场份额方差的减小和企业数目的增加则会令 HHI 指数下降。就此而言，HHI 指数显然能够同时兼顾产业内各企业规模的差异程度和企业数量，这一优点是集中比率和基尼系数所不具备的。

2. 相对法

衡量市场集中度的相对法主要采用两种指标：一是洛伦兹曲线（Lorenz Curve）和基尼系数；二是厂商规模的对数方差。

(1) 洛伦兹曲线和基尼系数

所谓基尼系数,是建立在洛伦兹曲线基础上的一个相对集中度指标。在产业组织学中,洛伦兹曲线被用来反映市场占有率与产业中由小到大企业的累计百分比之间的关系,而基尼系数则用以衡量同一产业内各企业产出的相对规模分布,即各企业产出规模的差异程度。如图 5-1 所示,横轴表示的是从规模最小企业开始的企业数量累计百分比 X,纵轴表示的是这些企业的销售额(量)占市场总销售额(量)的百分比 Y。而所谓洛伦兹曲线只是一条近似曲线,它实际上是所有(X,Y)点的连接线,因而可以反映产业内全部企业的规模分布状况。45°线为厂商规模分布的绝对平均线,亦即市场是一个均匀分布的结构(意味着20%的厂商占有20%的市场份额,40%的厂商占有40%的市场份额,依此类推),这时洛伦兹曲线与45°线完全重合。右下角的90°线为厂商规模分布的绝对非平均线,亦即独家垄断。处于45°和90°线之间的洛伦兹曲线代表了厂商规模分布的差异,是一条向下弯曲的曲线。如图 5-1 中的阴影部分下部的曲线所代表的厂商规模分布差异就比45°线的差异大,比90°线的差异要小。图 5-1 中的阴影部分的面积越大,厂商规模分布的差异就越大。

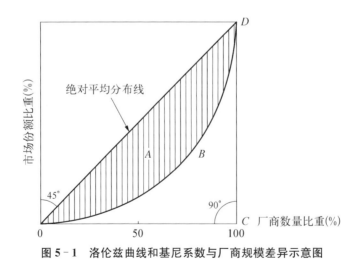

图 5-1 洛伦兹曲线和基尼系数与厂商规模差异示意图

基尼系数就是洛伦兹曲线反映出来的特定市场中厂商规模的差异值,这是一种常用的绝对不均等的度量指标。基尼系数计算的就是洛伦兹曲线与绝对平均线(45°线)所包围的面积的比值,亦即 $GI = \dfrac{A}{A+B}$。基尼系数越大,厂商规模的差异越大;反之,基尼系数越小,厂商规模的差异则越小。理论上基尼系数的取值范围是 $0 \leqslant GI \leqslant 1$。

如图 5-1 所示,我们设全部企业数量为 N,则每家企业占产业企业数量的比重为 $1/N$;同时,设按照市场份额由小至大排序的企业序号为 $i,i=1,2,3,\cdots,N$,第 i 家企业的市场份额为 S_i,且 $S_i > S_{i-1}$。因此,市场份额最小的前 n 位企业($n<N$)的累计市场份额即为 $S_1+S_2+\cdots+S_n = \sum_{i=1}^{n} S_i$。由均等分布线与洛伦兹曲线之间的面积(即图中阴影部分面积)等于均等分线与 X 轴和 Y 轴构成的等腰直角三角形面积减去洛伦兹曲线与 X 轴和 Y 轴构成的图形面积,可得基尼系数:

$$GI = \frac{\frac{1}{2} - \left[\frac{1}{2}\frac{1}{N}S_1 + \frac{1}{2}\frac{1}{N}(S_1+S_1+S_2) + \cdots + \frac{1}{2}\frac{1}{N}(S_1+S_2+\cdots+S_{N-1}+S_1+S_2+\cdots+S_N)\right]}{\frac{1}{2}}$$

$$= 1 - \frac{1}{N}[S_1 + (S_1+S_1+S_2) + \cdots + (S_1+S_2+\cdots+S_{N-1}+S_1+S_2+\cdots+S_N)]$$

$$= 1 - \frac{1}{N}[S_1 + (2S_1+S_2) + \cdots + (2S_1+2S_2+\cdots+2S_{N-1}+S_N)]$$

$$= 1 - \frac{1}{N}[(S_1+S_2+\cdots+S_N) + (N-1)2S_1 + (N-2)2S_2 + \cdots + 2S_N - 1]$$

$$= \frac{N-1-2[(N-1)S_1+(N-2)S_2+\cdots+S_N-1]}{N} \tag{5.7}$$

用基尼系数反映企业的规模分布结构及产业集中程度的优点是不言而喻的。首先,洛伦兹曲线直观并完全地揭示了产业内全部企业的规模分布状况,充分揭示了产业内各企业产出规模的差异,从而非常形象地表明了该产业产出的相对集中程度;其次,在企业数量足够多的情况下,由各产业基尼系数的比较所反映的产业之间集中程度的差距似乎更为可信。

当然,基尼系数也有着固有的缺点。其中最为突出的便是它无法真实反映各企业产出规模相似时的产业集中程度。特别是在企业数量较少时,基尼系数更常常会令人误解产业的集中程度。例如假定某产业内只有两家企业,且两者各自占有一半的市场份额,显然,这种典型的双头垄断产业的集中程度是极高的,其 CR_1 为 50%,CR_2 为 100%,但若采用基尼系数计算,其数值竟为 0,只是表明产业内所有企业规模相同,而根本无法说明产业的高集中程度。

(2) 厂商规模的对数方差

厂商规模的对数方差为:

$$V = \frac{1}{N} \sum_{i=1}^{N} (\log S_i)^2 - \frac{1}{N^2} \left(\sum_{i=1}^{N} \log S_i \right)^2 \tag{5.8}$$

对数方差的最大特点是,假定厂商规模分布愈均匀,厂商之间的竞争性就愈强。

比较绝对法和相对法可得出如下的判断:绝对法主要反映了市场中前几家最大厂商的集中度,而未能考虑到参与整个市场的厂商数量和厂商规模的差异程度;而相对法则主要考虑到了参与整个市场的厂商规模的差异,却未能考虑到前几位最大厂商对市场竞争、价格等的控制和影响。两种方法各有利弊,单独一种方法都不能完全准确地反映市场中厂商之间的竞争程度,两种方法结合运用是比较全面的。

当研究具体产业的集中度时,究竟什么样的集中度才意味着一个产业既达到了规模经济又保持了有效竞争,至今仍是一个在经济理论和实践中均没有固定答案的问题。不仅不同产业的集中度由于产业的技术经济特点会有所不同,而且同一产业在不同时期的集中度也会处于不断变化之中。另外,同一产业在不同的国家会表现出不同的集中趋势,这主要是与一国的经济发展程度、经济发展阶段、市场容量等相关,政府经济因素之外的考虑也对判断某一产业的集中起着一定作用,有时甚至是决定性的作用。

5.3 决定竞争强度的结构化因素

制定竞争战略的本质是将企业放在环境里分析。相关的环境概念非常宽泛，它包含社会因素和经济力量，而企业环境的关键要素则是企业所在的某个行业或者多个行业的发展情况。行业结构对决定博弈的竞争规则以及企业潜在可选的战略有着重大影响。相对而言，行业外部的力量比较重要。由于外部力量通常会影响一个行业内部的所有企业，因此企业应对外部力量的能力差异常具有关键作用。

行业内存在的竞争根植于行业的基本经济结构，它会超越现有企业竞争行为的边界。波特五力分析模型（Michael Porter's Five Forces Model），又称波特竞争力模型，是哈佛大学商学院的迈克尔·波特于20世纪80年代初提出、用于分析行业竞争态势的工具，可以有效地分析企业的竞争环境，对企业战略制定产生全球性的深远影响。波特认为行业内的竞争状态取决于五大竞争力，具体如图5-2所示。这五大竞争力的合力决定了行业最终的盈利能力，而盈利能力是用投入资本的长期回报率来衡量的。并非所有行业都有相同的盈利潜力，五大竞争力的合力不同，决定了不同行业的最终盈利能力也不同。在诸如轮胎、纸和钢材行业，竞争强度比较大，几乎没有企业能赢得可观的回报；在石油设备和服务、化妆品以及化妆用具行业，竞争强度则相对不大。

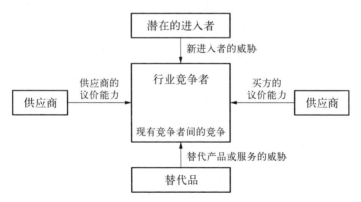

图5-2 驱动行业竞争的力量

本节的重点是确定决定竞争强度和行业盈利能力的行业关键结构化特征。业务单元在某个行业内实施竞争战略的目标是在行业内寻找最佳的定位，让企业更好地维护自身的竞争力或者以有利于企业发展的方式影响竞争力。由于所有企业都能看清楚竞争合力，所以制定竞争战略的关键就是透过表象分析每种竞争力的源头。了解决定竞争力的基本原因，可以发现企业的关键优势或者劣势,表明企业在行业内的地位,明确企业在哪些方面的战略变化能带来最大的回报,以及可能给企业带来机会或者威胁的重要行业导向和领域。理解这些影响竞争力的要素,还有助于企业考虑实施多元化的范畴,而本章的重点就是行业战略,结构化分析则是制定竞争战略的基础。

本书把行业定义为"由生产彼此可以替代的产品的企业组成的集合"。现实中,人们对于行业的精确定义常有争议,主要是围绕产品替代性需求的接近程度、工艺或者地域市场的边界等方面。一旦引入了结构化分析的基本概念,就能更好地看待这些问题,借此初步确定行业的界限。

行业内的竞争有降低资本回报率的趋势,这种力量会一直推动资本回报率降低至竞争回报率的下限水平,即达到经济学家所谓的完全竞争的回报率。这种竞争回报率下限,又称"自由市场回报率",与扣除了资本损失风险的长期政府债券收益相当。投资者不可能长期容忍低于这个下限的回报,因为他们有权投资其他行业。如果企业的长期回报低于这个下限,就只能选择退出行业。行业内存在的回报率低于经过调整的自由市场回报率,可能会刺激资本进入行业,或者是新的企业进入,或者是行业内现有企业增加投资。行业竞争力的强度决定了资本投资流入的程度,资本流入驱使着整体行业回报率下降至自由市场水平,这样企业就能保持高于平均水平的回报率。

五大竞争力,即新进入者的威胁、替代产品或服务的威胁、买方的议价能力、供应商的议价能力以及现有竞争者间的竞争,反映了行业内竞争不仅存在于行业内现有的企业之间。买方、供应商、替代品和潜在的进入者都是行业内企业的"竞争对手",竞争的态势是否明显主要取决于具体的行业发展情况。广义的竞争可以称为"扩展竞争"。

五大竞争力的合力决定了行业竞争的强度和盈利能力。谁拥有最强的竞争力,谁就将起到统领作用,因此从战略制定的角度来看竞争力是最重要的。例如,若一个企业受到一个更高级且低成本的替代品的威胁,那么即便该企业在行业内处于强势市场地位,且没有潜在的进入者的威胁,其回报率可能依然很低。就算没有替代品或行业进入壁垒不高,现有竞争者之间的竞争也会限制潜在的回报。竞争强度的极端案例是经济学家所说的完全竞争行业,在这里行业进入完全是自由的,行业内现有企业相对供应商和买方没有任何议价能力。由于众多企业生产的产品相似,行业竞争不受约束。

不同的竞争力占据主导地位,形成了一个行业的竞争状态。在远洋油轮业中,关键的竞争力可能源于买方(各大石油公司);而在轮胎行业,强大的原始设备制造商(OEM)和激烈较量的竞争者就会产生主要的竞争力;在钢材行业,关键的竞争力来自国外企业和替代材料。行业基本结构能从竞争力大小中反映出来,但这应该不同于对行业竞争和利润有暂时影响的短期因素。例如,经济周期中经济形势的波动会影响很多行业几乎所有企业的盈利能力,比如原材料短缺、罢工、需求暴涨等。虽然这些因素对企业采取的策略有所影响,但是行业结构分析的重点或者结构化分析的重点应该是确定行业最基本的特征,这些特征根植于行业经济和技术特征,决定了竞争战略的必要性。每个企业都有应对行业结构的独特优势和劣势,行业结构会逐渐发生改变,理解行业结构是战略分析的起点。

很多重要的行业经济和技术特征对每一种竞争力都会产生重要影响,下面将逐个讨论。

5.3.1 进入威胁

行业内的新进入者会给行业带来新的能力,背后也常暗藏着攫取市场份额的杀机。这些企业往往实力雄厚,它们的进入往往会产生两种结果:价格的下降或者当前成本的上涨,进而削弱企业的盈利能力。通过收购从其他市场进入行业的多元化企业往往利用自己的资源来上位。因此,通过收购进入行业和确立市场地位应该被视为一种新企业的进入行为,尽管看起来市场上没有增加新的实体企业。

某个行业面临的进入威胁取决于现存的进入壁垒,以及预期当新进入者到来时,行业内现有企业的反应。如果进入壁垒较高,或者新进入者可能感受到了老企业会对其发起强烈的报复来捍卫自己,进入威胁就会较低。

1. 进入壁垒

进入壁垒有以下几个主要成因:

(1) 规模经济

规模经济是指当生产周期中的绝对产量提升时,产品单位成本得到下降(或者生产产品的运营成本或职能部门的运营成本下降)。规模经济的存在使得企业在进入新行业时不得不扩大规模,要么面临激烈报复的风险升高,要么本来无须扩大规模,却因此要承担成本劣势,这两种情况对新进入的企业都不利。规模经济几乎存在于企业的所有职能领域中,包括生产、采购、研发、营销、服务网络、销售团队的利用和分销等。例如,进入大型计算机生产行业,就可能面对生产、研发、营销和服务的规模经济等主要壁垒,施乐公司和通用电气就是付出了沉重的代价后才意识到这一点的。

规模经济可能与整个职能领域的情况相关,比如销售力量的利用,也有可能源于某个职能领域的部分活动或者程序。例如,在制造电视机时,彩色显像管的规模经济非常明显,但它在模具制造和整机组装中却不明显。针对单位成本和规模经济之间的关系,必须要分别分析每一个部件的成本,这一点非常重要。

企业经营多种业务,各个业务单元如果能够共享某些程序或职能,就能获得类似的规模经济,不过也会受制于公司业务规模经济的影响。比如,经营多种业务的公司可能生产小型电动机,这种电动机常用于各类工业风扇、吹风机或者电气设备的散热系统中。电动机制造的规模经济超越了任何市场所需要的电动机数量,以这种方式实现多元化业务的企业与只生产吹风机用电动机的企业相比,就能获得多余的规模经济。因此,特定行业因规模产生的限制条件,在共同运营或者职能实现相关多元化的情况下会相应减少。潜在的新进入企业不得不进行多元化,不然就有可能面临成本劣势。看似可以共享的活动或者职能可能受制于规模经济,具体包括销售力量、分销系统、采购等。

共享活动如果存在共同成本,共享的利益就很明显。当生产 A 类产品(或者某项运营活动或职能是生产 A 类产品必不可少的一部分)的企业也具有能力生产 B 类产品时,就出现了共同成本。航空客运服务和货运服务行业就是一个很好的例子。因技术限制飞机只能容纳一定数量的乘客,却能给货运留下空间和额定载重量。飞机一旦起飞,就需要承担各类成本。不管登机的乘客人数有多少,飞机肯定有载货的能力。因此,能综合客运和货运服务的企业就比开展单独业务的航空公司拥有更大的优势。在涉及制造副产品的生产工艺中,也会出现这种现象。如果新进入的企业无法从生产副产品中获得额外收入,相比那些可以做到这一点的行业内现有企业来说,新进入企业就面临着不可避免的劣势。

当企业多个业务单元可以共享诸如品牌名称和专有知识等无形资产时,

就出现了共同成本。创建无形资产的成本可以一次性分摊。此后,无形资产就能免费应用于其他业务,具体要支付的成本无非就是调整费用。这样一来,共享无形资产就能给企业带来可观的规模经济。垂直一体化实现经济效益时,就会产生规模经济进入壁垒,即在生产、分销的多个阶段都会产生规模经济。如果行业内现有企业实现了一体化,新进入者必须以一体化形式进入,否则就会面临成本劣势,产品的投入要素无法收回,产品也无法占领市场。因为绝大多数客户习惯一站式采购,所以绝大多数供应商也习惯了一条龙销售。外来的企业情况窘迫,无法以可比的价格拿下交易。如果一体化竞争者对待旗下的业务单元与对待自己的方式不同,新进入者很有可能马上会被挤出市场。企业被迫以实现一体化为前提进入行业,会提升自身遭受报复的风险,还提高了进入壁垒。

(2) 产品差异化

产品差异化表明行业内现有企业已经拥有一定的品牌认同和客户忠诚度,这主要是源于过去的广告、客户服务、产品差异或者抢先进入。差异化促使新进入企业大量投资,克服市场上对行业内现有企业客户忠诚度带来的问题,从而创造了进入壁垒。这种做法通常使新进入者一开始就蒙受损失,而且持续的时间较长。确立品牌名称所需要的投资风险较大,因为企业如果不能成功进入,就等于血本无归。

产品差异化可能是婴幼儿护理产品、非处方药、化妆品、投资银行和公共会计等行业里存在的最重要的进入壁垒。在酿酒业,产品差异化伴随着生产、营销和分销的规模经济,因而进入壁垒更高。

(3) 资本要求

为了完成竞争,新进入的企业需要投入大量的财力,这就构成了进入壁垒,尤其是针对高风险、资金不可撤销的广告或者研发投入,都是显著的壁垒。不仅生产设施的构建和改善需要资金,还要对客户信用、存货或者启动损失有额外的投入。施乐公司就为复印机行业创造了一大资本壁垒,该公司选择出租复印机,而不是直接销售复印机,这大大提高了对运营资金的要求。虽然当今各大公司都有充足的财力来进入任何行业,但是诸如计算机、采矿业等需要大量投入资金的行业依然有很高的进入壁垒,限制了进入这些行业的企业数量。就算资本市场有充分的资金,进入新行业也意味着这些资金的应用充满风险,比如潜在的进入者就有可能承受比其他企业更高的风险,这对行业内已经存在的企业来说就是一大优势。

(4) 转换成本

转换成本的存在也会创造进入壁垒。转换成本是指买方从某个供应商转到另一个供应商处购买产品需要一次性承担的成本。转换成本可能包括员工培训成本、新的附属设备成本、测试和验证新供货源的成本,以及因依靠卖方工程帮助带来的技术支持需要、产品重新设计成本,甚至还有切断与原有供应商关系需要承受的心理成本。如果转换成本较高,新进入的企业就必须在成本或者性能方面有较大改善,从而吸引买方放弃现有的供应商,选择企业作为新的供应商。例如,就医院里使用的静脉注射治疗方案和成套设备而言,产品不同,静脉注射的程序就不同,而用于悬挂静脉注射瓶的配套设备也有可能不兼容。这里要实现转换,就有可能遭遇负责治疗过程的护士的抵触,更换相应的设备也需要新投资。

(5) 分销渠道的获取

新进入者要获得产品的分销渠道,为此承担的成本就构成了进入壁垒。现有的产品分销渠道也许已经被行业内的现有企业占领,新进入的企业必须说服渠道商接受自己,为此要做出价格让步、提高合作性广告补贴等,这就减少了新进入者的利润。新食品生产商必须说服零售商在竞争激烈的超市货架上为其产品腾出地方,对此往往要开展促销、集中销售等活动,或者在其他方面做出让步。

产品的批发零售渠道越有限,行业内现有企业就越有可能加固其与渠道商之间的关系,这类行业的进入壁垒就越高。行业内现有企业已经通过长期的合作关系、高品质的服务、只销售特定制造商产品的独家经销权与渠道商确立了联系。有时候,这种进入壁垒难以攻克,以至于新进入者不得不开辟全新的渠道来销售自己的产品,天美时在手表行业的做法就属于这种情况。

(6) 与规模无关的成本劣势

行业内现有企业可能拥有潜在的进入者无法模仿的成本优势,这种成本优势与其规模大小或者已经获得的规模经济效益无关。行业内现有企业拥有的最重要的成本优势的主要成因如下:

一是专有产品技术,即通过专利申请或者保密措施保护的专有产品知识或者设计特征。

二是优先获得原材料。行业内现有企业往往能锁定最好的货源,能预知原材料需求,提前按照确定的原材料供应。比如,像得克萨斯湾硫黄公司这样的弗拉施(Frasch)硫黄制造商早早就控制了大量硫黄矿资源,当时矿主还没有意识到随着弗拉施采矿法的发展,硫黄矿的价值将大大上升。硫黄矿的发现往往是那些石油商无心插柳的结果,这些石油商即使发现了硫黄矿,对其价值也不以为然。

三是有利的地理位置。行业内现有企业可能很早就看准了有利的地理位置,不会等到市场发掘这些地理位置真正的价值、抬高价格后再出手占据。

四是政府补贴。优惠的政府补贴会给现有企业在某些业务领域里带来长久的优势。

五是学习或者经验曲线。在某些业务领域里,企业生产某种产品积累了经验后,会出现产品单位成本下降的趋势。工人改进工作方法,提升工作效率(经典学习曲线),工作布局得到改善,开发专业的设备和工艺,人机协同增效,产品设计革新更有利于生产,产品测验和操作控制方法得到改善,这些因素都会降低成本。经验不过是特定技术变化的另一种说法,不仅适用于生产过程,还适用于分销、物流等职能领域。与规模经济的情况类似,经验造成的成本下降未必与整个企业有关,它源于企业的特定运营活动或者职能领域。经验能够降低营销、分销等职能的成本,也能提升生产过程中部分生产工艺或者操作的成本。经验对成本的每项构成要素究竟造成了怎样的影响,必须要一一查明。

在一些劳动强度高、任务复杂或安装操作复杂的业务领域中,通过经验降低成本显得格外重要,如飞机制造业和船舶制造业。在产品开发的初期和成长阶段、规模递减的后期阶段,经验对降低成本的重要意义几乎是普遍存在的。经验导致的成本下降也往往成为规模经济效益的成因。规模经济取决于每个阶段的产量,而非累计的数量。从这个角度来看,规模经济和经验的影响存在巨大的差别,虽然两者经常一起出现,但很难区分开来。混淆规模和经验所带来的危害将在下文详述。

行业内经验的积累降低了成本,如果经验是现有企业专有的,这就构成了进入壁垒。新成立的企业往往缺乏经验,因而要比现有企业承担更高的成本,为了获得相关的经验,实现与现有企业的成本对等(不管实际情况能否实现成本对等),就要承担更低或者相似定价带来的启动损失。行业内现有企业中市场份额最高的行业领导者积累经验最快,由于其投资新设备和技巧的成本更低,所以现金流量更高。但一定要意识到,要通过经验曲线降低成本和规模经济,需要大量的初期资本投资,购买设备并承担启动损失。如果随着产量的提高,成本持续下降,就算累计的产量很大,新进入者也未必就能赶上行业内现有企业。有很多著名的企业都是根据经验曲线,在行业发展的初期大量投资,累计产量较高,从而成功执行战略的。它们大都能提前预料未来成本下降的趋势,由此进行正确定价。

行业内若存在多元化企业,且该企业内多个业务单元共享运营活动或者职能,某业务单元的成本下降就会影响其他部门的业务成本,企业内部关联的活动将产生对各业务单元有用的经验。面对这种情况,通过经验积累会使成本下降的幅度加大。当多个业务单元直接从事共享原材料的生产活动时,其经验积累的速度往往要快于原材料单独用于满足某个业务生产需要的情况。集团内部的活动若存在关联,兄弟业务单元之间就能够以很低的成本甚至免费享受经验积累的成果,因为在这种情况下,经验已成为一种无形资产。在满足其他条件的情况下,这种共享学习的方式强化了因经验产生的进入壁垒。经验是战略制定过程中广泛应用的概念,其对战略的影响将在下文阐述。

(7) 政府政策

政府可以限制甚至禁止新进入者的进入,主要手段有技术许可要求、原材料获取渠道的限制(如在煤区建设滑雪场的限制)。受到政府管制的行业很多,如卡车运输业、铁路运输业、酒零售业和货运代理业等。政府规定的大气和水质污染标准、产品安全和效能限制等则是政府管制中更加隐晦的手段。比如,污染控制要求提高新进入企业的进入资本标准和技术发展程度,甚至设施的优化规模等。产品测试标准可能会延长交付时间,这不仅提高了企业进入行业的资本成本,还提前让行业内现有企业充分意识到新进入者的进入行为,让企业有机会了解竞争对手的产品,有时间制定应对对手的反击战略。这些政府政策当然会产生直接的社会效应,不过这些影响是其次的,直接的后果在于建立进入壁垒。遗憾的是,人们往往会忽略进入壁垒的存在。

2. 预期的对手报复行为

现有企业对潜在进入者入行的反应如何？对于这种情况的预期会影响进入威胁。如果新进入者认定行业内现有企业会采取强硬的抵制措施,那么这些企业在行业里的日子可能就会更难过,也许据此延后进入时间。现有企业很有可能对新进入者的进入实施打击报复,并提前发出信号,这些信号和条件会阻止新企业的进入:

首先,现有企业有强烈打击报复新进入企业的历史。

其次,现有企业有雄厚的实力反击,包括多余的财力和尚未启用的信用额度、多余的生产能力等都能满足未来的要求。这些企业针对销售渠道或者客户有强大的议价能力。

再次,现有企业非常专注自身在该行业的发展,并在其中投入了大量流动性不强的资产。

最后,行业增长缓慢,这限制了行业吸收新进入企业的能力,除非以牺牲现有企业的销售额和财务指标为代价。

3. 制止进入价格

行业进入条件可以用一个重要的假设概念来总结,即制止进入价格。通行的价格结构(以及诸如产品质量和服务的概念)使得潜在新进入者预期进入所获得的潜在利益与克服结构化进入壁垒、应对打击报复风险的预期成本达到平衡。如果当前的价格水平比制止进入价格高,新进入者预期进入行业后能获得高于平均水平的利润,进入就会发生。当然制止进入价格也取决于新进入者对未来情况的预期,不只受制于当前的条件。

如果行业内现有企业决定或者迫于竞争的压力不得不按照低于理论的制止进入价格水平定价,就解除了进入行业的威胁。如果现有企业的定价高于制止进入价格水平,由于企业彼此之间的竞争或者新老企业共存难免出现较量,新进入企业的利润可能只够支付成本。由此看来,企业的盈利性有可能就是暂时的。

4. 进入壁垒的特征

从战略的角度看待进入壁垒,要留意几个进入壁垒的特征:

首先,如果上述条件发生了改变,进入壁垒也会随之改变。宝丽莱即时成像技术专利过期后,就大大降低了由专有技术产生的绝对成本进入壁垒,难怪柯达迫不及待地进入该行业。杂志印刷业的产品差异化消失后，进入门槛也降低。相反，第二次世界大战后汽车自动化水平和垂直一体化水平不断提高，汽车行业的规模经济不断提高，这样一来，潜在新进入者就很难成功进入。

其次，进入壁垒发生变化的原因往往来自企业外部，不受企业的控制，不过企业的战略地位也会对进入壁垒产生重要的影响。比如，很多美国葡萄酒制造商在20世纪60年代引入新产品，增加广告投入，开展全国分销活动，这在提升行业的规模经济、加大销售渠道获取难度的同时提升了进入壁垒。同理，休闲汽车行业的企业为了降低成本，做出了垂直一体化的决策，大大增加了企业的规模经济，也提升了资本成本壁垒。

最后，有些企业可能具备以更低的价格攻克进入壁垒、成功进入的资源或者技能。比如，《财富》世界500强之一的吉列公司就开发了畅通的剃须刀和刀片的分销渠道，其进入一次性打火机行业面临的成本大大低于其他公司。此外，共享成本的能力也为吉列公司以低成本进入提供了条件。

5. 经验和规模作为进入壁垒

虽然经验和规模经常重叠，规模经济和经验作为进入壁垒还是有许多差异的。规模经济的存在总是引导人们去关注与小规模企业相比较而言大型企业所具有的成本优势（或者企业的共享活动）。人们常认定后者的生产设备、分销系统、服务机构或者相当规模的其他职能领域工作更加高效。只有通过获得相当规模或者适当的多元化实现成本共享，才能获得一定的成本优势。大规模企业或者多元化企业可以在多个业务单元中分摊这些高效设施的固定成本，而小型企业就算拥有技术上更高效的设施，也无法充分利用产能。

从现有企业的战略视角看，规模经济作为进入壁垒具有如下局限性：

其一，企业追求规模和低成本，可能要权衡其他非常有价值的进入壁垒，比如放弃产品差异化（追求规模可能与提升产品形象或者服务响应水平冲突）或者快速开发专有技术的能力。

其二，如果原先为规模经济设计的设备专业化程度很高，很难适应新兴技术，那么技术变革可能会给大规模企业造成"鸡肋式的困境"。

其三，使用当前的技术专注于规模经济，可能会让企业无法感受到新技术的发生，也无法让企业及时发现其他对规模经济依赖程度低的竞争方式。

比起规模经济，经验作为进入壁垒的作用要逊色一些，因为经验曲线的存在本身并不能确保进入壁垒的产生。经验要成为进入壁垒还需要满足一个条件,即经验是企业专有的,竞争者或者潜在的新进入者无法通过下列渠道获得这类经验:模仿;雇用企业的员工;从设备供应商那里采购最新的仪器设备,或者从咨询公司或其他公司那里购买专有知识。通常情况下,经验很难保持专有。就算企业可以,开拓者积累经验的速度也远远赶不上市场上后来利用这种经验的企业,因为市场追随者在积累经验的过程中能够以开拓者为前车之鉴,取长补短。当开拓者不能保证经验的专有和保密时,新进入者可能就会因为能够采购最新的设备或者采用过去没有实现的运营方式来获得竞争优势。

经验作为进入壁垒还有其他方面的限制,具体包括:

第一,产品或者工艺的创新会导致全新技术的产生,进而创造全新的经验曲线,这样就等于抵消原来的壁垒。新进入者若能够赶超行业领导者,就可能发现新的经验曲线。而市场的领导者可能由于自身的定位,无法直接过渡到新的经验曲线上。

第二,通过经验追求低成本需要权衡其他有价值的进入壁垒,比如凭借提升形象或者技术进步来实现产品差异化。惠普公司按照行业内技术改进的程度建立了较高的进入壁垒;其竞争对手则实施追随战略,凭借经验和规模在计算器和微型计算机领域内占有一席之地。

第三,如果有多家企业按照经验曲线构建自己的战略,其中有些企业就会前景堪忧。当最终只有一家企业实施基于经验曲线的战略时,行业增长已经停止,获取经验曲线的收益就成为海底捞月。

第四,以经验曲线为标准,全力追求成本下降,这有可能会让企业无暇顾及市场的发展趋势,无法意识到新技术的到来;而新技术出现后,过去的经验曲线很快就会过时。

5.3.2 行业内现有企业之间竞争的激烈程度

1. 激烈程度的结构化因素

行业内现有企业之间的竞争就像赛马抢位一样,需要使用多项战略,包括价格竞争、广告战、产品引进、提升客户服务或者质量保证等。若一家或者多家企业感受到了行业的竞争压力,或看到了提升自身竞争地位的机会,企业之间的竞争就应运而生了。在绝大多数行业里,某个企业的竞争战略对其对手有着明显的影响,因而可能招致报复或者抵抗。这样看来,企业之间是彼此依存的关系。因为这种竞争对抗模式的存在,企业之间的博弈可能会改善整个行业的状况,也有可能恶化本来的局面。如果企业之间的竞争行为和反应升级,行业内的所有企业可能都会受到牵连,大家的日子都不会好过,整个行业也会前途黯淡。

某些竞争,尤其是价格竞争是非常不稳定的。从盈利的角度来看,这会让整个行业陷入低谷。企业的降价行为若发生得迅速,竞争对手也会竞相模仿。除非整个行业的价格需求弹性很大,否则所有企业的利润都会锐减。而且,广告战会大大拉动需求,提升行业内产品差异化的程度,让所有企业都受益。

某些行业竞争的典型特征是硝烟弥漫、苦不堪言或是"见血封喉",而在其他行业里,企业之间的竞争可能不温不火、和风细雨。行业内部各大企业之间的竞争会因多个彼此作用的结构化因素的推动而变得日趋激烈。

(1) 竞争者众多,或者彼此势均力敌

行业内企业数目较多时,企业横空出世、独占鳌头的可能性更大。有些企业可能习惯性地认为自己能在"神不知鬼不觉"的情况下从事竞争活动。即便在企业数目较少的行业中,若各企业在规模和公开资源方面都势均力敌、争斗惨烈,没有哪一方能占据资源优势开展坚决的报复,也可能造成行业的动荡。当行业高度集中或者由某家或某些企业占领时,各方就能看清彼此的相对竞争实力。市场中的领导企业,无论是一家还是多家,都可以通过价格领先的方式,在行业中发挥重要作用。

在许多国家,国外企业无论是从外部进入行业还是直接通过对外投资来参与竞争,它们在行业竞争中都扮演着非常重要的角色。虽然国外企业与本地企业在特征上有区别,但国外企业应该获得和国内竞争者同样的待遇,这样才能更好地开展结构化分析。

(2) 行业增长幅度较慢

若行业增长幅度较慢,那些试图扩张的企业将进入市场,参与市场份额的博弈,针对市场份额的竞争将变幻莫测。而在增长较快的行业里,企业只需跟上行业发展的步伐,发展就是水到渠成的事,财力和管理资源会随着行业发展同步增加。

(3) 高昂的固定成本或者储存成本

高昂的固定成本给所有企业带来了全面利用产能的巨大压力，往往会导致产能过剩，使业内出现多余的生产力。诸如纸和铝的原材料生产企业就面临这个问题。固定成本与附加值的比例是成本的重要特征，而非固定成本占总成本的比例。虽然有些企业的固定成本占总成本的比例不高，但外购的原材料占总成本的比例较高（附加值较低），那么这样的企业就特别想通过提高产能利用率来取得收支平衡。

有个明显的例子可以说明固定成本高的情况。在某些行业里，一旦生产出产品，就需要很高的储存成本。碰到这种情况，企业为了确保销售额，常常会被迫降价。这种压力将使整个行业的利润率下降，比如龙虾捕捞行业、有毒化学品制造和服务行业就属于这种情况。

(4) 缺乏差异化或不存在转换成本

当产品或者服务被视为商品或者商品的相似物时，买方所做的选择绝大多数取决于其价格和服务，这就容易造成行业价格和服务的竞争日趋激烈。这类竞争情况的不确定因素很多，在上文已有所描述。相反，产品差异化为企业创造了避免竞争的隔离层，因为买方有购买偏好，且对特定的卖家表现出了客户忠诚度。转换成本也有同样的影响力。

(5) 产能大幅度增加

因规模经济效益的需要，必须在大型企业里提升产能利用率，增加产能就有可能影响行业的长期供需平衡，尤其是那些有可能突然大幅度提高产能的行业。行业经常会面临产能过剩或者价格战的情况，这些问题一直困扰着生产氨肥等产品的行业。

(6) 竞争者五花八门

企业在战略、渊源、特点及其与母公司的关系上互有差异。因此，企业目标的设定和开展竞争的方式也有所区别。在行业竞争中，这些企业常常冤家路窄，不可避免地要有正面冲突。企业很难看清楚对手的真正意图，也无法心平气和地为行业设定公平的竞争规则。适合于某个企业的战略选择，未必就能在其他企业中奏效。

国外企业的加入会让行业的竞争者状况变得更加复杂多样。国外企业所在的环境不同，目标也各不相同。小型制造商或者服务型企业可能集所有权和经营权于一身,因为它们都会满足于投资资本获得的次优回报率,只要能保证自己享有独立的所有权即可。而这样的回报率,大型的上市公司往往不能接受。在这样的行业里,小企业的存在和态度会制约整个行业的利润水平。同理,若企业把产品销往市场只是为了利用自己多余的产能(倾销就属于这种情况),这样的企业与那些把市场看成第一位的企业相比,采用的政策就有所差别。存在竞争关系的业务单元与公司整体的关系是行业多元化的另一个重要因素。比如,在具有多个业务单元的公司组织结构里,身为垂直业务链一部分的部门与那些我行我素的企业的经营目标不同,尽管两者都在行业内公平竞争。在母公司的业务组合中,某个业务单元充当着"摇钱树"的角色,而其他业务单元可能只能卧薪尝胆,希望争取长远的发展。对于这两类业务单元,其行为就有很大差别。

(7) 战略利害关系非同小可

如果行业内有很多企业都孤注一掷,为取得成功不惜一切代价,行业内的竞争就会更加激烈。例如,为了深化公司战略,多元化企业可能非常注重在某个行业内的成功。像德国博世、日本索尼或者荷兰飞利浦公司,这些企业可能会认为,如果要确立企业的全球知名度或者技术认可度,在美国市场确立其稳固的市场地位就很有必要。在这种情况下,这类企业的目标不仅五花八门,而且会给行业注入不安定的因素,因为企业都在不断扩张,都愿意牺牲盈利能力以实现自己的目标。

(8) 较高的退出壁垒

行业的退出壁垒是指即便是在企业的利润很低甚至亏损的情况下,依然会促使企业在行业内竞争的经济、战略和情感因素。退出壁垒的主要成因如下:

一是专业化资产:专属于某个行业或者地理位置的资产的流动性价值较低,或者转移(转换)成本较高。

二是退出的固定成本:包括劳动力协议、重新安置的成本、备件维修能力等。

三是战略关联:业务单元与企业其他部门之间在企业形象、营销能力、金融市场渠道、共享设施等方面存在的关联,这类关联使得企业高度重视如何在业务领域内保持自己的地位。

四是情感壁垒：管理层不愿意做出经济上合理的退出决定，因为他们认同这些业务，忠于自己的员工，害怕失去自己的事业、尊严等。

五是政府和社会限制条件：涉及政府限制或者不提倡企业退出的决定，主要是出于对就业问题和当地经济发展的考虑，这种现象在美国以外的地方尤其普遍。当退出壁垒较高时，多余的产能不可能从行业中消失，而且无法在竞争中取胜的企业也不会轻易放弃。它们会苟延残喘，因为自己的弱势不得不采取极端手段，结果降低了整个行业的盈利能力。

2. 改变竞争

决定行业竞争强度的因素会发生变化。行业逐渐发展成熟，行业增长的速度会改变，这就是一例。随着行业的日趋成熟，其增长速度放缓，导致行业竞争更加激烈，盈利水平下降，甚至很多企业就此出局。在20世纪70年代初日渐兴起的休闲汽车行业里，几乎所有的汽车生产商都表现良好。但此后行业增长速度放缓，除了几家龙头企业外，之前普遍具有高回报的情况一去不复返，更别提那些弱势企业被挤出市场，个个下场惨淡了。这样的情况在多个行业内屡屡发生，雪地车制造业、喷雾包装行业和运动设备制造业都逃不过这样的规律。

当企业的收购行为为行业带来了全新的特征（比如宝洁公司收购查敏纸业），竞争轨迹就会发生变化，这种现象非常普遍。技术革新还会刺激生产过程中固定成本的增加，加剧行业竞争的波动性。20世纪60年代照片冲印从批量作业转变为连续作业，就属于这种情况。

企业必须处理好很多决定行业竞争强度的因素，因为这些因素是构建产业经济学的基础，通过战略转移能够影响整体态势的发展。比如，企业可以通过为客户提供工程支持，将自己的产品纳入客户的运营过程，或者通过提升客户对技术建议的依赖性，来增加买方的转换成本。企业也可以通过提供新型服务、开展营销创新或者改变产品来提升产品的差异化水平。企业针对行业内发展最快的细分领域集中销售力量或者瞄准固定成本最低的市场领域的行为能够减缓行业竞争的程度。此外，如果可行，企业可以避免在退出壁垒较高的行业里与竞争对手正面交锋，绕开艰难的价格战；企业也可以降低退出壁垒。

3. 退出壁垒和进入壁垒

虽然退出壁垒和进入壁垒在概念上不同，但是确定这两种壁垒的水平是行业分析不可或缺的步骤。退出壁垒和进入壁垒往往是相关的。生产过程中的规模经济往往与专业化资产紧密相关,专有技术与专业化资产也密不可分。

图 5-3 壁垒和盈利性

以退出壁垒和进入壁垒的简化模型为例,我们可以展开分析。从行业利润的角度来看,最好的情况是进入壁垒高而退出壁垒低。这样就可以阻止后来者进入,竞争不过的企业也会离开行业。若进入壁垒和退出壁垒都比较高,虽然盈利潜力比较大,却伴随着较高的风险:虽然可以阻止后来者进入,但是经营不善的企业将在行业内负隅顽抗。

进入壁垒和退出壁垒都比较低时,情况则不容乐观。最糟糕的情况是进入壁垒较低、退出壁垒较高。这种情况下,企业进入行业很容易,往往是受到经济形势良好或者其他临时好处的诱惑而进入,然而,当行业前景不好时,企业却不能及时退出,结果行业内的产能过剩,长期的盈利能力就很差。供应商或放贷者愿意为企业进入行业融资,但当企业进入行业后,往往面临着较高的固定融资成本,这就给整个行业造成了非常不利的影响。

5.3.3 来自替代品的压力

广义上来看,若行业内的所有企业都参与竞争,其他行业会产生很多替代品。替代品限制了一个行业的回报率,因为它们的存在,行业内的企业就不能漫天要价,即使能够盈利,产品的定价也有上限。替代品的性价比越高,行业的盈利状况就越吃紧。

高果糖玉米糖浆实现了大规模的商业化,这种糖的替代品让白糖生产商很头疼,白糖生产商也从中吸取了深刻的教训。乙炔生产商和人造纤维生产商同病相怜,它们也面临着低成本原材料的替代威胁,这些替代品在各自的应用领域逐渐成为新宠。替代品不仅限制了产品在一般行业中的盈利水平,还会削减企业在行业新兴阶段的运气。1978 年,由于能源成本较高,外加天气严寒,玻璃纤维绝缘材料生产商有了前所未有的市场需求,但是很快被一些替代品的出现坏了好事,包括纤维素、岩棉和聚苯乙烯泡沫塑料等。玻璃纤维绝缘材料生产商无法大幅提价,这些替代品注定会牵制行业利润的攀升,因为它们的产能很快就能满足市场的需要。

确定替代品是指寻找能够执行行业内产品相同功能的其他产品。有时候,确定替代品是一件吃力不讨好的差事,因为分析师要去分析那些看似与产品毫无关系的行业。比如证券经纪人日益碰到房地产、保险、货币市场基金和其他个人投资理财方式的挑战,这些因素使本不乐观的证券市场雪上加霜。

那么,应如何应对替代品的侵袭呢?这需要整个行业的努力。比如,虽然某个企业的广告可能无法提升整个行业产品相对替代品的地位,但如果整个行业的参与者都大规模持续投资广告,自然就会提升整个行业的地位。同样的道理也适用于产品质量改善、营销措施、产品供应便捷性等领域,企业要在这些方面提高对客户响应的效率和成果。

需要企业格外注意的替代品具有如下特征:其性价比有超过行业产品的趋势;替代品所在的行业利润水平较高。如果属于后者,只要替代品的开发能加剧行业的竞争程度,还能引起价格的下跌或者绩效的提升,那么替代品往往能快速上位。可以对替代品展开正面攻击,或者与之共存,分析这类趋势有助于确定企业应对替代品的战略。在安保行业,电子警报系统就是潜在的替代品。此外,由于安保行业是劳动密集型服务行业,所以其成本将不可避免地上升,而电子警报系统很有可能在性能提升的同时实现成本下降。因此,面对这种情况,安保企业正确的回应是提供保安和电子警报系统的配套服务,重新将保安界定为电子警报系统的专业操作人员,而不是替代电子警报系统的人员。

5.3.4 买方的议价能力

买方在行业内主张降低价格,提升产品质量,要求企业提供更多的服务,挑起竞争对手之间的竞争,这些行为都会降低行业的盈利性。行业内重要的买方集团的力量取决于市场的情况和特征,也受制于买方从该行业内购买的数量对其整体业务的重要性。如果下列情况属实,买方集团的议价能力会很强大。

第一,与卖方的整体销售量相比,买方购买数量较大或者比较集中。如果某个买方购买的数量占卖方销售量的比例较大,买方业务的重要性将得到提升。如果行业的特征是固定成本较高,则大量采购的买方就有很强的议价能力。比如,在谷物加工业和散装化工业中,全面利用产能的风险很高。

第二,买方从行业内采购的产品占买方成本或者采购总量的很重要的一部分。这种情况下,买方可能会利用必要的资源获得比较优惠的采购价格,或比较慎重地选择采购的产品。当行业出售的产品只占买方成本的一小部分时,买方的价格敏感度往往较低。

第三,买方从行业购买的产品是标准化或非差异化产品。如果买方确定自己能找到替代的供应商,就会利用其他供应商与其杀价,铝制品行业就常出现这样的情况。

第四,买方面临的转换成本不高。转换成本的存在能帮助卖方锁定自己的买方。相反,如果卖方面临着转换成本,就能提高买方的议价能力。

第五,买方盈利状况堪忧。利润率低会推动企业降低自己的采购成本。比如克莱斯勒汽车制造公司的供应商就怨声载道,因为供货条件实在太苛刻。如果买方盈利水平高,对采购价格的敏感度低(因为采购的项目占总成本的比例不高),它们就会从长远角度出发,努力帮助供应商实现长期而健康的发展。

第六,买方实施后向一体化的可能性很高。如果买方实现了部分一体化,或者实现后向一体化的可能性很高,就有能力提高自己的议价能力,要求卖方让步。比如各大主要汽车生产商,包括通用汽车和福特汽车,都把自主生产作为谈判价格的重要筹码。它们实施所谓的锥形一体化,即所需的投入要素部分从集团内部购入,部分从外部供应商购入。这样不仅使进一步一体化的威胁实际存在,而且部分生产要素由买方内部生产,可以方便其理解成本,进而大大提升买方的议价能力。当行业内的企业明确表明要开展前向一体化进入买方的行业时,就有可能部分抵消买方的议价能力。

第七,与买方生产的产品或提供的服务相比,行业内企业生产的产品无关紧要。当买方产品的质量受行业产品影响较大时,一般情况下,买方的价格敏感度更低。在存在这种情况的行业中,包括油田设备领域,产品功能故障可能会导致惨重的损失(如墨西哥海上油井喷油保护装置失灵造成了惨重的损失);而电子医疗和医学测试工具的包装质量有可能影响用户对产品质量和内部设备的印象与判断。

第八,买方拥有全套信息。当买方知晓需求、实际的市场价甚至供应商的成本信息时,这通常给买方带来更强的议价能力。全面了解行情,买方就有能力确保它以最优惠的价格成交;当供应商声称自己无法生存时,买方可以有效地反驳。

有关买方议价能力的上述因素,绝大多数适用于消费者,同时也适用于行业或者买方,具体分析只要经过一定的调整即可。例如,消费者如果购买的是非差异化产品,产品相对于收入而言比较贵,或者产品的质量对自己并不是那么重要,那么他们对价格往往比较敏感。

批发商和零售商的买方议价能力也受这些因素的影响,但有一点需要补充:如果零售商能影响消费者的采购决定,就能大大提升自己对生产商的议价能力,比如在音响部件、珠宝、家电、运动品牌等行业就存在这样的情况。同理,批发商如果能影响零售商或者其他买方的采购决策,其作为买方针对卖方的议价能力也将大大提高。

上述影响买方议价能力的因素会随着时间的流逝而变化,公司的战略决策变化时,买方的议价能力也会自然而然地发生改变。例如,在成衣行业里,当买方(百货商店和服装店)越来越集中,控制权日益集中在大型连锁店手中时,行业承受的压力将日益巨大,利润也将缩水。如果行业不能实现产品差异化,也无法产生能锁定客源的转换成本来抵制这种趋势的负面影响,即使有大量进口成衣产品涌入,也将于事无补。

企业选择怎样的买方群体作为产品的出售对象,应该视为一项重要的战略决策。企业找到议价能力最弱的买方,就相当于提升了自己的战略地位。因此,可以通过选择买方来提升战略地位。企业出售产品给买方群体,这个群体的买方议价能力几乎各不相同。就算企业的产品应用于单个行业,行业中也存在不同的细分领域,对应的议价能力也各有差别,有些买方对产品价格敏感度较高,有些则较低。比如,绝大多数产品重置市场比原始设备制造商市场的价格敏感度更低。

5.3.5 供应商的议价能力

供应商可以向行业中的企业提出抬价要求,否则就降低产品或者服务质量。供应商凭借这样的威胁,能够发挥自己的议价能力。企业如果无法对出售的产品抬价,从而补偿采购原材料的提价损失,那么供应商强大的议价能力就有可能将行业的利润榨干。比如,化工企业抬价就有可能侵蚀喷雾包装承包商的利润,因为买方有能力自行生产喷雾包装,喷雾包装承包商就会面临巨大的竞争压力。

1. 议价能力

提高供应商议价能力的条件恰好与提高买方议价能力的条件对应。如果下列条件满足,供应商就会具有较强的议价能力:

第一,假如供应商所在的行业由几个公司控制且行业集中度较高,则供应商的议价能力就较强。如果买方所处的行业相对比较分散,那么供应商就有更强的能力影响价格、质量和供货条件。

第二,供应商供应的产品没有替代品。如果供应商要面对替代品的威胁,就算本身规模巨大,其议价能力也会受到影响。例如,甜味剂生产商面对很多替代品的竞争,相对单个买方,它们的规模比较大。

第三,企业所在的行业并不是供应商群体的重要客户。当供应商面向很多行业,而某个行业的采购数量占其总量比例不高时,供应商就更有可能施加影响力。如果某行业具有供应商的重要客户,供应商的财富就与该行业紧密关联,供应商也就会很慎重地保护双方的关系,这样一来其供应的商品定价就比较合理,也能在研发等一类活动中出力。

第四,供应商产品是买方业务的重要投入要素。供应商产品对买方的制造过程或者产品质量有着重要的影响,因而提升了供应商的议价能力。尤其当买方无法储存采购的产品时,买方无法建立库存,供应商就有更高的议价能力。

第五,供应商群体生产的产品具备差异化特征或者产生了转换成本。产品的差异化或者买方面临转换成本,减少了买方借助其他供应商压价的可能性。如果供应商面临转换成本,结果则刚好相反。

第六,供应商群体很有可能实现前向一体化。这就遏制了行业提升采购条件的举动。一般认为,供应商是一家企业。事实上,劳动力也是一种供应方,这种供应方在很多行业里具有强大的议价能力。有大量的实证表明某些稀缺的高技能员工或者工业化劳动力的议价能力能让行业的利润大幅缩水。在决定作为供应方的劳动力的潜在议价能力时,上述原则同样适用。评价劳动力议价能力时还要考虑的因素包括组织化程度以及这些稀缺的劳动力能否扩大供给。当劳动力组织严密或者稀缺劳动力的供给无法得到扩大时,劳动力的议价能力就会很高。

决定供应商议价能力的条件不仅会发生改变,而且有时候也会超出企业的控制范围。正如企业能够通过特定战略改变买方的议价能力一样,企业也能通过战略改变供应商的议价能力。企业可以加强其开展后向一体化的威胁,通过努力摆脱转换成本等措施来改变供应商的议价能力。

2. 行业竞争中政府的力量

前文有关政府的描述,主要讨论了政府对进入壁垒的影响。在20世纪七八十年代,各级政府能够从多方面直接或者间接影响行业结构。在很多行业中,身为买方或者供应商的政府制定各类政策,影响行业竞争。例如,政府作为安防类产品的买方,其地位非常重要。而美国林业局控制了美国西部绝大多数的木材储备,作为木材供应商,它也在很大程度上影响着整个木材行业。政府作为供应商或者买方,大多是通过经济因素而不是政治因素影响行业,这也是现实的写照。政府法规可能会限制政府作为供应商或者买方的行为。

政府还能通过法规、补贴或者其他手段影响行业地位和替代品的关系。美国政府使用税收激励政策和研发资助项目大力推广太阳能热水器;政府放松了对天然气行业的管制,这项政策改变了乙炔的化学给料地位;安全和污染标准影响着替代品的相对成本和质量。政府通过影响行业增长速度,利用管制手段改变成本价格,影响着竞争者之间此消彼长的关系。

那么,各级政府在当前和未来如何影响行业的结构化条件?如果没有明确这一点,任何结构化分析都是不完整的。为了满足战略分析的需要,考虑政府如何通过五大竞争力的作用来影响竞争,而不是把政府当成某一种影响力本身,这个角度能给企业更多的启迪。在制定战略时,并不反对把政府当作一个独立的参与者,但也要考虑企业战略对政府的影响和反馈。

5.4 结构化分析和竞争战略

一旦确定了行业竞争影响因素及其潜在的成因,企业就能确定其在行业中的优势和劣势。从战略的角度来看,企业的关键优势和劣势决定了它的地位,也是其竞争力量的成因。企业应该从何处下手来对抗替代品?是从进入壁垒的源头着手,还是从对抗现有的竞争者开始?为了防范五大竞争力的来袭,卓有成效的竞争战略应采用进攻或者防御行动。从广义角度来看,这涉及以下几种可行的方法:

1. 准确定位

第一种方法是根据行业结构,针对企业的优势和劣势进行定位。按照防御竞争力的原则制定战略,或者在行业中寻找竞争合力最弱的地方进行定位。

了解企业的能力及其竞争力的起因,能够让企业明白什么时候该与对手正面交锋,什么时候该避开直接竞争。如果企业是一个低成本制造商,可以选择将产品出售给强大的买方,并且只销售那些不会受制于替代品的产品种类。

2. 平衡各种竞争力

通过战略行动来平衡各种竞争力,进而提升企业的相对地位。企业可以制定主动出击的战略,这种战略旨在突破纯粹应对竞争力的局限,改变竞争力的成因。

营销的创新能够提升品牌的识别度,实现产品的差异化。投资大型生产设施或者垂直一体化可能会影响进入壁垒。五大竞争力的平衡部分源于外力,部分源于企业可以控制的内力。可以利用结构化分析来确定特定行业驱动竞争的关键要素,明确如何实施影响竞争合力的战略行动,从而获得最大的回报。

3. 变中求进

行业变革具有重要的战略意义,因为行业变革能够改变竞争的结构化因素。在针对行业发展的诸多理论中,产品生命周期理论广为人知。行业增速也会发生变化。当业务逐渐发展成熟时,广告支出会下降,而企业垂直一体化的趋势将增强。

这些趋势本身并非最重要的因素,重要的是它们如何影响竞争的结构化要素。以垂直一体化为例,在不断成熟的小型计算机行业里,垂直一体化俨然已成为普遍现象,无论在制造过程还是软件开发过程中,都能看到垂直一体化。这种重要的趋势大大提升了企业的规模经济及其在行业中竞争所需的资本数量。在行业的进入壁垒升高的前提下,一旦行业停止增长,某些小型企业就会被踢出行业。

显然,能影响行业内竞争重要成因的趋势或者能为行业前沿带来新的结构化因素的趋势最具战略意义。在喷雾包装承包行业里,产品差异化减少的趋势就占主导地位。这种趋势提升了买方的议价能力,降低了进入壁垒以及行业的竞争激烈程度。

结构化分析能用来预期一个行业最终的盈利能力。在企业的长期规划中,关键任务是分析每一种竞争力,预测每种竞争力决定因素的影响力,绘制行业可能获得的盈利潜力及其构成要素的示意图。

这种分析产生的结果与当前的行业结构的显示情况有很大不同。比如,当今的光伏太阳能行业有成千上万个企业,但没有哪个企业占据主导地位。市场进入门槛不高,但是身在其中的企业争得你死我活,只为确立光伏太阳能行业的市场地位,取代传统的供热方法。

光伏太阳能行业的发展潜力在很大程度上取决于未来行业的进入壁垒、相对于替代品的行业地位、竞争的最终强度以及买方和供应商的议价能力。这些特征都会受到多种因素的影响,包括确立品牌身份的可能性、技术变化能否创造重要的规模经济或者设备制造的经验曲线、进入行业的最终资本成本以及生产设施最终的固定成本壁垒等。

4. 多元化战略

行业竞争分析的框架可以用来制定多元化战略,该框架可以帮助我们解答在多元化战略决定过程中碰到的纷繁复杂的问题,如"该项业务具有怎样的潜能?"这个分析框架便于企业发现前景较好的行业,无须等到收购者开出高价就能发觉哪个地方最具潜力,从而先发制人。这个框架还有助于我们确定多元化企业中存在的特别有价值的关联。比如,这种关联可以使企业通过共享职能或者与分销渠道的既定关系克服进入壁垒,进而成为多元化的基础。

本章参考文献

[1] 迈克尔·波特.竞争战略[M].陈丽芳译.北京:中信出版社,2014.
[2] 史东辉.产业组织学[M].上海:格致出版社,2015.
[3] 臧旭恒,杨蕙馨,徐向艺.产业经济学[M].北京:经济科学出版社,2015.

第六章 经营环境与行业发展

6.1 国际环境

国际环境是指一个国家与世界各有关国家、地区之间在政治、经济、文化、自然、地理方面的相互关系以及国与国之间的交往关系。它体现了国与国之间的相互联系、相互作用、相互制约、相互促进的关系。其中国际环境中最重要的就是政治环境,政治环境风险是指由于投资国和本国的政治环境不同、投资国的政局动荡、贸易政策和法律法规等与本国差异给投资者的资产带来不确定性的风险。政治环境风险主要包括国内内乱,国际战争,土地征收、征用和没收,资本国际化和汇兑等未知和不确定风险。其具有多样性、复杂性和突发性等特点,一旦政治环境风险发生就会给投资者带来惨重的打击,从而造成巨大的经济损失。政治环境风险主要包括投资审核、政局动荡不稳和政策法律变动等风险。政治环境风险是我国企业在海外投资中不确定性最大、未知性最强的风险,也是不可控性最强的风险。

6.1.1 投资审核环境

所谓投资审核风险,是指投资的东道国利用投资审核的形式,对投资者设置政治壁垒,对非本国的境外投资企业的投资构成障碍,达到阻碍投资甚至否定的目的。

1. 美国方面

1975年,"美国外国投资审查委员会"(CFIUS)于美国成立。该委员会作为一个跨部门组织,由与美国政府相关的十几个部门组成,设立了一系列对外国在本国的投资进行安全审查的制度。CFIUS作为一个由政治政策律法规和各项规章制度共同影响的组织,安全机构的数量远远超过了经济机构,它的行事原则多受政治因素的影响。CFIUS对我国企业在美国的投资审查极其严格,并以妨碍国家安全为由对大多数的投资进行了阻挠和妨碍。

2. 澳大利亚方面

近年来,澳大利亚对外国的企业在其国家进行探测和开采矿产的投资出台了"双层审查"制度。这一制度要求其他国家的企业必须在获得澳大利亚政府下设的外国投资审查委员会(FIRB)同意后,才能够对其国家的矿产资源进行勘探,在发现了有开采价值的矿藏之后,还需要向澳方政府进行申请,直到再次接受的审查通过后,才可以进行开采。其对我国企业的资产结构方面的审查则更为严格,澳大利亚方面明确规定,如果我国的企业的融资方式是以抵押在澳大利亚的固定资产从而获得我国国有银行的贷款的,那么这家企业则要受到来自FIRB的第三次审查。这些限制性条款主要是为了保护澳大利亚本国企业的首要利益,同时增强各国企业在澳投资的透明度。但这些限制性条款也在一定程度上增加了我国对澳投资的风险和不确定性。据调查结果显示,澳大利亚的"双层审查"制度实施之后,主要审查机构涵盖了FIRB、劳工和环保机构等多个部门,审查对象包括了超过95%的在澳华资企业。随着澳大利亚审查制度的推行,我国在澳大利亚矿产领域的投资难度和风险都越来越大。

3. 加拿大方面

20世纪70年代,加拿大政府即开始了对外国资本在金融、电信、能源等领域的投资限制。2007年,加拿大政府对外资企业的并购行为出台了明确的制度,该制度规定政府在外资企业的并购行为发生前对其进行投标审核,并限制对加拿大国家安全存在可能威胁的并购。2011年以来,受到该制度和政府审核的影响,我国的五矿集团对加拿大的EONT矿业公司的收购、中石油公司对其 Encana Corp 天然气公司的收购都一直没有取得实质性进展。

4. 德国方面

德国颁布的《公司法》中规定,德国联邦卡特尔局有权对外资公司或者个人对德国本土企业的 50% 及以上的表决权或 25% 及以上的股份进行收购的行为进行审查,如果该收购行为强化了外资公司或个人的市场控制能力,那么该行为将被终止。

5. 法国方面

法国政府设定了 11 个受保护产业,这些产业包括生物技术信息安全和涉及国家机密的产业等。2010 年,法国设定了 20 家包括家乐福在内的跨国公司作为受保护企业,这些公司将受到保护从而避免被外国企业投资并购。

事实上,西方发达国家乃至全世界各个国家,对外国企业向本国涉及安全问题的行业和项目进行的审查,都是常见且通行的做法。但由于西方发达国家出于对本国企业利益的考虑,做出了很多违背世界贸易公平和市场竞争自由的举动来阻碍其他国家的企业对本国市场的侵占,这无疑对我国企业的"走出去"战略形成了巨大阻碍。西方发达国家将经济问题政治化的观点,使得他们对我国企业在海外市场的企业投资和并购行为的审查与控制力度增强。在自由贸易市场上,西方国家对我国企业的制裁频频增加,反倾销、反垄断调查也频频发生,使我国企业在西方发达国家的发展举步维艰。

6.1.2 政策法律环境

政策法律风险主要指投资方的企业由于投资国家的政策法律约束和变化而在投资过程中受到的影响。以投资手段中的跨国并购为例,东道国出于对本国企业和利益保护、国家经济主权维护等方面的考虑,往往会制定相应的政策法律来制约其他国家对本国企业的并购行为。这些政策法律包括:技术壁垒、反垄断反倾销、外汇管制、资源和环境保护、企业产权所有等,而这些也就是跨国并购过程中的政策法律风险最主要的组成部分。政策法律风险,顾名思义,即包括政策风险和法律风险,两者紧密联系。其中,政策风险主要指国家的宏观调控手段包括货币政策、财政政策和产业调控手段等,对企业的资本投资阶段造成的关税、市场准入、股权比例等方面的不确定性。法律风险是指投资企业对东道国的法律环境生疏,从而不按照该国法律法规进行操作,或者在适应过程中面临本国与东道国之间的法律变动而造成的不确定性因素。法律风险主要表现为合同纠纷和知识产权保护等。

1. 关税风险和市场准入风险

我国自2001年加入世界贸易组织(WTO)以来,充分发挥WTO的"开放与规则"的推动作用,在"两个市场,两种资源"的优势作用下,在国际市场上取得了巨大的成就,成为世界第一大外汇储备国、第一贸易大国。与此同时,我们也面临着各种挑战,包括其他国家的贸易保护主义、贸易摩擦等等。贸易保护主义即是一些国家为了本国的经济政治发展需要,对其他国家企业的投资行为采取一系列贸易壁垒手段。2001年,阿根廷为保护本国轮胎产业,同时增加本国就业率、提高本国相关产业的生产经营能力,对进口的轮胎产品的流程实施了非自动的许可制度,这项制度的制定和实施对我国轮胎产业的出口产生了极大的影响,使我国对阿根廷的轮胎出口总量大幅下降。而在西方发达国家,如美国、英国、法国等进口大国,我国企业需要面对的关税风险和市场准入风险则更加严重和突出。

2. 股权风险

股权风险又被称为产权风险,它涵盖了海外投资的独资、参股和控股三种股(产)权形式的风险,主要表现为股权比例的风险。当今社会,许多第三世界国家,如拉丁美洲和非洲的一些国家,通过制定相关的政策法规,对本国企业被海外投资者所持股数量和比例进行严格的限制。例如:① 委内瑞拉方面,外国企业对委内瑞拉石油行业等重要行业的投资持股比例最高不能超过49%。然而最近几年,其对外国企业的持股比例限制却有多次变更,这无疑给我国的海外投资增加了风险。② 东非肯尼亚方面,国家对农业项目的投资开发控股比例不能低于51%。③ 西非塞内加尔方面,贸易类公司的本国或本土持股比例不能低于51%。④ 南非方面,2002年,南非政府颁布新的矿业投资法案,法案规定所有外国企业对本国矿产行业投资建立的合资公司,都必须由当地的黑人组织团体(BEE团体)拥有股权达25%及以上和一票表决权,而且高级管理岗位必须由本地黑人员工担任等。这项法案的规定使我国的海外投资受到了不小阻碍。我国投资公司希望在管理过程中,通过对多数股权的持有来保证拥有经营管理的决策权和最终话语权,但这项法案的规定直接导致我国企业即便投资也不拥有绝对管理权,这对我国在境外的资本发展极为不利。⑤尼日利亚方面,曾规定外国企业对本国石油行业的持股比例不能超过20%,然而由于各方面原因,这个数值一直在上下浮动,最终确定为不能超过45%。

3. 合同风险

作为法律风险中最重要的风险之一,合同风险存在于洽谈协商、起草拟定、合同签订和责任义务履行的各个环节中。下面将从两个案例进行具体阐述:

(1) 中国铁路工程总公司在波兰的项目

2009年6月,我国中国铁路工程总公司(以下简称"中铁工")下属的两个公司——中海外和中铁隧道,与上海建工公司、波兰德科玛有限公司(DECMA)并称中海外联合体,联合中标波兰的报价4.72亿美元的A2项目,即波兰A2高速公路的A和C两个标段,当时工程预计于2012年5月31日前建成通车。由于该项目是我国首次在波兰参与的大型基建项目,中铁工一度将该项目视为打入欧洲高端市场的突破点,但在后期,该项目却成了中海外联合体的难言之隐。2011年6月,虽然中海外联合体需要为违约而承担3.94亿美元的损失,中海外总公司还是决定放弃A2公路的建设项目,也因此不得不承担了波兰雇主高达2.71亿美元的索赔和禁入波兰市场三年的惩罚。从合同风险的层面来分析,该项目的失败主要有以下三点原因:一是为求中标而盲目低价,导致被动开工,由于中海外对中标势在必行,因此忽视波兰的当地区位因素,缺少对当地经济政治环境、施工环境、地质条件和相关政策法规的了解,盲目采取中国式夺标策略,以低价位签订了A2项目的整体项目合同。二是不平等的合同条款。由于波兰方在签订合同条款时,删除了一系列含有我国承包商权利的条款,包括承包商在实际工程量上升、原材料价格上涨等情况下,向业主方提出增加工程款或者补充支付费用的要求;承包商有权在业主延迟支付工程款的情况下终止合同;双方对合同有争议的解决措施的FIDIC(国际工程中通用的合同条款)仲裁条款。波兰方不仅删除了这些条款以削减我国承包商的权利,还增加了波兰法院的审理条款,种种合同陷阱都极大地增加了我国合同的风险。三是项目由于合同履行过程中状况频出而受阻。A2项目施工路段是大量珍稀蛙类的生存聚居区,在负责C标段设计的波兰多罗咨询公司的要求下,中海外联合体需妥善处理这些珍稀蛙类的相关问题,包括提供保护、运送至安全区域、建设专门的大中型动物通道等,这一系列动物保护方面的问题也造成了中海外联合体的成本急剧提高和工期的整体拖延。

(2) 中国铁建集团的沙特项目

2009年2月,中国铁建集团(以下简称"中铁建")与沙特阿拉伯的城乡事务部共同签署了总金额约为17.7亿美元的《沙特麦加萨法至穆戈达莎轻轨合同》。项目要求,2010年11月13日,整条铁路应达到35%的运能;2011年5月,应达到100%的运能。但在2010年10月26日,上交所和港交所同时发布公告称中铁建在沙特阿拉伯麦加的轻轨建设项目预计产生了41.53亿元人民币的巨额亏损。这个数值标志着中国建筑公司有史以来的最大海外亏损数额。而产生这个结果的原因正是公司对合同风险的掌控力度不够。与以往在国内设计施工使用的单纯的承包工程相比,这次的项目使用的总承包模式是国际工程的模式,更加先进且国际化,但施工的合同风险也相对大得多。由于中铁建设投标该项目时,只是用了概念设计进行签约,并没有针对市场进行深入分析,也没有进行充分的投标数据的采集,导致了投标的合同报价低于实际应需的工程款。而在合同实施的具体过程中,由于沙特方面提出了新的要求,导致了整体工程量的增加和实施成本的逐步升高。另外,在合同履行的过程中,中铁建在建设方面也遇到了许多前所未有的技术难题,最终导致了巨额的项目亏损。

4. 知识产权纠纷风险

知识产权纠纷风险是指企业由于对投资国(东道国)的知识产权产生侵犯而引发矛盾或由于本身拥有的知识产权被侵犯而受到损害的风险。2001年加入世界贸易组织以来,我国的跨国公司在海外的投资要面对的知识产权市场环境愈发严峻,投资国(东道国)公司通常利用本国企业具有的知识产权方面的优势,对我国企业进行知识产权侵权诉讼,进而打压我国企业在该国的发展。我国企业在"走出去"的过程中,与东道国的企业频频发生知识产权纠纷,究其原因是由于我国缺乏自主知识产权、对东道国知识产权方面的法律常识的知识和对国际知识产权规则的认识。为此,我国企业需要承担巨额的诉讼成本及大量的经济赔偿。与此同时,我国自主研发的知识产权,也面临着被东道国侵犯的危险,从而产生技术外溢的风险。技术外溢是指我国公司在进行跨国投资的过程中,由于对东道国提供相关的产品和技术支持,从而对该国的产业技术起到促进和提高的作用,因而导致了本国的产业和产品技术优势下降而产生的核心竞争力下降的风险。技术外溢的途径包括以下三种:① 跨国企业对本地企业的业务指导、示范引发了技术上的关联效应,从而促进本地企业对跨国企业的模仿和学习;② 本地企业为应对跨国企业在该地区的市场抢占,不断对自身技术进行新的研发和创新;③ 本地员工在跨国企业的任职和流动性造成了知识和技术的扩散等。20世纪80年代初,改革开放带动了我国"以市场换技术"发展战略的兴起,我国提出这一技术战略的主要目的在于通过用市场份额来引进外资企业,从而达到学习和提高自身科学技术水平的目的。但由于外资企业对自身知识产权的保护意识较强、防止技术外溢,也采取了包括专利包围、技术转移限制等多种手段,从而限制了我国对国际大型跨国公司的技术学习。再加上我国技术创新能力与西方发达国家相比相对较弱,我国的整体技术研发和创新水平与国际大型的跨国公司相比还是相差很远。

6.1.3 自然灾害环境

自然灾害环境指的是由人力无法控制的自然现象带来的不可挽回、无法预见的损失和风险,而这种风险由于其不可逆转性和摧毁性而对企业的投资和发展都具有极大的损害。2010年,巴基斯坦的特大洪水灾害的发生,给我国水利水电建设集团公司造成了巨大的损失,我方于该国建设的杜伯华水电项目受到洪灾影响,虽然中巴两国政府积极营救,但依旧有百余名我国技术人员困于项目地点,少量人员伤亡,财产损失严重。2011年3月,日本发生里氏8.9级地震,同时引发海啸,此次自然灾害造成受灾地区多人伤亡、大量财产受到损失。由于交通条件的限制,受灾地区的公司均纷纷停产停业,我国对该国的投资也因此受到了很大程度的影响。

6.2 宏观政策环境

宏观政策是指保持经济总量的基本平衡,促进经济结构的优化,引导国民经济持续、迅速、健康发展,推动社会全面进步的经济措施。所谓的宏观调控是与市场经济相对应的,是政府调节市场的主要手段。

6.2.1 政治环境

政治法律环境是指一个国家或地区的政治制度、体制、方针政策、法律法规等方面。这些因素常常制约、影响企业的经营行为,尤其是影响企业较长期的投资行为。具体来说,政治环境主要包括国家的政治制度与体制、政局的稳定性以及政府对外来企业的态度等因素;法律环境主要包括政府制定的对企业经营具有刚性约束力的法律、法规,如反不正当竞争法、税法、环境保护法以及外贸法规等因素。如果企业实施国际化战略,则它还需要对国际政治法律环境进行分析,例如,分析国际政治局势、国际关系、目标国的国内政治环境以及国际法所规定的国际法律环境和目标国的国内法律环境。

1. 国际政治环境

当前,国际政治格局持续向多极化发展,欧美发达国家在国际规则制定与运行中占主导,但新兴经济体参与国际事务的诉求不断扩大,国家之间的经济合作是国际关系的主流。我国同主要大国关系取得新进展,同周边国家务实合作深入推进,同发展中国家友好合作不断拓展,"一带一路"倡议深入推进,政府间的沟通往来给我国企业海外投资与开拓创造了更多机会与可能。当然,目前世界局部地区战乱频繁,政局动荡,比如作为各大企业重点开拓的市场之一的中东。对于这些目标国的业务开展来说,存在着各种风险,如何规避风险成为企业的紧迫课题。

2. 国内政治环境

国内政治环境是企业确定发展规模、发展速度的重要依据。它直接影响着企业的经营状况,而且一旦影响到企业,就会使企业发生十分迅速和明显的变化。

在以习近平同志为核心的党中央坚强领导下,通过紧紧围绕坚持党的领导、人民当家作主、依法治国有机统一深化政治体制改革,推进我国政治制度自我完善和发展,中国特色社会主义政治制度和相关制度在新时代的伟大实践中更加趋于成熟和定型,为企业的发展奠定了稳定、和谐的政治环境。

6.2.2 经济环境

经济环境是指构成企业生存和发展的社会经济状况。社会经济状况包括经济要素的性质、水平、结构、变动趋势等多方面的内容,涉及国家、社会、市场及自然等多个领域。构成经济环境的关键战略因素包括:GDP 的发展趋势、利率水平的高低、财政货币政策的松紧、通货膨胀程度及其趋势、失业率水平、居民可支配收入水平、汇率升降情况、能源供给成本、市场机制的完善程度、市场需求情况等。这些因素往往直接影响着企业的经营,如利率上升很可能会使企业使用资金的成本上升;市场机制的完善对企业而言意味着更为正确的价格信号、更多的行业进入机会等。企业的经济环境分析就是要对以上因素进行分析,运用各种指标,准确地分析宏观经济环境对企业的影响,从而使其战略与经济环境的变化相匹配。

1. 国际经济形势

目前全球进入深度调整期,外需低迷,合作与发展仍是现如今的主题。区域经济一体化深入发展,新兴市场国家潜力巨大,双边、多边自贸协定蓬勃发展,这将有助于"联合创新"的开展,进一步提高竞争优势。但与此同时,贸易保护主义升级或变相存在,贸易摩擦与争端时有发生,阻挡着国家化的前进步伐。

2. 国内经济形势

我国国内上下正处于结构调整期、改革攻坚期与动能转换期,国内市场饱和,传统企业肩负着化解产能过剩的重任,倒逼企业向国际化方向拓展。但同时国内市场孕育着新的商机,互联网＋、大数据发展势头迅猛,各经济主体各行各业都成为可开发的对象,市场空间广阔。

世界信息经济和互联网产业的迅猛发展,为通信设备制造业提供了难得的发展机遇和巨大的发展空间,使其成为目前发展速度最快的行业之一。中国通讯业重组后,市场规模有望继续扩大,这给通信设备商,尤其是中国厂商带来了巨大的机会。

6.2.3 社会文化环境

社会文化环境是指企业所在社会中成员的民族特征、文化传统、价值观念、宗教信仰、教育水平以及风俗习惯等因素。从影响企业战略制定的角度来看,社会文化环境可分解为人口、文化两个方面。人口因素对企业战略的制定有着重大的影响。例如,人口总数直接影响着社会生产总规模;人口的地理分布影响着企业的厂址选择;人口的性别比例和年龄结构在一定程度上决定了社会需求结构,进而影响社会供给结构和企业生产;人口的教育文化水平直接影响着企业的人力资源状况。文化环境对企业的影响是间接的、潜在的和持久的,文化的基本要素包括哲学、宗教、语言与文字、文学艺术等,它们共同构筑成文化系统,对企业文化有着重大的影响。

企业对文化环境分析的目的是要把社会文化内化为企业的内部文化,使企业的一切生产经营活动都符合环境文化的价值检验。另外,企业对文化的分析与关注最终要落实到对人的关注上,从而有效地激励员工,有效地为顾客服务。

1. 海外社会因素

服务业成为拉动世界经济复苏与发展的新动能,国内外人员、信息交流频繁,有利于企业充分利用国内外"两个市场、两种资源",实现资源的优化配置。此外,文化多元性和差异性普遍存在,对海外消费者的消费行为产生隐性影响,因此,企业在海外目标市场的产品推广和营销行为要充分考虑不同的社会文化接受度和社会群体的需求。

2. 国内社会因素

随着我国居民可支配收入的不断提高,国内消费者的消费需求也相应升级,人们对物质文化层面的要求和体验不断提高,对信息产品的消费意识与观念逐渐成熟,为通信等行业提供了挖掘消费机遇的空间。

6.2.4 技术环境

技术环境指的是企业所处的社会环境中的技术要素及与该要素直接相关的各种社会现象的集合,技术不仅是指那些引起时代革命性变化的发明,而且还指与企业生产有关的新技术、新工艺、新材料的出现和发展趋势以及应用前景。变革性的技术正对企业的经营活动发生着巨大的影响,这些技术包括网络、基因、纳米、通信、智能计算机、超导、电子等方面。技术进步创造新的市场,改变企业在行业中的相对成本及竞争位置,为企业带来更为强大的竞争优势。企业要密切关注与本企业产品有关的科学技术的现有水平、发展趋势及发展速度,对于相关的新技术,如新材料、新工艺、新设备或现代管理思想、管理方法、管理技术等,企业必须随时跟踪,尤其对高科技行业来说,识别和评价关键的技术机会与威胁是宏观环境分析中最为重要的部分。

6.3 区域经济分析

区域经济是在一定区域内经济发展的内部因素与外部条件相互作用而产生的生产综合体。每一个区域的经济发展都受到自然条件、社会经济条件和技术经济政策等因素的制约。水分、热量、光照、土地和灾害频率等自然条件都影响着区域经济的发展，有时还起到十分重要的作用。在一定的生产力发展水平条件下，区域经济的发展程度受投入的资金、技术和劳动等因素的制约。技术经济政策对于特定区域经济的发展也有重大影响。

区域经济是一种综合性的经济发展的地理概念。它反映区域性的资源开发和利用的现状及其问题，尤其是指矿物资源、土地资源、人力资源和生物资源的合理利用程度，主要表现在地区生产力布局的科学性和经济效益上。区域经济的效果，并不单纯反映在经济指标上，还要综合考虑社会总体经济效益和地区性的生态效益。

6.3.1 区域发展水平分析

1. 区域发展水平的量度

国民生产总值是一个区域在一定时期内生产的全部最终产品和劳务的总规模。在实际统计中，又分为国内生产总值(GDP)和国民生产总值(GNP)。

国内生产总值是一个区域所有常驻单位在一定时期内生产活动的最终成果。从价值形态看，它是所有常驻单位在一定时期所生产的全部货物和服务价值超过同期投入的全部非固定资产货物和服务价值的差额；从收入形态看，它是所有常驻单位在一定时期内所创造并分配给该区域常驻单位和非常驻单位的初次分配收入之和；从产品形态看，它是最终使用的货物和服务减去进口的货物和服务。

国民生产总值是一个区域所有常驻单位在一定时期内收入初次分配的最终成果。一个区域的常驻单位从事生产活动所创造的增加价值在初次分配过程中主要分配给该区域的常驻单位，但也有一部分以劳动者报酬和资产收入等形式分配给非常驻单位;同时,外区域的单位所创造的增加价值也有一部分以劳动者报酬和资产收入等形式分配给该区域的常驻单位。考虑到这种区际收入的流动,便产生了国民生产总值的概念,即国民生产总值等于国内生产总值加上来自外区域的劳动者报酬和资产收减去支付给外区域的劳动者报酬和资产收入。

国民生产总值是一个收入概念,而国内生产总值是一个生产概念。在区域分析中,这两个指标一般无较大差异,可视需要与可能任取一个。

国民生产总值的统计没有包括非市场或非货币化的经济活动,或地下经济活动,故其统计数字有时并不能完全反映区域经济发展的实际。如一个区域的国防产品、家庭劳动、有些福利事业(如我国过去的公费医疗等)等,是不计入国民生产总值的,工厂生产所产生的环境污染也是不会从国民生产总值中扣除掉的。这是国民生产总值作为衡量区域发展水平指标时所暴露的缺陷之一。

国民生产总值可以作为区域经济福利或居民生活水平的量度,但也是不完全的。一般来说,当国民生产总值增长,人均国民生产总值提高,区域居民的生活水平也随之提高。国民生产总值与区域经济福利水平或居民生活水平呈正相关。然而,区域经济福利水平或居民生活水平是一个更为广泛的概念,它包括物质和精神两个方面,国民生产总值只能反映物质方面的一部分(如果能查清非世界性和非货币的地下经济活动的话,也许能反应物质方面的全部,但这几乎是不可能的)。社会制度、法律治安、分配制度、文化教育、卫生保健、闲暇时间、环境质量、家务劳动等都有可能改变生活质量,但国民生产总值却不能反映这些。而且还可能有这样的情况,在一定生产水平下,人均国民生产总值的下降可能使人们工作时间缩短,自由支配时间延长,从而使人们过上更惬意的生活。可见,如果要将国民生产总值作为区域经济福利或居民生活水平的量度,必须进行一定的修正。

2. 综合性指标体系

(1) UNRISD 的指标体系

UNRISD 是联合国社会发展研究所(United Nation Research Institute for Social Development)的英文缩写,该机构在 1970 年出版的《社会经济发展的内容和衡量标准》一书中提出了包括 15 个指标在内的区域发展衡量指标体系。其中包括 9 项社会指标、6 项经济指标。这些指标包括:出生时的预期寿命、人口中在2万人以上居民点居住的人口所占的比例、人均每天动物蛋白消费、中小学入学人数总和、职业教育入学人数、每千人中报纸发行份数、每一居室平均居住人数、职业人口中有电、水、煤气的人的比例、工薪收入者在整个从事经济活动的人口中所占的比例、每个男性农业劳动者的农业产量、人均电力消费、人均钢材消费、人均能源消费、制造业在国内生产总值中的比例、人均外贸额。

在上述指标中，有些指标反映的是人均国民生产总值不同的国家，满足人的基本生活需要的不同程度，如与人均动物蛋白消费量、教育、住房、报纸发行量相关的指标等；有些则直接反映了经济发展水平。按这个指标体系计算的发展指数用来反映的社会发展水平，比人均国民生产总值更为确切。在反映经济发展水平方面，用该指标体系计算的发展指数，对发达国家的经济发展水平的反映与人均国民生产总值的反映相当接近。

(2) PQLI指标体系

PQLI是物质生活质量指数的英文缩写。该指标体系由莫里斯(M.D. Morris)于1977年提出。PQLI是由一些容易获得并能够反映大多数人的不同基本需要的一系列指标组成的较为简便的综合指数。这些指标包括预期寿命、婴儿死亡率和识字率等。每个指标都由1—100之间的一个数字表示其好坏程度得分，1表示最坏，100表示最好。预期寿命的最高分100对应的是77岁(为瑞典1973年的水平)，最低分1对应的是28岁(几内亚比绍1950年的水平)，中间分50分对应的是52岁。用同样的方法对婴儿死亡率也作了评判。婴儿死亡率的最高分100定为9‰(瑞典1973年的水平)，最低分1定为299‰(加蓬1950年的水平)。识字率用1—100的百分比直接划分等级。当所有指标的得分都按1—100等级定出分来后，计算出各指标的平均值或加权平均值，便可计算出一个国家或区域的PQLI。

(3) 刘再兴的九指标体系

中国人民大学刘再兴教授选择了由九个指标组成的评价指标体系，建立了一个衡量全国各省市区(不包括台湾省)经济社会发展水平的综合指标。该指标体系包括以下内容：

一是区域经济总规模，用区域国民生产总值指数表示。

二是经济增长活力，以一定时期内(如1953—1989年)社会总产值的年递增率表示。

三是区域自我发展能力(＝地区实际积累率/地区资金占用系数)。

四是工业化结构比重数,由下列公式算出:

$$工业结构比重数=\sqrt{\frac{区域工业总产值}{区域社会总产值}\times\frac{区域工业劳动者}{区域社会劳动者}} \qquad (6.1)$$

五是结构转换条件,以人均国民收入水平为主导指标,并兼顾人口规模、资源丰度和现有结构层次。

六是人口文化素质(百人中大学文化程度以上人口数/百人中文盲半文盲人口数)。

七是技术水平指数,由下列公式算出:

$$技术水平指数=\frac{地区工业劳动生产率\times地区资金产出率}{全国工业劳动生产率\times全国资金产出率} \qquad (6.2)$$

八是城市化水平,由下列公式算出:

$$城市化水平=\sqrt{\frac{区域城市市区人口}{区域总人口}\times\frac{区域城市市区工业产值}{区域工业总产值}} \qquad (6.3)$$

九是居民生活质量,以居民消费水平指数表示:

$$居民消费水平指数=区域居民消费水平/全国居民消费水平$$

上述九个指标全部计算出来以后,再计算其几何平均数 m,该几何平均数即区域经济社会发展水平综合指数。

6.3.2 区域发展的阶段分析

1. 罗斯托的经济成长阶段论

美国经济学家兼经济史学家罗斯托(W.W.Rostow)在1960年出版的《经济成长的阶段:非共产党宣言》一书中,将人类社会的发展分为六个"经济成长阶段":传统社会阶段、为起飞创造前提阶段、起飞阶段、向成熟推进阶段、高额群众消费阶段和追求生活质量阶段。

2. 我国学者关于经济发展阶段的划分

我国关于区域经济发展阶段的划分研究开展得较晚,但这方面也不乏见解。如有的学者就曾将经济发展的阶段划分为四个阶段：发展阶段（或称为不发育阶段）、成长阶段、成熟阶段和衰退阶段。

还有的学者根据我国区域经济发展的情况，从区域发展战略的角度，把我国划分成处于不同发展阶段的三个地区：处于待开发（或不发育）阶段的地区、处于成长阶段的地区和处于成熟或发达阶段的地区。

6.3.3 区域产业结构分析

1. 产业结构的概念

产业结构是指国民经济中各产业部门之间的相互组合关系。

2. 产业划分

产业划分是研究产业结构的基础，它按一定的标准对社会各行各业进行归并分类。标准不同，所划分的产业类别也不同。常见的分类方法主要有以下几种：

（1）从社会再生产过程中各部门的相互依存关系划分

按此标准划分：生产资料生产部类；农业部门、轻工业部门、重工业部门；农业部门、工业部门、建筑业部门、交通部门、商业部门。

（2）根据社会生产活动历史发展的顺序对产业的划分

从 20 世纪 80 年代中期开始，我国在按传统分类进行统计的同时，也采用三次产业分类，以便国际比较。按国家统计局 1985 年 10 月制定的标准，我国三次产业的划分如下：

第一产业：农业（包括种植业、林业、牧业、渔业等）。

第二产业：工业（包括采掘业、制造业、自来水、电力、蒸汽、热水、煤气等）和建筑业。

第三产业：除上述第一、第二产业以外的其他各业。由于第三产业包括的行业多、范围广，根据我国的实际情况，第三产业可分为两大部门：一是流通部门，二是服务部门。具体又可分为四个层次：第一层次——流通部门，包括交通运输业、邮电通信业、商业饮食业、物资推销和仓储业。第二层次——为生产和生活服务的部门，包括金融业、保险业、地质普查业、房地产业、公用事业、居民服务业、旅游业、咨询信息服务业和各类技术服务业等。第三层次——为提高科学文化水平和居民素质服务的部门，包括教育、文化、广播电视事业,科学研究事业,卫生、体育和社会福利事业等。第四层次——为社会公共需要服务的部门,包括国家机关、政党机关、社会团体以及军队和警察等。

(3) 按各生产活动在区域发展中的作用划分

按此标准可分为:主导产业(又叫支柱产业)、辅助产业(又称配套产业或关联产业)、基础性产业。

(4) 按经济活动的各部门中资源密集程度的划分

按此标准可分为:自然资源密集型(简称资源密集型)产业、资金密集型产业、劳动密集型产业、技术密集型产业。

(5) 按社会部门的性质划分

联合国工业组织分类:① 农业、狩猎业、林业和渔业;② 矿业和采矿业;③ 制造业;④ 电力、煤气、供水业;⑤ 建筑业;⑥ 批发与零售业、餐馆与旅店业;⑦ 运输、仓储业和邮电业;⑧ 金融业、不动产业、保险业和商业性服务业;⑨ 社会团体、社会及个人的服务业;⑩ 不能分类的其他活动。

我国现行国民经济部门划分:① 农、林、牧、渔业;② 采掘业;③ 制造业;④ 电力、煤气及水的生产和供应业;⑤ 建筑业;⑥ 地质勘探业、水利管理业;⑦ 交通运输、仓储及邮电通信业;⑧ 批发和零售贸易、饮食业;⑨ 金融保险业;⑩ 房地产业;⑪ 社会服务业;⑫ 卫生、体育和社会福利业;⑬ 教育、文化艺术和广播电影电视业;⑭ 科学研究和综合技术服务业;⑮ 国家机关、党政机关和社会团体;⑯ 其他行业。

6.3.4 产业结构分析的内容

1. 影响区域产业结构的因素

影响区域产业结构的因素包括:社会消费、资源状况、科技水平、基础与传统、区际联系与区域分工。

2. 产业结构合理化的条件

产业结构合理化的条件包括:① 是否充分利用了区域资源;② 区域产业的技术结构是否合理;③ 区域内各产业部门之间的关联协调如何;④ 区域产业结构是否有较强的转换能力和应变能力;⑤ 现状产业结构的结构性效益是高还是低。

3. 区域产业结构深化的趋势

如果分别用 A、B、C 代表第一、第二、第三产业部门，大体上有三个发展阶段，每个阶段又可分为两个类型，即：

第一阶段，A 占首位，包括：① A>C>B；② A>B>C。

第二阶段，B 占首位，包括：① B>A>C；② B>C>A。

第三阶段，C 占首位，包括：① C>A>B；② C>B>A。

具体地分析一个区域产业结构的演化趋势，不但要考察产业结构演化的历史趋势，更要从宏观和微观角度考察下列导致产业结构变化的原因：① 国家产业政策的影响；② 区域主导专业化部门市场容量和市场寿命；③ 主导专业化部门的技术生命周期；④ 区域资源供应状况的变化。

6.3.5 产业结构分析方法

1. 偏离—份额分析法

（1）基本原理

偏离—份额分析法是把区域经济的变化看作一个动态的过程，以其所在大区或整个国家的经济发展为参照系，将区域自身经济总量在某一时期的变动分解为三个分量，即份额分量、结构偏离分量和竞争力偏离分量，以此说明区域经济发展和衰退的原因，评价区域经济结构优劣和自身竞争力的强弱，找出区域具有相对竞争优势的产业部门，进而可以确定区域未来经济发展的合理方向和产业结构调整的原则。

（2）数学模型

假定区域 i 在经历了时间 $[0,t]$ 之后，经济总量和结构均已发生变化。设初始期（基年）区域 i 经济总规模为 $b_{i,0}$（可用总产值或就业人数表示），末期（截止年 t）经济总规模为 $b_{i,t}$。同时，依照一定的规则，把区域经济划分为 n 个产业部门，分别以 $b_{ij,0}$、$b_{ij,t}$ ($j=1,2,\cdots,n$) 表示区域 i 第 j 个产业部门在初始期与末期的规模，并以 B_0、B_t 表示区域所在大区或全国在相应时期初期与末期经济总规模，以 $B_{j,0}$ 与 $B_{j,t}$ 所示在大区或全国初期与末期第 j 个产业部门的规模。

区域 i 第 j 个产业部门在 $[0,t]$ 时间段的变化率为：

$$r_{ij} = (b_{ij,t} - b_{ij,0})/b_{ij,0} \quad (j=1,2,\cdots,n) \quad (6.4)$$

所在大区或全国 j 产业部门在 $[0,t]$ 内的变化率为：

$$R_j = (B_{j,t} - B_{j,0})/B_{j,0} \quad (j=1,2,\cdots,n) \quad (6.5)$$

以所在大区或全国各产业部门所占的份额按下式将区域各产业部门规模标准化得到：

$$b_{ij,0'} = b_{ij,0} \cdot B_{j,0}/B_0 \quad (j=1,2,\cdots,n) \quad (6.6)$$

这样，在 $[0,t]$ 时段内区域 i 第 j 产业部门的增长量 G_{ij} 可以分解为 N_{ij}、P_{ij}、D_{ij} 三个分量，表达为：

$$G_{ij} = N_{ij} + P_{ij} + D_{ij} \quad (6.7)$$

$$N_{ij} = b_{ij,0'} \cdot R_j \quad (6.8)$$

$$P_{ij} = (b_{ij,0} - b_{ij,0'}) \cdot R_j \quad (6.9)$$

$$D_{ij} = b_{ij,0} \cdot (r_{ij} - R_j) \quad (6.10)$$

$$G_{ij} = b_{ij,t} - b_{ij,0} \quad (6.11)$$

式中，N_{ij} 称为份额分量(或全国平均增长效应)，是指区域 i 第 j 部门增长速度与全国或所在大区相应部门增长速度的差别引起的偏差，反映区域、部门相对竞争能力，此值越大，则说明区域 j 部门竞争力对经济增长的作用越大。D_{ij} 被称为区域竞争力偏离分量(或区域份额效果)，由式可以看出，它是指区域部门比重与全国(或所在大区)相应部门比重的差异引起的区域 i 第 j 部门增长相对于全国或所在大区标准所产生的偏差，它是排除了区域增长速度与全国或所在区域的平均速度差异，假定两者等同，而单独分析部门结构对增长的影响和贡献。所以，此值愈大，说明部门结构对经济总量增长的贡献愈大。

(3) 计算过程和结果分析

第一，明确时间范围以及参照的区域。在应用偏离—份额分析法之前，应先确定在哪一个时间段上考虑区域经济的变化，也就是要决定 t 值。一般地，t 值取为 5 年或 10 年，即考察区域在近 5 年或 10 年内的变化。同时还须明确将哪一级区域作为背景和参照系来分析区域经济结构的变化。一般地需要考察研究区域的规模及地位，并据此来选择背景区域。研究区域在哪一级较大区域有重要地位,就选择哪一级区域为背景区域。所选背景区域可以是省,亦可以是经济协作区(大区)或全国。

第二,划分部门结构,构造偏离一份额分析表。根据所研究问题的性质和深度要求,考虑统计资料的可能性,按照某种分类体系,把区域经济划分为若干个(n个)完备的部门,然后收集数据,建造偏离一份额分析表(或分析矩阵)。

第三,计算总体效果,对区域总的结构效果和竞争能力做出分析判断。依式(6.9)、(6.11)计算P_i、W,由此判断区域总体结构效果,若P_i较大,$W<1$,则说明区域包含有较大比重的朝阳增长部门,经济结构较好,不必进行大规模调整。反之,倘若P_i较大,$W<1$,则说明区域衰退,夕阳部门比重过大,经济结构需要进行调整。还可以计算D_i、u,由此判断区域自身竞争能力,假若D_i较大,u大于1,则说明区域有较多的部门发展迅速,竞争能力强,地位在不断上升,反之,则说明竞争能力较弱,地位有下降趋势。

第四,绘制偏离一份额分析图。对产业部门进行比较分类,根据分析表计算数据,绘制偏离一份额分析图,可以使结论更加清晰直观,明确各产业部门属于何种类型。分析图由两条倾斜度为45°的等分线,把坐标系分为八个扇面,然后,标出区域各部门以及总体在坐标系中所处的位置,根据所在扇面,可将其划分为几种类型,判断区域总体结构及竞争力的优劣强弱,确定哪些是具有竞争力的优势部门。同时,还可以用分析图对各区域进行比较,识别各区域结构的优劣与竞争力的高低(如图6-1所示)。

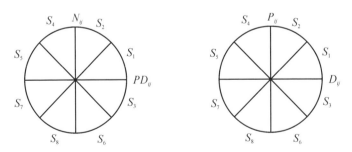

图6-1 部门优势分析和部门偏离分量

2. 结构效益分析法

结构效益分析法主要是通过计算一些反映经济效果的指标并运用这些指标对经济效益好坏的比较来分析区域产业结构的优劣。

(1) 产业结构效益

$$S_e = \sum_{i=1}^{n} L_i/E \cdot (P_i - P) \tag{6.12}$$

式中：S_e 为结构效益指标；

L_i 为第 i 个产业部门的产值；

E 为区域产业的总产值；

P_i 为第 i 个产业部门的资金利税率；

P 为区域或各产业部门的平均资金利税率。

当 S_e 小于零，表示结构恶化；S_e 大于零，表示结构超优。如与前一个时期的表示结构效益提高，反之降低。

(2) 结构影响指数

假定以资金利税率为计算经济效益的基础指标，则结构影响指数 G 为：

$$G = \sum P_j \cdot q_{0i} / \sum P_{ij} \cdot q_{0i} \tag{6.13}$$

式中：$\sum P_j \cdot q_{0i}$ 表示第 j 区域各产业部门的资金利税率分别乘以各相应产业部门的资金占 j 区域产业资金总额的比重之和；

$\sum P_{ij} \cdot q_{0i}$ 表示 j 区域产业部门的资金利税率分别乘以对比区域（如全国）各相应产业部门的资金占对比区域产业资金总额比重之和。

G 大于1，说明 j 区域产业结构素质高，使其整体效益高于对比区域；指数小于1，说明 j 区域产业结构素质差，影响到区域总体效益不如对比区域。

(3) 效益超越系数

此系数主要用来衡量区域产业结构素质，用下列公式计算：

$$F = r/R \tag{6.14}$$

式中：F 为效益超越系数；

r 和 R 分别表示区域净产值的增长率和区域总产值的增长率。

若 $F>1$ 说明结构素质好，结构效益较大；小于1，则相反。

(4) 弹性系数

产业国民经济弹性系数是指产业的相对变化量与国民经济相对变化量之

比。它可以反映出产业的发展和萎缩过程。如果该产业的增长速度大于国民经济的增长速度(即弹性系数大于1),说明该产业处于增长阶段;如果该产业的增长速度等于国民经济的增长速度(即弹性系数等于1),说明该产业与国民经济处于同步增长阶段;如果该产业的增长速度低于国民经济的增长速度(即弹性系数小于1),说明该产业呈萎缩趋势。

如果给研究区域找一个参照区域,则可通过区域内整个产业或各个产业部门的国民经济弹性系数的比较,分析区域产业结构的合理性与否。

3. 专业化与综合发展分析

(1) 区位熵

区位熵又称专门化率。所谓熵,就是比率的比率。它由哈盖特(P. Haggett)首先提出并运用于区位分析中。区位熵在衡量某一区域要素的空间分布情况、反映某一产业部门的专业化程度以及某一区域在高层次区域的地位和作用等方面,是一个很有意义的指标。在产业结构研究中,运用区位熵指标主要是分析区域主导专业化部门的状况。

区位熵的计算公式为:

$$Q = \left[\frac{d_i}{\sum_{i=1}^{n} d_i}\right] \bigg/ \left[\frac{D_i}{\sum_{i=1}^{n} D_i}\right] \tag{6.15}$$

式中:Q 为某区域 i 部门对于高层次区域的区位熵;

d_i 为某区域 i 部门的有关指标(通常可用产值、产量、生产能力、就业人数等指标);

D_i 为高层次区域 i 部门的有关指标;

N 为某类产业的部门数量。

(2) 集中系数

集中系数是指某一地区的某一产业部门,按人口平均的产量、产值等相对数与全国或较高层次区域该经济部门相对应指标的比值。即

$$C = \frac{\frac{a}{m}}{\frac{A}{M}} = \frac{a}{m} \cdot \frac{M}{A} \tag{6.16}$$

式中：C 为集中系数；

a 为所计算区域某经济部门的产量或产值等；

m 为所计算区域的人口数量；

A 为全国或高层次区域该经济部门的产量或产值等；

M 为全国或全区人口。

(3) 结构多样化指数

结构多样化指数通常用来研究国家、地区或城市的产业综合发展程度。它有原始多样化指数和精确多样化指数两大类。

一是原始多样化指数。原始多样化指数与产业综合发展程度成反比。其计算公式为：

$$X_{原}=y_1+(y_1+y_2)+(y_1+y_2+y_3) \\ +\cdots+(y_1+y_2+\cdots+y_n) \tag{6.17}$$

式中：$X_{原}$ 为原始多样化指数；

$y_1,y_2,\cdots,y_n$ 为各产业部门的产值比重，且 $y_1>y_2>\cdots>y_n$，$y_1+y_2+\cdots+y_n=100\%$。

二是精确多样化指数。精确多样化指数与区域或城市产业的综合发展程度成正比。其计算公式为：

$$X_{精}=\frac{X_{原}-X_0}{X_{\max}-X_0} \tag{6.18}$$

式中：$X_{精}$ 为精确多样化指数；

X_0 为实际最小原始多样化指数。

6.3.6 经济活动的空间分析

1. 经济活动的空间结构

(1) 空间结构的概念

经济活动的空间结构也称经济(产业)地域结构，即人类经济活动的地域(空间)组合关系，也是经济地域的主要物质内容在地域空间上的相互关系和组合形式。其表现为一个经济地域内的经济核心，受经济核心吸引、影响的外围地区和由交通运输网络组成的网络形地域。

(2) 空间结构的物质内容

空间结构的物质内容包括以下几部分：

一是地域空间核心。地域空间核心即经济地域的中心城市（或首位城市）。

二是空间网络系统。空间网络系统是指经济地域内各种交通运输线路与通信信息线路的地域分布体系，网络在空间结构中发挥着连接区域核心与外围地域及城市系统的纽带和桥梁，也是与其他经济地域进行联系的纽带。

三是外围空间。外围空间是指地域空间结构内除去区域核心与网络之外的所有地域空间，包括核心以外的所有城镇，也包括广大的农村和工矿区。

2. 经济活动的空间运动

(1) 空间运动的内涵

空间运动的内涵包括：① 原因——经济在各区域间发展上的不平衡；② 方向——可以是多向、双向和单向；③ 时间——是连续不断的；④ 内容——主要是资金、技术和劳动力的转移和扩散。其中资金和劳动力的流动比较复杂，可以从发达区域流向不发达区域、中等发达区域流向发达区域，从城市流向城市等；而技术的流动则比较单纯，它主要是从具有该技术的地区流向不具备该技术的地区。

(2) 空间运动的方式

空间运动的方式包括：① 扩散方式——扩张扩散；② 转移方式——重新区位转移、等级转移。

(3) 空间运动的影响因素

空间运动的影响因素包括：科学技术、聚集与分散、政策、资源和环境。

6.3.7 增长极效应分析

1. 增长极的含义

增长极又称增长核或增长极核，1955 年由法国经济学家佩鲁(F. Perroux)提出。佩鲁认为，区域和工业发展的基本情况是，经济增长首先出现于一些点或极核上，而不是各区域同时增长，而且增长的过程亦各不相同。布德维尔(Bondeville)给增长极下了一个简要的定义，他认为，增长极是指不断扩大的工业综合体配置在城市区并在其影响范围内引导经济活动的进一步发展。

从增长极的定义中,可以看到这样几层含义:

首先,增长极包括存在于经济区域内的一个实体。

其次,它有一个自身成长壮大的过程。

最后,它在上述过程中可以不断向其周围经济空间施加影响。

由增长极的含义可以得出以下几个特定的概念:

一是主导部门——在经济发展的每一不同阶段中,与之相适应并起主导作用的经济部门。其中,隶属于主导部门的推动型企业是位于增长极区位的大型企业,它是增长极发挥作用的实体。

二是极化——在主导部门迅速成长,引起区域内其他经济活动趋向于增长极的过程。增长极通过这一过程得以成长壮大。

三是扩散——在一段时间内,随着增长极的成长,增长极所产生的对周围地区经济发展起重要影响的带动作用不断在空间上传递和波及的过程。

2. 主导部门的意义

(1) 主导部门的条件

主导部门的条件包括:能有效地吸收新技术;具有高度的增长率;与其他部门有广泛而强烈的生产联系。

(2) 主导部门对区域经济发展的作用

主导部门对区域经济发展有以下作用:

第一,回顾影响:主导部门对那些向自己提供生产资料的部门的影响。

第二,前瞻影响:主导部门对新工业、新技术、新原料、新能源出现的诱导作用。

第三,旁侧影响:对地区经济的普遍影响,如对基础设施建设、服务行业发展的推动作用。

主导部门带动区域经济增长是通过隶属于它的推动型企业的成长具体发挥作用的。这种推动型企业往往处于中心地体系中有优良区位的节点位置,拥有较大的生产规模和经济实力。它必定是一座大型工厂或是某些企业的核心机构组成的工业综合体。

3. 增长极的极化效应

(1) 极化效应

主导部门中的推动型企业及其综合体,一旦配置在区域内具有优越条件的某一节点,这一节点将作为增长极,吸引着周围其他经济活动向其集中,并产生聚集经济,这一过程及其影响称为增长极的极化效应。增长极就是利用聚集经济优势,通过极化效应而不断成长壮大的。

(2) 极化效应产生的机制

一是规模经济。在一定区域条件和生产技术条件下,某一设施或企业的经营规模的扩大,可导致单位产品生产成本的降低,从而实现经济利益,此即规模经济。

规模经济来源于企业内部的经济合理性,是随着该企业本身产出量的增长而获得的。一般而言,随着科学的不断进步,规模经济呈不断扩大的趋势。生产技术因素、企业区位条件(所在区位的具体社会经济条件和自然条件等)以及生产管理技能都会影响规模经济。

二是区位经济。某一部门或行业的全部企业都可由于配置在某一共同区位而获得经济利益,这就是区位经济。区位经济来源于企业外部、部门或行业内部的经济合理性,这种经济合理性是随着该区位的该部门或行业的总产出量的增长而产生的。

三是城市经济。由于把各类经济活动配置在一起,从而使某一处于一定级别的中心地区位的总体规模扩大,随之而出现的综合经济利益,称为城市化经济。城市化经济来源于部门或行业外部、城市内部的经济合理性,它与一群工业部门或行业的总体规模相关,而不只与一个部门或行业的总产出量有关。

极化效应并非永远起作用,增长极的极化影响到一定程度可能开始衰退。其原因在于聚集经济是有限度的。例如,当生产规模超过一定范围时,单位产品生产成本开始上升,经济利益即开始下降;一个区位集中了某部门或行业的一定数量的企业后,会产生排斥其他企业的力;城市扩大到一定程度,产生城市化经济的各种有利条件将会消失,并会因诸如交通阻塞、环境污染、地价上升、公共费用增加、生活质量下降等而出现强大的城市化不经济。这样,就产生了明显的反聚集经济。反聚集经济为增长极的极化强度设置了界限,终于出现与指向极核中心的吸引力相抗衡的向外分散的力。增长极的规模和结构就是由这些集中的聚集力和分散的反聚集力共同作用的动态均衡的结果。

4. 增长极的扩散效应与反波效应

(1) 扩散效应的机制

主导部门是增长极的构成部分,主导部门的有关企业对区域经济的带动作用可具体从区域的产出状况变化来分析。如果用 ΔM_j 表示主导部门的推动型企业 j 的建立和扩大在其所在区域所产生的产出总量(用货币单位计算)变化,ΔE_d 表示直接来自这个推动型企业本身的产出量的变化,ΔE_{id} 表示因推动型企业的建立和扩大间接引起的区域相关部门和行业产出量的变化,那么,

$$\Delta M_j = \Delta E_d + \Delta E_{id} \tag{6.19}$$

主导部门从三方面影响区域的相关部门和行业,如果用 E_{idb}、E_{idf} 和 E_{idr} 分别表示受到回顾影响、前瞻影响和旁侧影响的各类相关部门或行业 b、f 和 $r(b=1,2,\cdots,l;f=1,2,\cdots,m;r=1,2,\cdots,n)$ 的产出量,那么,

$$\Delta E_{id} = \Delta \sum_{b=1}^{l} E_{idb} + \Delta \sum_{f=1}^{m} E_{idf} + \Delta \sum_{r=1}^{n} E_{idr} \tag{6.20}$$

于是式(6.20)可以写作:

$$\Delta M_j = \Delta E_d + \Delta \sum_{b=1}^{l} E_{idb} + \Delta \sum_{f=1}^{m} E_{idf} + \Delta \sum_{r=1}^{n} E_{idr} \tag{6.21}$$

假定将所论区域划分为 k 个亚区,那么,

$$\Delta E_{id} = \Delta \sum_{x=1}^{k} E_{idx} \tag{6.22}$$

式中,任何一个亚区 x 受到这个推动型企业的间接影响所发生的产出量变化 ΔE_{idx} ,又可以由配置在该亚区的各类相关部门或行业产出量的相应变化之和而得到。比方说,x 亚区的各类受到回顾影响、前瞻影响和旁侧影响的相关部门或行业数分别为 4、5 和 6,那么,x 亚区所发生的产出量变化可参照式(6.15)求出,即

$$\Delta E_{idx} = \Delta \sum_{b=1}^{4} E_{idb} + \Delta \sum_{f=1}^{5} E_{idf} + \Delta \sum_{r=1}^{6} E_{idr} \tag{6.23}$$

显然,上述一系列变化,既反映出区域经济总量的变化,也反映出区域经济部门结构的变化,还反映出区域经济空间格局的变化,这就是增长极的扩散效应机制。

(2) 扩散效应的作用过程

扩散效应可以对周围亚区域(地区)或次级节点的经济发展产生推动作

用,从而经历使增长极与周围空间的经济不平衡性减少的过程。这一过程具体表现在以下几个方面:① 增长极的成长形成对其投入原料的新需求。② 增长极的成长创造和扩大了有关部门的产出量。③ 增长极及周围有关部门或行业的发展,必将进一步创造新的原料、能源、基础设施需求,创造新的与工资收入增长同步的消费品需求。④ 增长极将会推动创造发明或有效地吸收国内外先进生产技术,并迅速将这些发明和技术向有关部门或行业推广,从而使之在空间上得以在区域内逐渐扩散。⑤ 区域经济的发展必然会促进进口替代品的生产。⑥ 随着经济发展从增长极向周围空间的辐射,将同步地在空间上形成或扩大不同层次的节点——城镇。⑦ 增长极有关企业及相关部门或行业的全面发展,会产生对周围地区劳动力的有效需求,会形成向周围地区的投资扩散。

(3) 反波效应

在区域的不同发展阶段,由于增长极性质或区域条件的原因,增长极的成长也可能产生对区域发展的不利影响——反波效应,反波效应将抑制周围地区的经济发展,从而扩大区域内经济发展水平的空间差异和不平衡性。

反波效应主要从以下几个方面起作用:① 增长极成长所形成的有效需求,会抢先占用区域内稀缺资源(如能源、水资源、土地资源等),从而加剧这些资源的限制性作用,不利于周围地区有关经济活动的发展。② 增长极极化效应所产生的聚集力,会吸引某些产业活动向增长极区位集中配置并扩大其经营规模,从而使原先分布在周围地区村、镇或小城市的这些产业发生空间转移或因失去地方市场而被挤垮。③ 增长极极化过程,会使周围受教育程度较高或有一技之长的人口,从落后地区向增长极区位迁移,造成这些地区的人才外流,进一步降低这些地区的人口素质。④ 增长极生产的高效率会形成良好的投资环境,这会强烈吸引周围资金,或造成周围地区的资金外流,或降低这些地区对外来投资的吸引力,进一步减少这些地区的投资来源。

(4) 影响扩散效应(反波效应)的因素

影响扩散效应的因素包括:① 增长极的推动型企业所隶属的主导部门的类型及其性质;② 增长极的推动型企业为核心的工业综合体的规模大小;③ 增长极区位所在区域的区域条件(自然条件,经济、技术等社会条件);④ 区域决策系统的效率及各级管理部门的相应政策、措施的实施效果等。

(5) 扩散效应与反波效应的叠加作用

理查森(H.Richardson)详细研究了增长极的扩散效应和反波效应的叠加影响在时间序列上的动态变化。扩散效应的动态过程如图 6-2(a)所示,大体可分三个阶段:初始准备阶段、动量积聚阶段、持续稳定阶段。另一方面,反波效应也有一动态变化过程,如图 6-2(b)所示。

尽管上述增长极的扩散效应和反波效应在时间序列上的动态变化很难具体把握,但大体其叠加影响的时间效应曲线形态如图 6-2(c)所示,其也对应着三个阶段:

一是起动阶段:图中 Ot' 段,反波效应占主导地位,净扩散效应对应着很高的负值,区域经济受到增长极成长的巨大冲击。

二是增长阶段:扩散效应发挥重要作用,区域经济逐渐克服反波效应的消极影响,增长极为整个区域所兼容,并带动区域经济的综合、协调发展。这一阶段又可以分为两个时期,$t't''$ 属区域经济恢复时期,$t''t'''$ 为区域经济起飞时期。

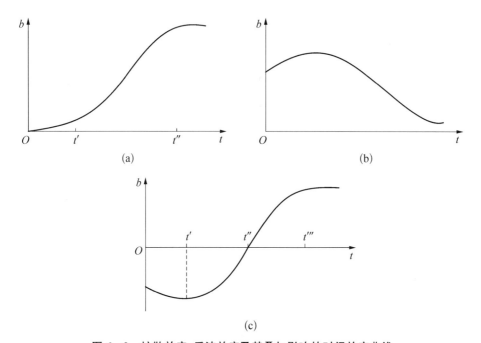

图 6-2 扩散效应、反波效应及其叠加影响的时间效应曲线

三是持续阶段:图中 t''' 右侧段,增长极效应已全面发挥,区域生产综合体进入稳定运转,区域经济水平达到较高层次。

6.3.8 空间成本分析

1. 空间成本比较方法

(1) 成本

成本指生产中使用各种生产要素的支出(包括生产中已消耗的原料、燃料等以及厂房、设施、工具等磨损部分、劳动者领取的工资以及土地占用费等),即生产费用。

(2) 空间成本

空间成本指生产中使用的区域空间上有差别的生产要素的支出。这种在区域空间上有差别的生产要素叫作空间要素。

(3) 空间成本比较方法

首先,进行成本构成分析,找出影响生产成本的所有要素,进而从所有要素中确定若干在成本构成里占有较大比重的主要生产要素。

其次,进行生产过程分析,找出另外一些虽然不一定反映在成本构成里但可能对生产过程起着重要影响(如区位的气候、水文状况等),故不能忽略而必须视之为生产的空间要素的某些必要条件。

最后,进行区位间成本比较分析,剔除那些虽然在成本构成里占有较大比重,但在一定空间范围内变化不大,故在这个空间范围内的诸区位成本分析中可以无须考虑的非空间要素成本(如广告费等)。

2. 最低成本区位与盈利空间

如前所述,任何一个企业,因其必要投入的生产要素成本有差异,所以获得的经济效益也就不相同。显然,能获得最大经济效益(最大利润)的企业区位,乃是收入总额与成本总额之差达最大值的区位。如果企业规模一定,假定企业产品价格在空间上保持不变(各点的单位产品收入相同),任何一点的单位产品成本各不相等,那么可以如图6-3(a)所示。

3. 空间要素替代原理

(1) 等产量线分析

图6-4所示为一条凸向原点的等产量线。等产量线的形态意味着,要维

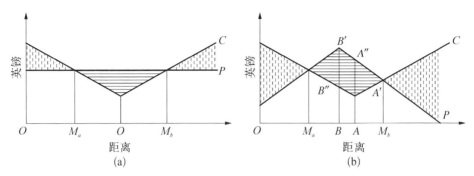

图6-3 空间成本曲线与盈利空间

持生产某一定量产品,所需要投入的一种要素减少,则另一要素必须增加;还意味着,在等产量线上的某些部位,要维持等量的生产,一种要素投入量相对增加一点,另一要素的使用却可大量减少。图6-4中,在等产量线上的V点所示的一种组合点上,水平线段AB所表示的少量固定资本的增加,可代替垂直线段AC表示的大量劳动力的减少,并且维持住产量不变,从而获得较好的替代效果。从V点开始,沿等产量线向下移动,可以看到,相等数量的固定资本所能替代的劳动力数量越来越少。反之,在等产量线上的G点所示的一种组合点上,少量劳动力增加,可代替固定资本却大量减少。从G点开始,沿等产量线向上移动,则相等数量的劳动力所能替代的固定资本数量越来越少。

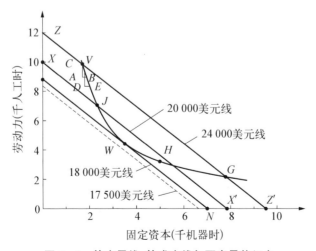

图6-4 等产量线、等成本线与要素最佳组合

(2) 等成本线分析

等成本线表示总成本相同的劳动力和固定资本组合的点的轨迹。从图 6-5 不难看出,只要劳动力(人工时)价格和固定资本(机器时)价格不发生变化,仍分别为 2.0 和 2.5 美元,那么这些等成本线是一系列斜率相同(均为 1)的平行线,它们的直线方程为:

$$2.5x + 2y = c \qquad (6.24)$$

式中, x 为机器时数, y 为人工时数, c 为各不同的成本总额。

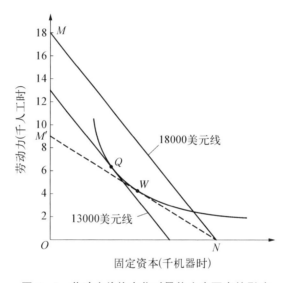

图 6-5 劳动力价格变化对最佳生产要素的影响

显然,随着劳动力价格的继续降低,相应的等成本线会越来越陡,这样,可以找到在最廉价劳动力区位的最佳劳动力和固定资本组合方式,于是得到了工厂的最优区位,在那里,可以以最低成本总额生产出一定量的产品,从而获得最大的经济效益(利润)。

4. 空间要素替代原理

上文的讨论可以明了影响工业区位优选的空间要素替代原理:由于在某一廉价要素区位可以通过用这一廉价要素替代别的非廉价要素组合来降低生产成本,因而可使工厂进入有利可图的盈利空间,并可能达到具有最大经济效益的最优工业区位(如图 6-6 所示)。

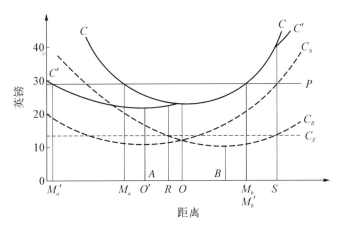

图 6-6 空间要素的替代效应

本章参考文献

[1] 王小军.中国企业国际化的战略风险管理理论与实证研究[D].对外经济贸易大学,2014.

[2] 孔昭林.实用行政管理[M].北京:高等教育出版社,2014.

[3] 阿伯格伦,斯托克.企业经营国际化战略:日本会社如何进入国际市场[M].林新生,等译.北京:新华出版社,1990:20-35,93.

[4] 郝汉韬.华为公司国际化战略研究[D].兰州财经大学,2016.

[5] 崔功豪,魏清泉,刘科伟.区域分析与区域规划[M].北京:高等教育出版社,2006.

第七章 公司的比较优势分析

7.1 品牌优势

7.1.1 品牌的作用

一个品牌就是一个独特的名称和(或)标志(如徽标、商标或包装设计),既可以用来识别某一个销售商或某一群销售商销售的产品或服务,也可以用来区别竞争对手的产品或服务。因此,品牌向顾客发出了产品来源的信号,品牌可以有效防范竞争对手生产外观相似的产品,既保护了消费者,也保护了生产商。

品牌早已在商业中发挥了重要作用,但直到 20 世纪,品牌化与品牌联想才被竞争者真正重视起来。事实上,现代营销的显著特征就是重视品牌的差异化建设。人们用市场研究来寻找品牌的差异化要素,借助产品特征、名称、包装、分销策略、广告宣传,就可以建立差异化的品牌联想。这一想法的目的是把普通商品转化为品牌产品,从而降低购买产品时价格因素的重要影响,并加大差异化因素的影响作用。

品牌的力量以及品牌建设的难度与代价,取决于企业投资品牌的意愿。例如,卡夫食品公司(Kraft)在被收购时的价值近 130 亿美元,是其账面价值的 600% 以上,美国雷诺兹-纳贝斯克公司(RJR Nabisco)拥有众多品牌,它们更是为其带来了250多亿美元的价值。这些价值远远超出了资产负债表中那些有形资产所代表的价值。

品牌能为企业创造价值的原因有如下几点:

第一,品牌可以提高营销计划的效果,从而吸引新顾客,夺回老顾客。假如顾客对某一品牌较为熟悉,而且对品牌质量也表示信任,那么在这种情况下进行促销活动就会促使顾客尝试新口味或新用途,从而使促销活动产生更好的效果。

第二,知名度、感知质量、品牌联想均可以提高品牌忠诚度。感知质量、品牌联想和知名度是顾客购买产品的理由,同时也会影响顾客在使用产品时的满意度。即便这些维度不是决定顾客选择品牌的关键因素,但它们可以增加顾客信心,降低顾客尝试其他产品的可能性。假如竞争对手通过产品创新实现了竞争优势,企业就尤其需要提高顾客购买产品时的忠诚度。

第三,品牌通常具有较高的边际收益。一方面,品牌具有高价优势;另一方面,品牌对降价促销的依赖程度低。在很多情况下,品牌的基本维度都支持着品牌的高价优势。另外,假如某一品牌的品牌资产出了问题,那么该品牌一定会在促销活动上投入更多的资金,目的也往往只是守住自己在分销渠道上的地位。

第四,有了品牌资产,企业便可通过品牌扩展实现自身的发展。例如,象牙品牌扩展到其他清洁产品后扩大了企业的经营范围,如果没有"象牙"这个名称直接进军这些领域,其成本要远远高于现在的成本。

第五,品牌可以对分销渠道产生影响。商家和顾客一样,面对已经取得认可和建立联想的成熟品牌,内心的不确定性减少了。大品牌往往具有很多优势,它们既能获得货架来展示,又能得到营销支持。

第六,品牌是企业的竞争优势,是遏制竞争对手的真正壁垒。品牌联想可以预先占领消费者对某类产品重要特征的联想。例如,汰渍洗衣粉适合去顽渍,则其他品牌就很难在"去顽渍"方面与汰渍竞争。极高的感知质量是难以攻克的竞争优势,例如讴歌汽车(Acura)让顾客相信不会有其他品牌的质量能够超越讴歌(即便真的超越了)。一个没有知名度的品牌,要想实现同样的知名度,恐怕要付出极其高昂的代价。

7.1.2 影响品牌作用的因素

下面通过几个案例来说明影响品牌作用的几个主要因素。

1. 品牌忠诚度

Stitch Fix Inc.成立于2011年,是一家线上订阅式会员制鞋服渠道品牌,通过大数据分析与甄选师选品,为消费者提供个性化的时尚搭配服务。

Stitch Fix通过一开始推出女性服装积累了一定的女性用户基础,通过与女性会员的不断交流和数据搜集,发现大码女性、孕妇和小码女性在会员中占比不低,且特定细分人群在传统渠道的服装消费痛点更痛,优化空间更大。比如大码(US Size14以上)女性占整个Stitch Fix女性会员的一半以上,但根据Coresight研究,大码服装仅占美国服装行业17.5%的市场份额,意味着大码女性在服装上的消费水平远低于平均水平。显而易见,这是供应端的问题,说明服装设计师很少关注大码女性市场。同样,Stitch Fix在建立了一定的用户池后,通过推荐和口碑传播,逐步延伸至男士产品线。基于类似的逻辑,因为第一批会员普遍结婚生子,Stitch Fix于2018年开拓了儿童产品线和其他产品线,包含内衣、袜子等。可以看出,Stitch Fix的品类扩张模式是基于其会员本身,会员有何种共性、何种需求,Stitch Fix便进入能解决那些痛点的品类。

从大背景来看,北美鞋服市场整体线上渗透率不断提升。但鞋服品类与其他品类的不同点在于,用户只有实际穿着鞋服才能知道是否真正适合自己,且由于北美不同人种的身材差异较大,线上服装消费往往退换货率较高,导致鞋服电商的效率一直较低。同时,消费者在大而全的平台电商上购物时,容易陷入"商品琳琅满目,我有选择恐惧症"以及"页面上看着漂亮,但拿到手穿上后发现其实并不适合自己"的窘境。Stitch Fix订阅制电商,通过"推荐—试衣—反馈"的机制,降低了消费者的选择成本(从成千上万件中选择到从5件中选择),优化了试穿体验(推荐搭配试穿),进一步提高了他们对品牌的忠诚度。

2. 品牌名称和品牌标志的知名度

就像人有"人设"一样,品牌也需要打造自己的"品设"。"人设"最重要的是由内到外的一致性,从人的思想内涵到语言表达、穿着、消费的产品、社会行为都要有一个统一的调性。"品设"同样如此,不管是品牌传达的理念,还是品牌形象体系、产品、营销、内容的发布以及和消费者沟通的语言都要在同一个层面和频道,并且由一个核心的点向外延展。

例如,某宠物用品店从"人宠关系"出发给自己起了一个与众不同的名字。其所设计的品牌Logo是人的大手和宠物的小手搭在一起,小手被大手托在掌心上,充满爱意,很好地诠释了人和宠物的关系,同时以一个红色的圆圈覆盖,这是一个很强的品牌符号,特别像一个红章,消费者看到它的第一眼就有一种"认证过的正品"的感觉。

在包装设计上,该品牌同样围绕关系去设计,所有的包装形象都是小人、大宠物。此外,在保证"颜值"的同时,强调"人宠关系"和人宠互动,还加入了年轻人喜欢的"彩蛋",比如一款狗狗的尿垫上印着这样一句话"稳住,我还能吸",增加了消费者的喜爱程度。

3. 感知质量

唐饼家是一家专注中式糕点零售连锁的领先品牌,产品主打高端中式糕点,包括酥饼系列、牛轧糖系列、沙琪玛系列等。唐饼家蛋黄酥产品的单品增长也非常迅速,成为深受消费者欢迎的爆款产品。其将整体产品定位于中高端,结合中式与西式的选材和工艺,是融合健康与美味的糕点伴手礼。唐饼家多年坚持精选、优选原料,大多选取日本和中国台湾的原料,在这方面比竞争对手重视得多。在生产工艺上,唐饼家继承和发扬了唐代细酥工艺,透过口味和口感提高产品的差异化程度。

在消费者对唐饼家品牌的综合印象中,排名靠前的标签是:不甜不腻、产品众多、工艺讲究、原料精选。在产品的选择上,除了核心的美味外,更多的消费者选择了低脂减糖的产品。唐饼家把最核心的认知打造聚焦于"不甜不腻,匠心美味"上。整个品牌的核心目标人群定位在作为消费中坚力量的白领精致女生(新锐)、中产精致族(资深)。精致的生活方式、健康美丽是她们共同关注的核心要素。

唐饼家的品牌最终定位于"唐风匠心,精致糕点"。其传承唐代高超的细酥工艺,用匠心创新精制,将食材本身的颜色组合形成糕点颜色,创造不甜不腻、恰到好处,并且美味、颜值与爱皆具的精致糕点系列,让消费者感受到了产品的品质。

4. 品牌联想

贝亲公司成立于1957年,是日本知名母婴用品品牌。贝亲以奶瓶产品起家,目前已经延伸至包括哺乳、断奶、清洁、卫生和食品在内的五大类400多种产品,成为享誉全球的知名品牌。

贝亲公司的历史也是奶瓶产品不断研发和精进的历史。贝亲的前身——Dofu Boeki公司在日本首创革命性的旋盖式宽口奶瓶,与以往将奶嘴直接罩住奶瓶的直插式奶瓶相比,显得尤为清洁卫生,开启了奶瓶奶嘴的新纪元。随后在产品研发上不断精进,率先推出聚乙烯材料奶瓶——S型奶瓶,瓶身呈六角形,便于婴儿捏握。之后推出F型奶瓶,玻璃瓶身上绘有可爱动漫插图,使育儿变得轻松愉快。通过改良瓶口部位的成型方法,推出具有划时代意义的W-8型奶瓶。随后又推出新型K型奶瓶,末端的独特外观设计非常平稳,也利于奶粉的搅拌。基于长期进行的哺乳研究,推出母乳实感型奶瓶和奶嘴,奠定品牌最接近母亲乳头的好口碑。基于对婴儿吮吸运动的研究成果,2011年推出自然实感奶瓶奶嘴系列。

基于在母婴用品的生产技术和知识沉淀,贝亲不断追求开发更优质的婴儿用品,围绕奶瓶推出周边产品,比如奶瓶清洁剂、安抚奶嘴、婴儿牙刷等,并扩展到婴儿及孕妇的日常用品领域,包括洗护用品、婴儿食品和孕妇用品。

60年来对婴儿喂养及成长过程的研究和耕耘,成就了贝亲在母婴产品和服务细分场的地位和口碑,"母婴用品专家"的品牌形象深入人心,成为全球妈妈最信赖的品牌之一。

7.2 渠道优势

对于企业来说,渠道的设计和管理直接影响产品能否顺利到达消费者手中,关乎市场问题;对于已有的产品来说,和谐的渠道管理和控制是产品销售的重要保证,同时也是企业市场竞争力的直接体现,关乎可持续发展问题。所以,对企业来说,科学的渠道网络设计以及完善的渠道管理和控制体系构建不仅是市场营销中的重要问题,更是企业战略性发展的关键决策。

7.2.1 分销渠道

美国营销协会(AMA)认为,分销渠道是指企业内部与外部代理商和经销商(批发和零售)的组织机构,通过这些组织机构,产品才得以上市销售。

分销渠道对于企业主要有三种功能。第一个功能为便利搜寻。由于生产方和消费方各自存在不确定性——生产方不知道怎样接触到最终用户,消费方则不知道在哪里找到自己所需要的产品。中间机构的存在就为两者搭起了一座桥梁,通过减少消费者的搜寻成本,实际上提高了顾客的让渡价值。第二个功能是调节产销。分销活动要服从市场营销战略的安排,同时要为提高市场营销效率发挥应有的作用。分销在市场营销中承担创造条件或通道来消除所有权归属差异、空间差异、时间差异及信息沟通差异的任务。第三个功能是提供服务。中间机构提供的服务可以包括信用、物流、市场信息与研究、售后服务等。在不同的分销渠道中,这些功能由不同的渠道成员承担。当渠道系统发生改变时,这些功能的结合方式也会发生变化,但所需要承担的工作总量不变,只不过是由不同的渠道成员分担了。

分销渠道的建立和维系是企业长期运营的结果。渠道一旦建成,可以给予厂家丰厚的回报。一方面可以作为企业持久竞争优势的来源,另一方面,一条良好的销售渠道不仅可以自用,还可以对外出租、收取费用,如海尔公司将自己的销售网络和物流渠道出租给可口可乐等公司。

各类中间商的存在是社会分工和商品经济发展的产物。在商品经济条件下,生产越来越专业化,产品越来越多样化,交换也变得越来越复杂和困难,生产与消费在产品数量、品种、时间、地点和所有权等方面的矛盾也就越来越大。在这种情况下,中间商的出现与存在成为必然,因为中间商能够减少交易次数,通过专业化和分工提高各个环节的效率、降低交易费用等。

2005 年,吴长江推动的渠道变革遭到股东和经销商的质疑,但最终凭借着五年多来与经销商合作建立的信任,凭借着先期三个省试点的成功,最后坚定了大家的信念,推进了渠道变革的进程。

2000 年,在创业初期资金有限的条件下,雷士采取了定位细分市场的战略,主攻商业照明。为了给外界展示一个统一的形象,并且在不占用过多资金的情况下迅速打开自己的销售渠道,雷士首创了国内照明行业品牌专卖店的销售模式。当时它给每个加盟的经销商提供 3 万元的补贴,用于其进行店面装修和样品展示,并给店员发放基本工资补贴。经销商几乎在没有太多前期投入的前提下,拥有了自己的销售终端。这年 7 月雷士在沈阳开设了第一家专卖店,2003年达到800家,2005年超过1 000家。

五年中,雷士的渠道基本覆盖国内大部分省市一、二级市场,但向县乡第三级市场扩张时,专卖店体系自身的弊端也充分显现。首先是专卖店门槛低,经销商因为逐利的心理忠诚度低;其次,同一区域内的经销商为了提高销量,频繁打价格战或进行窜货,渠道良性发展受到影响。此外,对专卖店的管理和支持也耗费了雷士管理层大部分精力。公司要实现从销售型企业向国际化企业转变,管理层必须将精力集中在产品制造、研发、品牌运作和新市场开拓等方面。为了提高资源配置效率和加快对市场变化的反应速度,渠道管理模式的变革已经迫在眉睫。

2005年4月,雷士召开经销商大会,吴长江宣布建立以运营中心为主体的渠道变革新政,会上经销商没有直接反对,会一开完,大家都直接找吴长江说理。吴长江直言不讳地说出了经销商的顾虑。担当运营中心管理职责的经销商,刚开始管理区域内其他经销商,可能赚不了多少钱,但当他通过努力把平台做大,渠道销售网布好了,在发展过程中管理能力提升到位了,就可以赚大钱。

早在2005年3月中旬,雷士已经在试行变革,第一批试点作业在江苏、山东等省份同时展开。第一期试点战役持续了15天,雷士的营销队伍在试点省份109个市县实行拉网作业,走访了上千个终端销售网点。经过大家15天的共同努力,雷士在试点省份的有效销售网点新增了100多个,首批销售回款近1 000万元。

7.2.2 渠道战略

分销渠道战略指的是为了实现分销渠道目标而制定的一整套指导方针。它的使命在于贯彻市场分销战略。总目标则是要最大限度地发挥渠道和产品战略、价格战略以及促销战略的协同作用,创造渠道价值链的竞争优势,为企业树立持久的竞争优势奠定基础。

分销渠道战略的重要性可归纳如下:

第一,渠道战略可与市场营销组合策略的其他部分互相配合,实现更好的市场效益。要为目标市场有效地传递产品,需要产品、价格、渠道和促销策略的相互配合,缺一不可。即使企业有好的产品、合适的价格、对促销的投入和良好的创意,也是不够的。比如,外国的大米在日本卖不动,为什么呢?主要原因在于不能与日本产的大米一样进入日本的主流粮店。

第二,分销渠道战略是以产品与市场的有效结合为检验标准的,反过来,渠道战略也对企业的经营范围具有反作用。例如,加油站可利用其遍布全国的网络,提供餐饮、住宿、洗浴等服务。银行可利用其网络出售保险,代收水电费、电信费,实现业务扩充,增加收入。银行不仅仅提供传统的金融服务,还是重要的分销商。这是分销渠道所带来的增值。

第三,与其他分销组合变量相比,分销战略对企业树立竞争优势具有更大的潜力。事实表明,分销组合"4P"(产品、价格、渠道和促销)中的其他3P——产品、价格和促销,都渐渐缺乏"张力",变得没有竞争优势。首先,通过技术领先和创新使产品具有竞争力,变得越来越难。其次,伴随技术优势丧失的是价格优势,企业难以获得超低水平的低成本优势。最后,指望促销来赢得市场,也因为其易效仿性而变得"稍纵即逝"和不堪一击。但分销却可以提供更多、更持续的优势。分销战略是一个长期战略,必须假以时日才能真正建立起一个分销体系。因此,分销战略具有隐蔽性,从建立初期至最后显山露水,很难被竞争对手察觉。到渠道登台亮相之日,竞争对手想"克隆"却不能,只有自愧不如。

第四,渠道战略可使企业在更大的范围内进行资源配置。分销系统创造的资源对公司发展有辅助作用。分销渠道是市场分销策略组合中唯一的外部资源变量,构成分销系统的都是独立于制造商的商业企业,这些渠道成员都有自己的经营目标、方针政策和发展战略,要赢得这些成员的大力配合并确保它们的行为促进公司的发展,显然是对公司渠道管理的挑战。然而,正是这些独立的外部资源可以给公司制造神奇的协同效应。如果制造商修筑渠道并与合适的商业企业缔结"联姻"关系,则可以相得益彰;如果渠道成员具有制造商缺乏的知名度和声望,不言而喻,与这种渠道成员联姻可以使公司的产品形象得到急剧提升,这是单凭广告促销活动或定价策略所不能创造的。另外,即使是世界知名企业,也应该力求与渠道成员形成通力合作的紧密关系。因为,向目标市场提供产品的活动离不开渠道成员的合作。合作成功,可以获得$1+1>2$的效果;反之,则可能造成内耗,无法实现公司的经营目标。沃尔玛与宝洁公司的合作正是对此的一个极好的佐证。

第五,关系分销观念的流行是企业重视分销渠道战略的重要体现。分销渠道作为服务的传递者,在市场分销策略组合中扮演着重要角色。关系分销本质上是一种观念,这种观念旨在通过对客户和最终顾客的一系列承诺和履行,建立、维持和促进与顾客及其他合作伙伴的长期互利关系,而不是只想做一锤子买卖,在每次交易中获得最大的利益。其核心在于对顾客服务的承诺和履行,而要实现这一点,达到顾客满意,必须通过分销体系来传递这些服务。因为,顾客对制造商满意与否来自顾客与渠道成员的互动关系。宝洁公司在考虑与沃尔玛的战略关系时,正是这样做的。美国日用消费品生产巨头宝洁公司十分注重分销的作用,并努力寻求与重要的零售商结成战略联盟关系。沃尔玛就是宝洁公司战略联盟的对象。沃尔玛每年从宝洁公司购买价值20亿美元的产品,占宝洁公司在美国本土销售额的10%。宝洁公司在沃尔玛的美国总部专门安置了一组行政人员,处理沃尔玛对宝洁产品的特殊需求。如为了配合沃尔玛搞的"每日最低价"活动以及沃尔玛下属山姆俱乐部的促销活动,宝洁公司专门特制大容量包装的产品。而且,更引人注目的是,宝洁公司的总裁亲自参与公司与沃尔玛及其他大零售商的分销战略制定事宜。

在消费者越来越挑剔的今天,中国悠远流传的白酒文化,如何与互联网结合,重构出新的发展蓝图?苏宁易购与古井贡酒分别作为电商、白酒行业领军企业,签署了战略合作协议,共同推进白酒行业的互联网转型和产业合作升级,通过营销资源共享、品牌互动营销、多样化合作等方式,给市场带来更多的亮点,为消费者带来更多的实惠,最终实现品牌和销售的快速、协同发展。

7.3 成本优势

7.3.1 成本管理的定位

1. 降低成本

降低成本是传统的产品工厂生产阶段成本管理的主要任务,中间经过许多演化,最后以福特制的大规模生产方式为标志,形成了传统的成本管理降低成本的体系。降低成本一般有两种方式:一是在既定的经济规模、技术条件、质量标准和市场环境下,通过降低材料和人工及其他费用的消耗、提高劳动生产率、更加科学合理地组织管理等措施降低成本。二是通过创新等方式改善基础条件降低成本，即改善企业可利用的经济资源的性质及其相互之间的联系方式，包括劳动资料的性能、劳动对象的质量、劳动者的素质和技能、产品的技术标准、产品工艺的科学性、企业规模的大小、企业组织结构的合理性、企业职能分工、企业的管理制度等方面。在既定的条件下，成本降低有一个极限，如果需要进一步降低成本只有改变成本发生的基础条件才能实现，如通过采用新的技术设备、新的工艺过程、新的产品设计、新的材料等，甚至需要引进新的组织形式、组织结构、管理风格和手段、管理模式、经营模式、新观念和理念等多方面的内容。成本管理降低成本的定位适合处于充分竞争市场中的企业，在收入确定的情况下，降低成本就是企业提高经济效益的最有效途径。

2. 提高经济效益

企业经济效益是指企业的产出同生产投入之间的比例关系。一般来说，产出用生产总值即生产产品或服务的市场价值来表示；投入用产品或服务的成本表示。成本管理可以通过降低成本增加企业利润，但往往也可以通过增加成本获取利润，因为成本变化与许多因素有关，如果增加成本可以提高产品和服务质量与品质，从而可以提高价格、扩大产品的市场占有率、增加企业收入，那么增加成本就是合理的，因此成本管理不能只着眼于成本本身，而要利用成本、质量、价格、销量等因素之间的相互关系，支持企业为维持质量、调整价格、扩大市场份额等对成本进行管理，使企业能够最大限度地获得利润，提高企业经济效益。

3. 提高竞争力

成本管理工作需要配合企业战略为取得竞争优势而展开，在实施企业战略的过程中引导企业注重长期利益，并使企业能够确定和保持在市场中的竞争地位。有时成本管理目标是降低成本，有时则相反，为了企业的市场竞争地位和长远发展需要提高成本，例如提高研发支出、营销费用、人力成本等。但企业在提高成本时应充分考虑风险、未来获利机会、环境变化等因素，随着人们环境保护意识的增强和国家环境立法、环境保护执法水平的提高，必要的环境成本投入不可避免，甚至可以通过环境经营提高企业竞争力。

4. 实现公共目标

公共目标也称为社会目标，巴雅尔图、鲍金良认为，公共目标主要包括三个方面：一是公共关系目标，主要在于企业形象、企业文化的建设和公益事业，通常以公众满意度和社会知名度为目标。二是社会责任目标，常常是指企业在处理和解决社会问题时应该或可能做什么，如在对待环境保护、社区问题、售后服务时所扮演的角色及所发挥的作用。三是政府关系目标。企业作为纳税人支持着政府机构的运作，同时，政府对企业的制约和指导作用也是显而易见的。一方面，企业必须对本组织造成的社会影响负责；另一方面，企业还必须承担解决社会问题的部分责任。企业树立良好的社会形象，既为自己的产品或服务争得信誉，又促进组织本身获得认同。企业的社会目标反映企业对社会的贡献程度，如环境保护、节约能源、参与社会活动、支持社会福利事业和地区建设活动等。

企业需要根据自身的战略和环境，在企业发展的不同阶段，在成本管理的几种定位中进行选择。

以通用汽车为例。通用汽车公司成功的成本管理模式是"基于协调控制的分权管理"，其核心要素是三个：分权组织、财务控制与创新理念。其具体做法是：① 建立资金支出的授权制度。该项制度始于1922年，即资金使用首先要编制资金使用表，然后交拨款委员会进行资格审查，再经执行委员会的政策审查（企业方针、战略符合与否等）。为了明确资金支出流程，发布了拨款手册。② 建立现金日常控制系统。首先规范银行开户，并要求所有收益都必须存入这些账户；财务支出实现财务集中管理（由总部财务部门管理），各事业部无权控制这些账户之间的现金转移；银行间现金转移自动完成，公司财务部门对各账户分别核定了最高限额和最低限额；事业部需要现金，可以向总部申请转账。③ 建立库存与生产控制的规范流程，理顺库存与生产控制领域的职权关系，明确时间、数量、质量标准。④ 建立财务预警制度。杜邦分析法的创始人唐纳森·布朗采用杜邦分析指标，构建了通用汽车公司的预警制度。⑤ 建立标准成本控制制度。

再来看洛克菲勒是如何降低成本的。年轻的洛克菲勒初入石油公司工作时，既没有学历，又没有技术，因此被分配去检查石油罐盖有没有自动焊接好，这是整个公司最简单、枯燥的工序，人们戏称连3岁孩子都能做。每天，洛克菲勒看着焊接剂自动滴下，沿着罐盖转一圈，再看着焊接好的罐盖被传送带移走。半个月后，洛克菲勒找到主管申请改换其他工种，被拒绝了。这时洛克菲勒想既然换不到更好的工作，那就把这个不好的工作做好再说。于是，洛克菲勒认真观察罐盖的焊接质量，并仔细研究焊接剂的滴速与滴量。他发现，当时每焊接好一个罐盖，焊接剂要滴落39滴，而经过周密计算，结果实际只要38滴焊接剂就可以将罐盖完全焊接好。经过反复测试、实验，最后，洛克菲勒终于研制出"38滴型"焊接机，每只罐盖比原先节约了一滴焊接剂。可是就这一滴焊接剂，一年下来却为公司节约出5亿美元的开支。年轻的洛克菲勒就此迈出日后走向成功的第一步，直到成为世界石油大王。

7.3.2 成本管理的理论

成本管理理论可以概括为八个方面，即成本意识、成本避免、成本控制、成本节省、成本效益、成本责任、成本分析和成本反馈等。这些要素对企业的共同作用促使企业成本管理的理论和实践有机结合。

1. 树立成本意识

树立成本意识，就是要求企业管理人员对成本管理和控制有足够的重视，充分认识到企业成本降低的潜力是无穷无尽的。在企业成本管理中应消除那种认为"成本无法再降低"的错误想法，将成本意识作为企业理念的一部分，对企业人员进行培训，树立全企业的成本降低意识，挖掘成本降低潜力。在树立了成本意识的基础上，企业应尽可能地避免成本的发生，即所谓的"能省则省"。如设计产品时降低设计成本，去掉产品的无用功能，用新材料替代旧材料。又如对产品进行技术改造，改善工艺流程以降低成本。预算编制中的"零基预算"也是基于成本意识而采用的一种方法，它在近年被一些企业广泛采用。这种预算编制的成本意识在于，它对任何一项支出在编制预算时，不需要考虑现有的费用水平，一切从零开始，重新考虑支出的必要性和数额大小，有利于避免不合理费用的继续存在。

2. 成本避免与成本控制

成本避免从一定意义上说也就是要回避成本，回避成本作为成本管理的一种手段，在企业的成本控制过程中还是远远不够的。通过制定目标成本等方法来加强成本管理，可以说是一个好办法。通常目标成本制定有两种方式：一是由公司上层管理者制定，然后由下级各部门据以实施；二是由公司各级管理人员共同协商制定目标，然后据以实施，以充分控制企业内部成本潜力。在目标成本的基础上进一步寻求降低的途径,一般认为有以下几点:① 增加产量,提高劳动生产率,以规模生产降低单位固定成本。② 降低采购成本。如对大项目的原材料采购,采用招标竞争方式降低成本;又如不同采购点的原材料,在其他条件相同的情况下选择较近距离的厂家,以降低运输支出。③ 节约费用开支,如节约能源消耗,减少事故发生,降低废品率。随着信息技术的应用,新兴的零库存管理和适时制生产系统都能有效降低企业的库存成本。为了使成本管理目标有效实施,目标成本管理的具体指标必须落实到部门、车间和班组,即将企业的整体目标分解为不同层次的子目标。当然,分配给各责任中心的目标应与企业总目标具有一致性,并能充分发挥各责任中心的成本潜力,进而实现企业总体的目标成本。

3. 成本分析

有效的成本分析,能促进企业发现问题,改善企业决策,及时采取补救措施。简单地讲,成本分析就是一个发现差异和分析差异的过程。将企业实际发生的成本分别和其他企业的目标成本、同行业平均成本以及国外同类企业的成本加以比较,并将这一差异发生的原因作为决策的依据,将大大改进企业管理的有效性,提高企业的经济效益。

成本是与收益相对称的一个概念,如何以最少的投入产出最佳的效益是企业管理一直追求的目标,树立成本效益理念就是要在企业中明确"花钱就是省钱"的意识,即从比较的角度认识成本管理。如引进新设备来节省设备维修费用和提高设备效率,又如进行技术革新、推广合理化建议等,虽然要"花钱",但能获得更好的效益。成本管理有无效果,定期或不定期的反馈是不可或缺的。成本反馈是成本用于企业决策管理的直接体现。成本分析的结果可用于改善决策,而企业决策实施后,其效果能借助成本分析包括成本效益分析在当年反映出来,以便于来年改进成本或其他决策。

以丰田汽车公司为例。2005 年 6 月 23 日,丰田汽车公司正式宣布渡边捷昭被任命为新一任社长。渡边捷昭在丰田是出了名的"成本杀手",由他主导的丰田 CCC21 计划(即面向 21 世纪的成本竞争计划)如火如荼。渡边的成本控制手法被称作"拧干毛巾上的最后一滴水"。最典型的例子是,为降低成本,他甚至将丰田汽车车门扶手的型号由原来的 35 种减少到只有 3 种基本型号。丰田的这种成本控制手段虽然有点"自虐"的味道,但是相对于丰田超越美国三大汽车公司利润总和的业绩表现,这种过激表现却起着至关重要的作用。

成本核算是指对生产费用的发生和产品成本形成所进行的会计核算,是成本管理的基础环节,为成本分析和成本控制提供信息基础。成本核算的目的是真实地反映企业生产经营活动中产生的各种成本及其变化规律,是成本数据的来源渠道。只有进行准确的成本核算,相关人员才可以根据所获取的成本核算资料,对企业的管理情况进行分析和判断,从而采取进一步的措施,通过成本预算、控制等手段,对企业的成本实施有效的管理。

成本核算的内容主要包括:① 全面完整地核算与归集企业在生产经营过程中发生的各种耗费;② 正确地计算生产资料转移价值和应计入本期成本的费用额;③ 科学地确定成本计算的对象、项目、期间以及成本计算方法和费用分配方法,保证各种产品成本的准确、及时。

成本核算对企业成本管理工作的意义主要可归结为以下几点:

第一,正确计算产品成本,及时提供成本信息。产品成本信息是制定产品价格的重要依据。如果企业仅仅为了提升竞争力、扩大市场份额,而制定明显低于行业水平的产品价格,该价格甚至远低于产品成本,即企业进行亏本销售,那么该企业销售得越多只会亏损得越多。

第二,及时准确的成本信息能够优化企业的成本决策,确立合理的目标成本。成本信息能够为企业制定相关成本决策提供依据。譬如,通过对各类产品的成本核算信息进行分析,可以了解各类别产品的盈亏情况,从而加大盈利产品的生产销售力度,对于亏损的产品进行改良或舍弃等;也可以帮助企业了解新产品的盈利能力,从而做出是否加大生产销售的经营决策等。成本核算信息也是企业制定目标成本的依据,脱离企业实际成本水平的目标成本等同于虚设,目标成本制定过高会导致企业在现有水平下根本无法实现,时间久了便会缺乏成本控制的积极性,目标成本的制定渐渐就会失去其应有的引导作用;同样,过低的目标成本会导致企业整体工作的散漫,没有强烈的成本控制意识,目标成本的制定也就失去了其应有的激励作用。

第三,成本信息的反馈能加强企业的成本管理控制工作,促进成本责任制的巩固和发展,从而增强企业竞争力。成本核算信息能够使企业了解自身的成本管理水平,检测其是否符合事先制定的成本计划。如果明显超过成本计划的成本目标,企业就要认真分析生产管理过程中导致成本过高的不合理环节,进行改善以降低不合理耗费;如果成本水平明显低于成本计划的目标成本,企业也需进行成本分析以了解自身的优势环节,并进行维持和提升,强化自身竞争力。

麦肯锡公司在20世纪90年代对2400多家公司的一项研究显示,不同的定价策略对利润底线会产生不同的影响:固定成本每减少1%,利润可以提高2.3%;产量每增加1%,利润可以增加3.3%;可变成本每降低1%,利润可以增加7.8%;价格每上升1%,利润可以增加11%。可见产品定价对利润变动最为敏感,但产品定价是非常复杂的学问,既不能因为价格过高而无法获取市场份额,又不能因为价格较低而丢失利润。品牌优势赋予了不同的品牌内涵:由于技术领先,紧贴客户需求和市场,高质量的产品或服务,卖价就是高,与成本高低无关。在定价时应考虑以下几个方面:① 产品的价格是由顾客认知价值所决定的,几十年一贯制的成本加毛利法已经不适用。② 以产品的边际利润贡献而不是毛利作为定价参考依据。固定成本由于分摊的随意性和不合理性(如果固定成本系沉没成本,则分摊就毫无意义),容易误导决策。③ 在实施产品扩张策略时(即水平式扩张和垂直式扩张),必须考虑的是着眼于提高产品线的总体利润而不是单个产品利润(整体大于部分之和),产品之间有着很强而且很明显的互补或替代关系。④ 在提供多元化产品时,企业应根据产品线内各产品需求之间的相互关联性来对产品进行差别定价,避免同类相残。

7.4 供应链优势

7.4.1 供应链概述

1. 供应链的概念

供应链是围绕核心企业,通过对信息流、物流、资金流的控制,从采购原材料开始,制成中间产品如零部件和在制品直至生产成最终产品,最后由销售网络把产品送到消费者手中的将供应商、制造商、分销商和零售商直至最终用户连成一个整体的功能网链结构。

供应链中的价值来源于供应链成员企业间的协同作用,因为对于一个企业来说,其精力总是有限的,拥有的资源也是有限的。所以,美国著名的供应链学者鲍尔索克斯认为:"供应链指的是在考虑关键资源受限制的情况下,多个企业之间的合作关系。为了获取竞争优势,企业必须与客户、起支持作用的分销网络和供应商网络结成战略联盟,从而形成供应链结构和战略。"

2. 供应链的结构

按照复杂度分类,即根据供应链节点企业的数目多少和企业间的连接关系复杂与否,可以将供应链的结构分为链式结构和网状结构。

(1) 链式结构

链式结构是一种单一的结构,各节点企业通过上下游的节点参与链中,彼此之间除了相邻节点没有其他联系。这种结构在现实中不太常见。

(2) 网状结构

网状结构比较常见,具有一定的复杂性。网状结构供应链中,每个供应商可以为多个制造商服务,每个制造商可以从不同的供应商那里获得原材料和零部件,并按照产品类型的不同或者按照产品的质量或价格等的差异,形成不同的细分市场,并由不同的分销商进行分销。

3. 供应链的特征

供应链具有以下特征:

(1) 复杂性

供应链往往由多个、多类型甚至是多国企业组成,这些企业形成了供应链的网状结构,比单个企业的供应链结构模式要更为复杂。

(2) 动态性

供应链上的企业不是静态的,而是处于动态的更新中。有些供应链成员由于不能适应市场的变化而淘汰,退出供应链;同时,其他的企业又会加入供应链环节,这就使得供应链具有明显的动态性。

(3) 面向市场需求

供应链的形成、重构,都是基于一定的市场需求所致,并且在供应链的运作过程中,市场需求的拉动是供应链中信息流、物流、资金流运作的驱动源。

(4) 交叉性

供应链网状结构中,每个供应商可以为多个客户服务,每个制造商可以从不同的供应商获取原材料。也就是说,一个企业是这个供应链的成员,又是另一个供应链的成员,众多的供应链形成交叉结构。

互联网信息技术环境下,以天猫、京东为代表的 B2C 平台,将海量的品牌商、渠道商和海量消费者对接。品牌商、渠道商可能同时为天猫和京东供货,形成了一个一个复杂的供应链网络。

7.4.2 供应链管理概述

1. 供应链管理的定义

供应链管理是在市场竞争加剧、现代信息技术的发展以及传统的企业管理模式存在弊端等背景下形成的管理思想。具体来说,供应链管理(Supply Chain Management,SCM)是围绕核心企业,将供应商、制造商、批发商和零售商进行集成化管理,并利用计算机网络技术全面规划供应链中的商流、物流、信息流和资金流等,从而实现生产出来的商品在满足服务水平要求的同时使系统的成本最小化。

从供应链管理定义可以得到几点结论:

首先,凡是对成本有影响并在满足顾客需求过程中起作用的环节,都在供应链管理考虑之列:从供应商和制造商开始,经过仓库和配送中心,直到零售商。

其次,供应链管理的目标是提升对客户的服务水平,同时使得供应链系统成本最小化,包括运输成本、仓配成本、库存成本等。从供应链成本控制角度来看,不是简单地最小化运输成本或降低库存成本,而是应该考虑在一定的服务水平上降低整个供应链的成本。

最后,由于供应链管理需要对原材料采购供应、生产制造、渠道、仓储与配送、运输等环节进行有效集成,因此供应链管理的理念不是站在某一个企业或某一个环节,而是从各环节所组成的流程出发,优化整个供应链流程,以达到全局最优。

2. 供应链管理的特征

相比较传统的企业管理模式,供应链管理具有以下特征:

(1) 资源整合和集成管理

供应链管理强调从供应链整体出发,寻求最佳的市场资源整合的模式来满足市场需求。一方面,企业要拓展新的业务或市场,会从外部寻找最佳资源,并将自己不擅长的业务外包出去;另一方面,当企业把一部分业务外包出去后,还需要将合作伙伴纳入一个整体框架中进行管理。例如,苹果公司将手机的生产组装外包给富士康,还需要对手机的组装过程进行监控和品控管理。当我们把供应链上各环节的企业看作一个虚拟企业同盟,而把任一企业看作这个虚拟企业同盟中的一个部门时,同盟的内部管理就是供应链管理。所以,供应链管理是一种集成的管理思想和方法,执行供应链中从供应商、制造商、分销商、销售商到最终用户的有关采购供应、生产、销售和物流等业务的集成管理。

(2) 成员合作与业务协同

供应链管理强调上下游企业之间的合作和业务协同。供应链管理的对象是一个企业群,其中每一个企业都有自己的核心业务,而自身的核心业务就是其他企业外包出去的业务。这些业务只有协同起来,才能形成真正的合力。这关系到供应链整体目标的实现,关系到供应链整体能否对市场做出快速响应。例如,供应商需要按照制造商的要求,将零部件按计划生产出来,并准时配送到制造商的装配线,而且要求其他零部件的供应商必须同步响应。任何一个供应商的延误,都会使准时交货的供应商供应的零部件变成库存。

(3) 收益共享与风险共担

供应链管理强调收益共享和风险共担,企业之间能否在一个供应链体系内共创价值,这取决于共创的价值和收益是否在供应链成员之间得到了合理分配。至于共创的收益在供应链成员之间如何分配才能使得供应链成员的利益得到平衡,这取决于企业在这个链条中所创造的价值的大小。

(4) 全流程的战略管理

供应链是由供应商、制造商、分销商、零售商、用户等不同成员组成的,某一个成员或环节的最优不代表供应链全过程的最优。无论从信息的角度还是业务的角度,局部的信息和局部流程的优化,都可能导致供应链整体绩效降低。因此,运用战略思想,从供应链角度出发,优化供应链全流程,才能使供应链效率得以提升。

(5) 以消费者为中心

买方时代,不管供应链的节点企业有多少类型,也不管供应链条的长短,供应链最终都是由消费者驱动的,而正是消费者创造的需求,才使得供应链得以存在。进入21世纪,市场竞争,已经由企业与企业之间的竞争转向供应链与供应链之间的竞争。企业只有以消费者需求为出发点,将供应链的运营贯穿于面向消费者服务的全流程,才能赢得竞争。

3. 供应链管理中的规则设计与制定

供应链管理需要设定一些规则,以保证供应链的有效运营。一般而言,供应链管理中的规则是由核心企业来制定的,有点类似于"丛林法则"。"丛林法则"是自然界生物学方面的物竞天择、优胜劣汰、弱肉强食的规律法则。同样,商业关系也会遵从类似的法则。在企业与企业的商业交易与合作中,一些运营规则是由核心企业来制定的。例如,供应链运营效率提升的模式与制度设计、成员之间的利益分配机制的制定(如滴滴出行制定规则来实现平台、司机和消费者之间的利益分配机制)、产品和服务的设计主导权(如菜鸟网络联合申通、百世快递推出电子免单和智慧物流产品,菜鸟网络是主导者)、产品和服务的定价权(如品牌企业和平台企业拥有产品和服务的定价权)等。

滴滴出行将网约车和出租车融合发展,把两者的后台打通,改变一直以来出租车司机的"抢单"模式为"智能派单"模式,系统会综合考虑距离、拥堵情况、运力供需、司机服务评价等因素,自动将乘客订单定向匹配给一位最合适的出租车司机,还让信用好的出租车司机也能接快车的单子。

"智能派单"模式可以令乘客提升出行效率,更让出租车司机改变原有拼手气、靠运气的思维模式,转变为服务质量好坏与收入多少挂钩的模式。在流量融合方面,滴滴平台已经实现出租车网约车订单和后台系统的打通,可以让出租车司机在承接出租车单基础上,承接网约车订单。

相比"抢单"模式,"智能派单"模式下,参与测试的出租车司机时薪最高提升了50%,空驶率最多降低了36%。而"流量融合"后,参与测试的出租车司机平均流水上升14%,空驶率平均下降18%。这也意味着,这两种融合举措有效降低了司机的空驶率,让出租车司机运营效率和收入有了进一步提高。相应地,乘客打车的效率也提升了。

4. 供应链管理的内容

大体上,供应链管理涉及的内容主要包括需求管理、供应链计划、采购与生产作业、分销与物流作业等。

(1) 需求管理

需求管理是指以用户为中心,以用户的需求为出发点,通过一定的数据分析方法来预测和判断特定产品在未来一段时间的需求信息,并试图利用该信息来制定供应链计划。对于供应链上的企业来说,其采购与供应计划、生产计划和物流计划都离不开对市场需求的预测。市场预测不准确,势必会影响企业的运营。传统经济下,企业对需求的预测信息一般来自其相邻的下游企业,如供应商的需求预测依据来自下游的制造商,制造商的需求预测依据来自下游的分销商,分销商的需求预测依据来自零售商的订单信息,零售商的需求预测来自消费者需求信息及对消费行为与趋势的把握。互联网经济下,渠道进一步扁平化,互联网巨头拥有海量的消费者行为数据,而这些产生于零售端的数据在供应链成员之间共享后,将会指导供应链的生产、物流与采购等方面的运营。

(2) 供应链计划

供应链计划在整个供应链系统中处于中心位置,是连接所有相关供应链企业生产系统与市场的枢纽。供应链计划一般由核心企业主导,在需求管理的基础上,定义供应链活动范围,规划供应链企业的订单承诺能力、多供应商物料需求计划、主生产计划、分销需求计划、物流计划等。

(3) 采购与生产作业

需求管理与供应链计划是采购与生产作业的前提和基础。依托供应链核心企业的需求和供应链计划,企业可以有效地制定物料需求计划、主生产计划,进行生产作业流程的控制等,并在此基础上进行采购与生产作业。

(4) 分销与物流作业

需求管理与供应链计划也是分销与物流作业的前提和基础。依托供应链核心企业的需求管理与供应链计划,企业可以有效地制定分销需求计划和物流计划。分销需求计划包括通过产销销售渠道的选择与货物量的分配等(例如,线上和线下渠道的选择、不同销售渠道货物的分配、同一销售渠道在不同区域货物量的分配等),物流计划涉及原材料、在制品及产成品从供应商到消费者之间的有关运输、仓储与配送、库存控制等。

5. 供应链管理的目标

总体来看,供应链管理的目标是在供应链成本控制的前提下,提升整个供应链系统对市场的服务水平,并寻求成本与服务之间的平衡,参与供应链之间的竞争。

(1) 最大化客户服务水平

当产品在质量和价格方面趋于一致时,差异化的客户服务能给企业带来独特的竞争优势。供应链之间的竞争,往往表现为基于时间的竞争,即对客户需求的快速响应,最大限度缩短从客户发出订单到获取满意交货的总周期。这与供应链各环节如采购、生产、物流等的配合是分不开的。

(2) 最小化供应链运营成本

为了实现有效的供应链管理,需要将供应链中各成员企业作为一个有机整体来考虑,在最大化客户服务水平的前提下,对供应链运营成本进行优化。供应链运营成本包括采购成本、生产成本、仓储与配送成本、库存成本、运输成本等。

以小米手机为例。从2015年的巅峰时刻,到2016年的跌入谷底,再到2017年的凤凰涅槃,短短三年时间,小米走完了一个反抛物线的过程。2017年,小米手机重回全球前五的位置,出货量更是达到历史新高,创造了一个"起死回生"的奇迹。旭日大数据的数据显示,2015年小米手机出货量超7 000万部,2016年下降至不到5 000万部,2017年小米手机出货9 800万部,相比2016年同比增长翻番,市场份额由2016年的3.4%上升至6.4%。对于很多供应商来说,2016年小米的"摔跤",让它们猝不及防,日子相当难过。不曾想,小米以如此迅雷不及掩耳之势重回全球前五,而且出货量还大有持续增长的势头。这下不但稳住了供应商的心,也让供应商在2017年大赚了一笔。

小米供应链具有以下特点:

第一,小米采用的是一种先亏损后盈利的方式。传统手机厂商通常高于成本30%定价,然后随着成本与价格下降趋同,一个产品周期就结束了——只有通过不断推新品,才能保证利润。而小米先以较低的价格保证性价比,吸引用户,形成规模效应之后,成本曲线就会向下倾斜,且产品生命周期越长,卖得越久,累计利润也就越多。

第二,快速的资金周转率。一位普华永道的审计师认为,小米的资金周转率要远高于其他手机厂商。小米的库存周期短,回款周期也短,在小米的账面上几乎不会出现"应收账款"。这就让它在很大程度上与联想等传统制造业公司拉开了距离——要知道,传统制造业拼的还是出货量的市场份额,但这并不完全代表销量,而只有当应收账款回收后才产生利润。

第三,接近于0的仓储成本。与传统制造业需要有庞大的仓库储存出货产品不同,小米在库存上做出的最大改进是按实物销售:当周的生产量就是下周的销售量。根据小米提供的数据,它在 11 月的出货量是 200 万台,其中 70%的量走电商渠道。每周二的抢购按照仓库的库存量销售,数字为 30 万—40 万台,手机的库存周期完全周转一次大约是 10 天,配件类大约 3—4 周。没有库存积压就意味着节省了仓储成本。在销售量足够大的情况下,仓储成本平摊下来几乎可以忽略不计。

小米对供应商的要求主要有两个：一是品质要好;二是价格要低。在大部分情况下,物美价廉一直是个悖论,有句话叫一分钱一分货,要想享受高品质产品,就要放弃低价接受高价。但小米是个例外,小米通过与其供应商共同让利的方式实现真正的性价比。做到这一点,小米除了需要创新线上线下销售模式外,还需持续保持出货量的增长。因为对供应商而言,成为小米的供应商,在接受更低价格的同时,还需要提供高品质的产品。这种情况,供应商需要通过规模化来保证利润,而小米出货量的持续增长,是供应商规模化供货的保障。小米的核心供应商均因小米的业务增长获得了相应的增长。

2017 年,是小米收获的一年,亦是小米供应链企业收获的一年,除了上述提到的企业,其实还有很多企业受益。因为,手机产业链是一个联系非常紧密的生态链,供应链企业和品牌企业之间唇齿相依,相互影响,相互促进,由此推动着手机产业往前发展。

7.5 研发优势

企业的研发水平是决定企业竞争地位的重要因素。企业研发优势是指企业拥有的比同行业其他竞争对手更强的研发实力及其研究与开发新产品的能力,这种企业研发优势能力主要体现在生产的研发水平优势和产品的含量研发优势上。

例如,一些高科技信息产品的研发优势就有：

其一,领先的数据处理平台架构设计。基于 BI(商业智能)平台的强大后台数据整合技术优势,实现多维多角度查询,为用户提供更灵活、多层面的深度分析能力的技术优势,运用 Hadoop 的云计算平台,实现无限量线性扩充。

其二,优质的用户体验。卓越的数据可视化技术优势,将多种核心数据以可视化的形式展现给用户，让用户一目了然，采用敏捷开发，以最快速度实现用户需求，不断为用户推出更贴心的服务。

其三，稳定可靠的系统技术优势。基于云计算平台，在电子商务与金融行业具备领先的互联网产品研发与运营经验，有效保证平台的稳定可靠。

其四，大规模数据处理与运营能力。千万数量级的数据采集、整合、分析和挖掘能力，日处理量高达亿万数量级，实现每秒高达上百万条数据的基于互联网的实时推送技术优势。

7.5.1 企业技术创新

企业技术创新的定义为：企业家抓住市场的潜在盈利机会，以获取商业利益为目标，重新组织生产条件和要素，建立起效能更强、效率更高和费用更低的生产经营系统，从而推出新的产品、新的生产方法、开辟新的市场、获得新的原材料或半成品供给来源或建立企业新的组织，它是包括科技、组织、商业和金融等一系列活动的综合过程。

这个定义沿用了熊彼特的创新"五观点"，将其创新的定义应用到了技术创新的概率中。这样的分析对于理解企业技术创新尤其是从系统的角度理解企业技术创新具有指导意义。

在涉及进行"企业技术创新能力"的评价或实际应用时，更希望以一个更加狭义的思路去定义企业的技术创新定义，因为这样更具有针对性和明确性。

本书对企业技术创新采用如下的定义：企业技术创新是企业为获得商业利益、取得竞争优势所进行的研发、推出新产品或新工艺的一系列活动和过程，这其中的核心内容是新产品、新工艺。

技术创新运行所必须处理和协调的各项要素以及相互之间的关系，成为决定创新成功的关键所在，因而也是企业技术创新的重点和焦点。无论技术创新的过程分为几种类型，企业技术创新能力过程的核心内容是相同的，只不过在某些阶段上的触发因素不同而已。

这个核心过程就是，设计概念产出于以下的原因：

第一，市场的需求、新材料以及新技术等能否使企业得到启发。这决定了技术创新的关键——技术创新能否起步。这里的能力涉及企业信息搜集能力、理解能力和综合能力，这几个方面能力的发挥涉及企业的资源拥有量——

人才、知识与信息。

第二,良好的概念设计能否通过研发成为产品。这决定了技术创新的核心——产品能否成功成形。这里的能力涉及企业的技术基础水平、新技术的整合能力、产品调整的基本技能等,这些方面则表现在企业的相关人力资源、技术资源以及设备资源等方面。

第三,设计好的产品能否适用于企业的生产工艺技术。这决定了技术创新的完成——产品能否生产出来。这里涉及企业开发与生产之间的紧密结合程度、生产工艺的柔性和适应性等。

第四,设计、生产的产品能否达到市场的认可,这决定了技术创新的成功——得到商业化利益。

7.5.2 研发核心能力

1. 研发核心能力概念与特征

研发核心能力即企业所具有的能够通过对企业资源进行独特整合,不断形成核心技术并通过核心产品不断扩散核心技术,从而产生竞争优势的特殊性组织能力。

研发核心能力具有研发能力与核心能力的共有特征,体现在以下六个方面:

一是难以模仿性。不同于普通的标准工艺、技术规范、标准工艺或通用设备,研发核心能力是企业累积性学习和集体学习的结果,具有独特性和模糊性的特点,因而使竞争对手难以模仿。

二是价值性。研发核心能力能够使企业降低成本,提高企业生产效率,为顾客带来独特价值,因而具有价值性。

三是刚性。与企业拥有的实物资产不同,研发核心能力难以从企业主体中分离出来,具有较强的稳定性。这种稳定性在外部环境发生变化时往往体现出抗拒变革的刚性。

四是非竞争性。非竞争性生产要素是指难以通过市场购买、专用性强的企业生产要素。研发核心能力的形式是正式知识转化为非正式知识和默会知识的积累过程,它的使用和分享必须建立在共同经验的基础之上。研发核心能力难以通过市场进行定价和配置,只能通过自身的内部积累获得。

五是整合性。研发核心能力是企业对一系列关键技术和相关技能的整合能力,而不是指企业在某一项技术上拥有优于其他企业的突出能力。

六是外溢性。企业一旦构筑了自身的研发核心能力,就可以充分发挥技术核心能力的辐射作用,通过研发核心能力将核心技术融合到其他相关产品与工艺中,从而持续地创造出新工艺或新产品。

2. 研发核心能力的具体表现

研发核心能力的具体表现包括以下几点:

第一,获得新技术的能力。技术的复杂性决定了企业在创新中必须借助于企业外部力量,不可能总是依靠自身力量进行技术创新。企业通过技术合作或人才引进等方式,可以获得企业急需的新知识与新技术。

第二,创造新技术的能力。只有具备一定技术创新能力的企业才能成为真正的技术企业。企业想要获得新工艺、新技术、新设计,必须通过技术形成自身特有的知识产权。

第三,开放新产品、新工艺的能力。技术创新的价值性最终要通过技术转化将其适时产业化或商业化,转化为新工艺或新产品。

7.5.3 企业研发优势分析

公司的技术水平和技术装备能力是决定公司竞争地位的重要因素。应该如何去分析一家企业的技术优势呢?

技术水平的测试包括两个方面:一是技术的硬件部分,另一个是企业方面的软件。评估技术的硬件部分主要包括生产工艺技术、工业产权专利设备制造和经营管理技术,同时还要试探检测企业的生产能力是什么样的水平,生产规模又是怎么样的,企业扩大再生产的能力如何给企业带来经济效益等。除此之外,企业的人才也是考察的一部分,企业的技能高级人才、专业技术人员以及他们在企业所占的比例是多还是少,研发人员多少,占了企业总人员多少比例,这些都要计算。通过以上方面的考察和测试,全面把握公司的技术装备水平和研究开发创造能力。

目前,世界经济及相关产业结构链正处于高级化发展阶段,新技术新产品的开发显得越来越重要。微电子、光纤通信、生物工程等方面新产品相继推出,股价在较短的时间内就会增长很快。从投资的角度研究新技术新产品的开发,对把握投资的时机和节奏非常有益。

  一般来说,新技术新产品的开发初期,企业存在着较大的风险。同时,一些上市企业对新技术掌握的核心内容有限,结果往往是人们的预想超出了现实。即使股价已上涨得较高,也会引起一段时间的回落。因此,投资者准确判断企业技术水平的提升程度,有着非常重要的意义。

本章参考文献

[1] 戴维·阿克.管理品牌资产[M].吴进操,等译.北京:机械工业出版社,2019.

[2] 冯巧根.成本管理与控制[M].北京:中国人民大学出版社,2014.

[3] 尹元元,朱艳春.渠道管理[M].北京:人民邮电出版社,2017.

[4] 戚风.供应链管理从入门到精通[M].天津:天津科学技术出版社,2019.

[5] 郭富才,金小云.研发困局突围[M].北京:电子工业出版社,2011.

第八章 公司治理结构能力分析

8.1 公司治理结构的定义和目标

张维迎认为,公司治理结构狭义地讲是指有关公司董事会的功能、结构、股东的权利等方面的制度安排;广义地讲是指有关公司控制权和剩余索取权分配的一整套法律、文化和制度性安排,这些安排决定公司的目标、谁在什么状态下实施控制、如何控制、风险和收益如何在不同企业成员之间分配等问题。因此,广义的公司治理结构与企业所有权安排几乎是同一个意思,或者更准确地讲,公司治理结构只是企业所有权安排的具体化,企业所有权是公司治理结构的一个抽象概括。从这个意义上讲,公司治理结构的概念也适用于非公司企业。公司治理结构的目的是解决内在的两个基本问题:第一个是激励问题,即在给定产出是集体努力的结果和个人贡献难以度量的情况下,如何促使企业所有参与人努力提高企业的产出。第二个是经营者选择问题,即在给定企业家能力不可观察的情况下,什么样的机制能保证最有企业家能力的来当经理。

在一定意义上可以说,公司治理的重要目的,就是公司价值的最大化。为了达到此目的,就要通过使企业资本结构最佳亦即资本成本最低来实现。公司治理理论所要解决的主要是企业的投资人如何得到投资回报的方法问题,也就是投资人如何控制代理人的问题。具体就是投资人如何确定代理人没有侵吞其资产,也没有将其资本投资到好的项目上。公司治理涉及与企业利益的一切相关者,如股东、债权人、代理人、职工等,以及企业的经营目标等一系列制度安排或契约,包括股东权益的保障、有效的监督机制、有效的激励机制。理想的公司治理应该是:① 代理人有充分的自主权来管理企业;② 具有有效的激励机制,充分保证代理人以股东利益最大化来行使其自主权;③ 委托人和代理人之间相互能够获得对方的足够信息,即代理人能够知道委托人的期望是什么,委托人也能够知道代理人的行为是否符合其自身利益;④ 公司股东充分独立,可以自由买卖股票。

8.2 股权结构与公司治理

公司价值是公司股权结构的函数,而之所以存在这种函数关系,是因为公司股权结构与促进公司较好经营运作的诸多治理机制方面之间具有相关关系,它对这些治理机制发挥作用具有正面或负面的影响。这些治理机制的重要侧面包括经营激励、收购兼并、代理权争夺以及监督机制。

8.2.1 股权结构与经营激励

公司股权结构对公司治理的作用机理,进而对公司绩效的影响,首先表现为股权的集中或大股东的存在一定程度上有利于公司的经营激励,可以减少代理成本。特别是在最大股东拥有绝对控股权的情况下更是如此。根据霍尔德内斯和希恩(Holderness and Sheehan,1988)对美国纽约股票交易所(NYSE)和美国股票交易所(AMEX)拥有绝对控股股东的公司的研究,90%以上的控股股东派出自己的直接代表(当控股股东为公司时)或自己本人(当控股股东为个人时)担任公司董事长或首席执行官。我国拥有绝对控股股东的上市公司也存在类似的情况。由于董事长或总经理是控股股东的直接代表或控股股东本人,因而这些经营者的利益与股东的利益一致(Jensen and Mecking,1976)。一般而言,这些控股股东在公司中所占的股份比例越大,这种利益的一致性越高,代理成本也就越小。这样,公司就可以在一定程度上避免将现金流量投入净现值为负的项目之中,因为将剩余现金流量作为红利分配对经理而言可能变为较好的选择(Jensen,1986)。另外,经理可能会做出回购股份收缩经营以转移资源这样的好决策。这对行业前景一般的企业来说,无疑对任何股东而言是最为合理与最优的。而这种决策对于所有权和经营权分离的经理而言则是痛苦的,甚至几乎是不可能的(Jensen,1993)。

与此相对应,对于股权极度分散的公司来说,经营者的利益很难与股东的利益相一致。单纯的年薪制与股票期权等对经理的激励措施毕竟作用有限。经营者追求"创造帝国"的意识便会超过其他的选择,利用剩余现金流量乱投资往往不可避免。当然无从谈起让经理用回购股权等方式收缩产业了,因为这类措施直接关系到经理的权力大小问题乃至饭碗问题。

另一方面,在公司股权集中程度有限(例如第一大股东拥有30%股权),但该较大股东又拥有相对控股权,即对公司的经营管理有较大处置权的情况下,公司的经营激励便变得复杂起来。由于相对控股股东拥有一定数量的股权,因而一般情况下也存在一定的激励,又由于该相对控股股东所占的股权比例并不是很大,公司的经营损失对他而言要承担的比例也不是很大。因此,如果某种经营活动对他个人而言会带来收获,对公司而言会带来经营损失,但该种收获的数量大于他按比例应承担的经营损失,则他就会考虑去从事这种对整个公司而言有害的经营活动。因为对他而言,他获得了收益,尽管对其他股东而言,他们承担了损失。相对控股股东的代理人或其本人有时会侵占公司的财产,消费公司的财富,付给自己很高的工资,与他本人控制的公司进行"甜蜜的交易"(sweet-heart deals),投资净现值为负同时对他自己有利的工程,甚至直接地拿走公司的资金(Fama and Jensen,1983)。另外,他还可能不顾债权人的利益,也不顾股东的反对而从事风险很高的经营活动。

8.2.2 股权结构与收购兼并

公司购并是一种非常关键的治理机制,它可以导致合并后的公司价值大于收购公司与目标公司价值的简单算术之和,而且,收购兼并的目标公司往往是绩效较差的公司,成功的收购将可以更换原公司经理,因而被认为是控制经理的最有效方法之一(Martin and MeConnell, 1991; Shleifer and Vishny,

1997)。毫无疑问,购并频率直接影响了公司经理的更换频率。一股而言,拥有绝对控股股东的公司,成为收购兼并的目标公司的可能性往往相对较小。斯塔茨(Stulz,1988)得出结论认为,经理所持的股份比例越多,则收购方标价收购该公司获得成功的可能性越小。而且在收购成功的情况下,收购者需要额外支付的金额也越大,这表明了控股股东对收购兼并的抵制心态。在该公司是由其创始人或创始人的子孙持有控股股权的情况下,公司被收购的可能性更是微乎其微。除非该公司的财务情况已非常恶劣,公司也已濒临绝境了。

另一方面,股权分散对于收购兼并非常有利。分散的股权使得收购方极易标价收购而获得成功。这也就是在英美两国收购兼并作为一种重要的机制被企业界普遍使用的原因。在这两个国家里,公司由控股股东或大股东所控制的情况相对较少,这与德国和日本的情形相反。同时,可能与股权分散相辅相成的是,英美两国均拥有大而流通性好的资本市场。这也为收购兼并的流行打下了基础。

在股权相对集中、公司拥有几个大股东的情况下,情况趋于复杂化。毫无疑问,对于外部收购者(原来并不是公司股东的收购者)而言,拥有大股东的公司的大股东对他的收购会产生异议,或许会要求提高收购价,因而阻止收购的成功。但若收购者为公司的大股东之一,则可能有利于其收购的成功,因为一方面收购方已拥有了不小的股权,只要获取另外一小部分股权,便可以获得成功,这就减少了收购方的成本;另一方面,收购方作为大股东之一,对被收购公司的情况定会有所了解,这对他的收购而言,也是非常重要的。施雷佛和维什尼(Shleifer and Vishny,1986)甚至认为,取得大股东地位是收购方收购成功的必要条件。

8.2.3 股权结构与代理权竞争

经理市场的存在或经理更换的压力,是促使经理努力工作的重要原因(Fama,1980)。代理权竞争是股东约束仍无法促使经理为公司价值最大化努力的最后武器,是对经理进行约束的重要机制。而公司的股权结构,对这一机制的实施至关重要。

在最大股东拥有控股股权的情况下,该控股股东所委派的代理人不大可能在与其他人争夺代理权的过程中失利。除非该代理人已不被控股股东所信任,他才有可能不得不交出代理权。而要让控股股东认识到自己所作任命的错误,或了解到自己所委任的代理人的经营错误,或者说发现自己所拥有公司的经营情况与同类公司相比确实很糟糕,则往往成本高昂。因此,股权的高度集中一般而言不利于经理的更换。

而在股权高度分散的情况下,一般意义上的所有权与经营权的分离已非常充分。此时,经理或董事长作为经营决策者,在公司治理结构中的地位变得较为突出或非常关键,由于他们对公司经营的信息掌握得最充分,因而他们的意见和看法很容易影响那些没有机会参与公司经营的信息不对称的小股东。而在股权分散的情况下,这些小股东在投票时的作用往往不是很大,并且,"搭便车"的动机会使得这些股东缺乏推翻现任经理或董事长的激励。这就导致在股权较为分散的情况下,经理更换的可能性变得较小。

股权较为集中,但集中程度有限,并且公司又有若干个大股东这种股权结构,可能是最有利于经理在经营不佳的情况下能被迅速更换的一种股权结构。这是因为:首先,由于大股东拥有的股份数量较大,因而他便有动力,可能也有能力发现经理经营中存在的问题或公司业绩不佳的情况及症结所在,并且对经理的更换高度关注;其次,由于他拥有一定的股权,他甚至可能争取到其他股东的支持,而使自己能提出代理人人选,并且成功地获得多数股权的同意;最后,在股权集中程度有限的情况下,相对控股的股东的地位容易动摇,他强行支持自己所提名的原任经理的可能性会变得较小。

8.2.4 股权结构与监督机制

对公司经营管理的监督机制,是公司发展、绩效提高以及确保资金和资源得以流向公司的重要保障。对转轨经济来说,内部人控制现象的存在(青木昌彦,1995;费方域,1996b)使得股东对经营者或公司内部控制者的监督更为重要。同时,如果缺乏监督,资金提供者(个人、银行乃至国家)便不敢向公司提供资金或购买股票。当然,投资萎缩对单个公司乃至整个国家的后果将非常严重。

尽管国家或有关组织机构通过法律规定或其他途径,如在公司法中规定上市公司须成立监事会,让独立审计机构审计公司、公开信息披露等,可以在一定程度上监督经营者或内部控制者,但真正有效与直接的监督,可能还是来自股东的监督。而股权结构对于股东监督同样具有至关重要的作用。

当公司拥有控股股东时,若公司的经营者非控股股东本人,而是他的代理人,则该控股股东会有动力监督该代理人。而且这种监督,一般情况下是有效的,因为控股股东是法律上的公司主要所有者,而且他具有直接罢免经理的权力。即便控股股东为国家,例如对我国的国家控股的公司而言,各级政府或党的组织机构也因国家拥有控股权,而对公司的经理及经营情况进行着直接的监督,并做出更换及任命经理的决策。

但是,在公司拥有控股股东而其他股东均为小股东,同时公司经营者又是该控股股东本人的情况下,小股东对经理的监督便成为问题。因为小股东往往无法对控股股东本人形成直接的挑战。

在公司股份分散的情况下,对经理的监督便成为一个非常严重的问题。由于监督经理是要付出成本的,因而分散的股东们便各自存有"搭便车"的动机而不去对经理进行监督。除此之外,由于从避免干扰经营班子经营等因素出发作为立法依据,世界上大部分国家的法律对小股东起诉经营班子或经理本人均不提供诉讼支持。这就使得小股东对股权分散的公司的监督更趋困难。

而在那些有相对控股股东或其他大股东的股权相对集中的公司,股东对经理进行有效监督具有优势。在经理是相对控股股东的代理人的情况下,其他大股东因其持有一定的股权数量而具有监督的动力,他们不会像小股东那样产生"搭便车"的动机,监督成本与他们进行较好监督所获得的收益相比,后者往往大于前者。另外,极大部分国家的法律都支持大股东对董事会或经理的诉讼请求,这就使得大股东在监督经理方面具有较大的优势。因此,整体而言,此类股权结构的公司在股东监督方面的好处较为突出。

以上分析可由表 8.1 具体概括。

表 8.1　不同股权结构对公司治理机制作用的影响

股权结构 治理机制	股权很集中, 有绝对控股 股东	股权很分散	股权有一定集中度, 有相对控股股东,并 有其他大股东存在
经营激励	好	差	一般
收购兼并	差	好	一般
代理权竞争	差	差	好
监督机制	一般	差	好

8.3 激励机制与公司治理

激励机制是为解决委托人与代理人之间关系的动力问题的机制,即委托人如何通过一套激励机制促使代理人采取适当的行为,最大限度地增加委托人的效用。一个有效的激励机制能够使企业经营者与所有者的利益一致起来,使前者能够努力实现公司所有者利益即公司市场价值的最大化,而不是单纯追求公司的短期利益,其目的是吸引最佳的经营人才且最大限度地调动他们的主观能动性,防止偷懒、机会主义等道德风险。

8.3.1 激励机制

1. 年薪制

在现代企业中,两权分离,股东和经营者利益目标不一致导致了股权的代理成本。按照劳动时间或等级支付的固定报酬只能"买到一个人的时间,买到按时或按日计算的技术操作,但买不到热情,买不到创造性,买不到全身心地投入"。从西方经理报酬计划看,激励性的报酬对经营者更有吸引力。经理的薪酬一般实行年薪制,这是一种国际上较为通用的支付企业经营者薪金的方式,它是以年度为考核周期、把经营者的工资收入与企业经营业绩挂钩的一种工资分配方式,一般分为基本薪金加风险收入。基本薪金主要依据企业经济效益水平(薪酬调查)和企业经营规模及支付能力而确定,保障经营者的生活需要;风险收入则依据本年度经营者的经营业绩,按基薪收入的一定比例来确定,并设置奖励收入,激励经营者提高企业经济效益。实行年薪制的经营者还需缴纳一定的风险抵押金,风险抵押金由企业专户储存,并按银行一年期利率计息。经营班子其他成员按年薪的计发比例缴纳风险抵押金。风险抵押金以现金或有价证券、房地产等缴纳、抵押,风险抵押金在经营责任期满或经营者工作变动时经审计终结后返还,用于部分抵补由于决策失误和经营不善给企业造成的损失,使经营者真正承担经营风险。

年薪制的实行可以较好地体现企业经营者的工作特点,因为一般企业的生产经营周期和财务周期都是以年度计,可以比较完整直观地反映经营者的工作绩效；同时在工资分配关系上突出经理人力资本的重要性，体现经理人在经营中发挥的职能；有利于经理个人收入与公司经济效益挂钩，体现利益、责任、风险一致的原则，在激励机制中又加进了约束机制的成分。但为了弥补年薪制主要取决于当年经营效益状况而使经理人行为短期化这一缺点，通常辅之以股票期权制，激励经理对公司长期业绩的追求。

2. 股票期权计划

经理股票期权计划是指对公司高级管理层实行的一种长期激励机制，在某个特定的时期内，以一个固定的执行价来购买一定数量本公司股票的权利。获得激励股票期权的雇员可以按预先确定的执行价购买本公司股票，而后再高价位抛出以获得收益。这种激励机制使股东与管理层双方利益趋同，减少管理者的短期行为，缓解委托一代理矛盾，使经营者或管理者的角色发生转变，即由单纯的代理方转向管理者和所有者的双重职能，从而使其更加尽职尽责，达到激励经营管理者而取得公司利益最大化的目的。针对中国上市公司经理层报酬偏低、激励机制缺位等问题，经理股票期权可以改善经理报酬水平与报酬结构，提高经理层"偷懒"与"寻租"的成本；降低工资费用支出，缓解高科技企业迅速扩张过程中现金流的需求；改革企业内部分配关系，让管理者分享企业成长的收益；在知识经济时代中留住企业长远发展所急需的高素质人才；优化股权结构，促使企业投资结构、主体多元化，并有利于解决"内部人控制"问题。

但是另一方面，从我国进行股票期权制度的试点实践来看，关于实施股票期权的股份来源、股票期权行权价的确定、股票期权的授予时机选择以及股票期权的授予者与授予对象等问题，实际上仍然是上市公司激励性股票期权设计过程之中最为关键性的问题。

实行股票期权计划的公司必须储备一定数量的股票，以备期权持有者行权时使用。从美国的上市公司来看，股票期权行权所需股票的来源有两个：一是公司发行新股票，二是公司通过留存股票（Treasury Stock）账户回购股票。留存股票账户是指公司将自己发行的股票从市场购回的部分，这些股票不再由股东持有，其性质为已发行但不流通在外。公司将回购的股票存入留存股票账户，根据股票期权的需要，将在未来某时再次出售。

股票期权是根据企业业绩指标来认定奖给经理人员的，而不去管业绩是来自经理人员的努力还是企业的整体发展、经济形势的好转。股价高低由多种因素决定,并不总能反映经理人员的经营业绩,经理人员的努力程度也不能自动从股价波动中反映出来。这一计划使经理对市场变化过于敏感,而这些变化往往超出他们的控制范围,就这方面而言,起不到长期激励的作用。

3. 控制权激励

在工业革命以前,所有者兼经营者在企业中拥有利益、权利和运营的控制权。19世纪以后,职业经理人使得运营和权利从三项职能中分化出来,所有者只拥有法律上和事实上的利益,而经营者却拥有法律上和事实上的权利。掌握经营的控制权既满足了经营者优越于他人的需要,又使得经营者具有职位特权,享受职位消费,给经营者带来正规报酬激励以外的物质利益满足。

因为控制权可以给经营者带来很多非货币性收益,所以在面对企业内部的监督和外部接管、兼并、重组等经营者控制权的威胁时,需要经营者在"享受"的同时自律,约束自己的机会主义行为。

企业的资本结构不同,在企业中拥有主导力量的权利方也不同。

在家族企业中,股权集中,负债率高,权利主要控制在家族成员手中,经营者的激励根本不是问题,以血缘为纽带的家族成员内达成权利分配和制衡。

在股权相对集中、法人相互持股的内部监控治理模式的企业中,负债率高,银行贷款是企业主要筹资渠道。银行同股东一样实质性参与监控,无论银行是否对企业持股,作为大投资人,在状况不好时拥有控制权是有效的,甚至不需法院的介入就能完全控制企业。因此,经营者和银行合作商榷,以免自己的职位被剥夺。

在股权相对分散、证券市场筹资是企业主要资金来源的外部监控治理模式的企业中,负债率较低。虽然普通股拥有投票权,不集中的股权控制权是弱的,而弱股权就会造就强管理者。虽然这类企业债务资本的来源多是债券市场而非银行,由于"债务违约可以使贷款人剥夺经理的控制权利益"(Grossman and Hart,1982),不集中的债权和不集中的股权相比仍是强硬的。在这类企业里,经营者更容易掌握控制权,如果他们拥有一定量的股份,"少量的股票利益并不能对经理提供足够的激励去最大化利润,反而给他们更大的激励耗费掉额外所得"(Jensen and Meehling,1976),并且随着股份的增加,控制的权利增大。

在企业的控制权争夺战中,经营者为了保住自己的职位,会联合或抵制某一(些)权力方。在 20 世纪初,标准石油公司的董事会主席通过所有董事、拥有股票的员工以及通过宣布 50% 的红利吸引股东来和大股东洛克菲勒较量。在 20 世纪 80 年代的并购接管大潮中,经营者为了不在大投资者转变中丧失控制权,通常宁可牺牲股东的利益,采取"毒丸计划"来抵制接管。

对于经营者所拥有的控制权大小是动态调整的过程,控制权产生的在职消费一方面造成股东财富浪费,另一方面也对报酬激励有替代性作用,经营者在报酬较低的情况下,只要能保证较高的在职消费,职业经营者的角色仍是非常具有吸引力的。

4. 声誉激励

廉耻之心强于私利。管理学把声誉作为终极激励手段,经济学从追求利益最大化的理性假设出发,认为经营者追求良好声誉是为了获取长期利益。在经理市场上,如果说报酬是经营者的价格信号,那么声誉则是经营者的质量信号。

仍是追溯到资本主义初期,从事海外贸易的企业中,从事案牍工作的投资者对雇用的机灵的海外代理人,除了给予利益分享以外,就要依赖对限制机会主义行为起有力激励作用的、使代理人能保持国内有身份商人的信誉。

资本结构理论中,戴蒙德(Diamond)的声誉模型说明了企业如何通过及时归还它们的借款来建立作为良好借款者的声誉。同理,经营者为投资者提供他们期望的回报,因为经营者想以后到资本市场并集资,因此需要良好的风险声誉以使未来投资者确信并把钱投给他们。从长远来看,声誉是"多次重复交易基础上的长期信任"(Milgron,Roberts,1992),建立和重视声誉激励会克服经营者为应付投资者回报而采取"寅吃卯粮""拆东墙补西墙"的短期行为。

另外,声誉激励可以反映经理经营者对未来的预期。如果经营者对未来预期乐观,则会重视声誉,反之,则会重视现期收入。

8.3.2 委托代理模型

代理人的生产函数为:

$$y(a)=a+\varepsilon \tag{8.1}$$

式中：$y(a)$ 是可以观测的产出结果；a 是代理人的行为；ε 是白噪声，$\varepsilon \sim N(0,\sigma^2)$。

现在假定代理人的报酬 $w(y)$ 是产出 y 的线性函数：

$$w(y) = s + b \cdot y \tag{8.2}$$

式中：s 是代理人的固定报酬部分，如工资；b 是代理人的浮动报酬部分，如奖金率或利润留成率。

代理人获得的收益 p_1 为：

$$p_1 = w(y) - c(a) \tag{8.3}$$

式中：$c(a)$ 是代理人采取行动 a 的成本。由定义可知，$c(0)=0$，即代理人不采取任何行动是成本为 0；这时，$E[y(a)] = E(0+\varepsilon) = E(\varepsilon) = 0$，即 $E(y)=0$。$c(a)$ 具有性质：$c'(a) > 0$，$c''(a) > 0$。

委托人获得的收益 p_2 为：

$$p_2 = y(a) - w(y) \tag{8.4}$$

委托人获得的预期收益 $E(p_2)$ 为：

$$\begin{aligned} E(p_2) &= E[y(a) - w(y)] = E[y(a)] - E[w(y)] \\ &= E(y) - E(w) \end{aligned} \tag{8.5}$$

8.4 公司治理的国际比较

8.4.1 美国公司的股权结构和治理结构

美国是现代市场经济发展最为成熟的国家，有各种公司 700 多万家。在特定的历史、经济和法律条件下，现代美国公司具有高度分散化的股权结构。

美国公司的股权分散化和企业的融资方式直接相关。与其他发达国家不同，美国企业的融资方式是以直接金融为主，间接金融为辅，即企业主要通过发行股票和企业债券的方式从资本市场上直接筹措长期资本，而不是依赖银行贷款。这一特点是由美国实行的金融体制所决定的。虽然美国商业银行众多,约有1.4万家,但美国法律规定,银行只能经营短期贷款,不允许经营7年以上的长期贷款。这样,美国企业的长期资本就无法通过银行间接融资,而要依靠证券市场直接筹集。美国是具有反垄断传统的国家,美国公众向来反感由于财富集中和垄断而压抑公平竞争,联邦政府为了迎合大众情绪,通过诸项限制持股人的法案。1863年的国家银行法把银行限制在州的范围内,其他的立法又将商业银行和投资银行分离开来,并对其所持股数额进行限制。通过这些立法,银行的势力得到限制,同时也较早地造就了相当成熟的美国证券市场。另一方面,为了适应企业外部直接融资的需求,美国非银行的各类金融机构逐渐发达起来,各种养老基金,互助基金,保险、信托公司成为企业筹措资金的极其重要的中介机构。

股权的高度分散化,导致了公司所有权和经营权分离,公司的大权大都掌握在经营者手中。股东一般无意也无力对公司经营加以控制。因为现代公司的经营管理日趋复杂,股东由于缺乏专门的知识和信息难以对公司经营提出意见,而且众多分散的股东要相互取得联系并达成一致协议来监控公司经营者,势必需要付出高昂的监督成本。加上单个股东一般认为关注公司经营所付出的代价与最终给自身带来的利益并不相称,因为这里还存在一个避免成为"免费搭车"牺牲品的问题,即如果某些股东为关注公司的经营付出了监督成本,而由此得到的绝大部分利益却被其他股民无偿分享了,反而得不偿失。这就更使得一般股东没有直接监督和左右公司经营者的积极性,而是把关心公司经营的兴趣转向关注股票收益率的升降上,以便用简便的"用脚投票"取代费心费力的"用手投票"。目前美国最重要的股东是机构投资者,尽管它们在公司的股票份额有很大比率,但是这些机构投资者并不是真正的所有者,它们只是机构性的代理人,是为本基金的所有者和受益者来运用资金的。所以它们往往是所谓"被动投资者",而不同于那些持股比重大的个人大股东。一般而言,拥有能够左右公司股权的个人大股东在公司经营不佳时,会直接要求召开股东大会或董事会(个人大股东往往可能是董事长)修改公司经营战略,改变公司人事安排。而对于机构投资者来说,他们主要关心的是公司能付给他们多高的红利,而不是企业经营的好坏和实力的强弱。一旦发现公司绩效不佳使所持股票收益率下降,他们的反应往往是迅速抛售以改变自己的股票组合,而无意于插手改组公司领导班子或帮助公司改善经营。

机构投资者的这种消极行为是出于以下两个原因：一是机构投资者的持股目的和投资标准是获取利润，向基金参与者支付收益，如养老基金支付的养老金等。因此它们往往要在股票的股息率和其他的证券收益率如存款利率、债券利率之间做出权衡，在股票收益率高的时候才会购买股票。机构投资者还要根据股息、股价在各种不同的股票之间做出权衡，选择购买良性股票。这样，机构投资者就会选证券收益高者投资，而不会长时间地持有一种股票。另一个原因是美国有关法律的限制。根据法律规定，保险公司在任何一家公司所持股票不能超过公司股票总值的5%，养老基金会和互助基金会不能超过10%，否则就会面临非常不利的纳税待遇，它的收入要先缴公司税，然后在向基金股东分配收入时再纳一次税。这样，尽管一些基金的资产甚至达到几十亿美元，但在一个特定的公司中，并不总是处于优势地位。此外，机构投资者的逐利动机也使它们所持股票具有较强的流动性。

在现代公司的运作中，股权结构是公司法人治理结构的基础，美国的以机构投资者为主和分散的个人股东持股为特征的股权结构，必然给公司的法人治理结构带来巨大影响。

第一，高度分散的股权结构造成了经营者的短期行为。由于股东判断企业经营优劣的标准主要是股金分红率和股票价格的高低，公司经营者在股东追求短期利润和高分红率的巨大压力下，不得不以满足股东收益最大化为经营目标。股东投资行为的短期性导致公司经营者把主要注意力集中在近期或季度性利润上面，美国公司的经理和董事所得到的有关所有者预期的信息即：逐月逐季地提高盈利水平，股东将维持或增加投资；如若盈利下降，股东就出售股票。这就使得生存在激烈竞争环境中的公司经营者们对短期目标更为注重，从而损及企业的长期发展。

第二，频繁易手的公司股权使美国公司资本结构的稳定性差。因为股东追求收益率最大化的预期势必导致股份不断转手，这不仅使公司的长期发展没有稳定的资产结构的保障，而且很容易形成企业兼并接管的动荡。美国持股者的短期性及因此引起的频繁的股票交易，导致公司接管与兼并事件频频发生。兼并活动对公司管理人员具有极为重要的影响，因为公司被兼并接管后原班经理人员一般被撤换，经理人员的人力资本因此受到损失。从积极的方面看，公司控制权的易手可能是淘汰平庸无能的经理们的绝好方式，它使公司经营者时刻面临着敌意接管的压力和威胁,即如果你经营无方,那么虎视眈眈的接管者随时会将你淘汰出局并取而代之。股东们也可通过替换不称职的经营者来改善自己的投资收益。不过值得指出的是,兼并过程中经常出现的敌意接管也可能对公司行为产生消极影响,因为公司的正常运作要以稳定的资本结构为基础,敌意接管对公司产生的震荡,难以使所有者和经营者保持长期的信任和合作,甚至使经理人员在将被替代预期支配下,可能使公司行为更加短期化。

第三,美国公司治理结构中的经营者中居有支配地位。美国公司的董事会一般多由高层经理及其推荐的人员担任,实行高度的自主经营。股权的高度分散使来自公司内部的监督作用弱化,往往发生大公司高层经理人员玩忽职守和谋取私利的问题。

美国高层经理人员的监督主要是来自公司外部市场机制的约束,外部市场机制监控虽然对经理人员起到了巨大的激励和鞭策作用,但是外部监控毕竟是一种事后调整的手段,发生作用时公司已经遭受难以弥补的损失。因此,现代经济学研究认为是,股权的过度分散化极大地削弱了公司内部所有者与经营者之间的制约和均衡关系,对公司长期稳定的有效经营是十分不利的。

8.4.2 日本公司的股权结构和治理结构

日本是一个后起的并成功实现经济赶超的发达国家,当今的日本现代企业治理结构脱胎于其前身——财阀集团式家族企业,因而具有非常明显的东方特征。日本作为一个资源贫乏的岛国,生存和发展存在着巨大的压力,使得日本企业始终具有强烈的群体意识和凝聚力。日本公司制度的特点是由其经济本身的特殊性决定的,主要表现在以下几个方面:

第一,法人持股,特别是法人相互持股是日本公司股权结构的基本特征,故日本公司又有"法人资本主义"的别称。战后的日本经过民主改革、解散财阀,并强行出售原财阀体系企业的股票,在20世纪50年代曾经出现过所谓"大众投资时代"。但在20世纪60年代中期发生"证券危机"后,日本采取了通过日本银行贷款买入大量股票进行冻结的措施。当股票价格复苏时,为了配合当时日本推行的"稳定股东"的政策,即防止外国公司通过购买股票而吞并日本公司,这些股票便被卖给了稳定的法人股东。由此,日本公司的法人持股迅速发展,个人持股率则持续下降。

日本公司的大部分股权主要控制在法人手中,即金融机构和实业公司。通常情况下股票占有的基本方式是单向持有,而日本法人持股却采取相互持股的方式。产生这种情况的重要原因在于日本的经济立法和欧美不同,日本对企业间的相互投资不加限制。这也同日本企业组织的财阀体系传统有一定的关系。相互持股往往发生在一个企业集团内的各个企业之间,它在消极意义上是为防止公司被吞并,在积极意义上则是为了加强关联企业之间的联系。同时这种现象还表明了日本企业之间的相互联系不同于欧美:日本企业之间的联系更为稳定和长期,通过公司相互持股有助于建立长期稳定的交易关系,从而维持稳定可靠的经济环境。日本的法人相互持股,是公司与公司之间、银行与公司之间相互持股。这种相互持股并不是漫无边际,公司相互持股主要是集团企业内部,整个集团便形成了一个大股东会。例如三菱集团企业平均持有集团各成员股份的29%,三菱集团系列企业的经理会实际上就是股东大会。

第二,间接融资和银行直接持股是日本公司治理结构的突出特点。作为后起的资本主义国家,日本没有形成像美国那样非常发达的证券市场,日本企业的融资体制主要是以银行贷款为主的间接融资。由于日本企业自有资本比例较小,从战后经济恢复时期至高速增长时期,企业对银行贷款的依赖程度不断提高。而且日本银行和企业之间的关系是比较固定的,一旦结合就很少变动。不仅如此,日本所有大公司都有自己的主要贷款银行,这是从战时金融机构对指定公司提供军需贷款的制度沿袭下来的。主银行制度是把在某企业接受贷款中居第一位的银行称为该企业的主银行,而将由主银行提供的贷款叫作系列贷款,包括长期贷款和短期贷款。当企业发生危机时,主银行一般都采取救助措施。同时,银行对企业持股也有大幅度的增加,而且持股大都集中在以本银行作为主银行的公司股票上,这样便进一步强化了主银行体制。

第三,经营者掌权和银行监督是日本公司治理结构的普遍现象。在法人相互持股的股权结构下,日本公司中经理人员拥有高度的经营自主权。由于法人之间的相互持股、股东的影响力往往在集团内部相互抵消,互相之间形成默契、互不干涉。而且法人相互持股的目的是建立长期稳定的交易关系,在一般情况下也没有必要干预企业的内部事务,反而形成支持经营者的一种强大力量。因为日本个人持股率很低,个人股东在日本大公司权利体系中基本不起作用。与美国公司股权分散所形成的所有权与企业经营控制权分离而经营者成为企业权力主体不同,日本企业中经营者权利主体地位的确立是建立在占压倒优势的法人相互持股基础上的。

那么,在法人持股的情况下,法人股东具有怎样的约束作用呢?这主要表现在以下两个方面:

首先,日本企业集团持股的公司之间既有相互支持的一面,又有相互控制的一面。日本企业集团设有由大公司头头组成的经理会,实际上就是企业的大股东会,他们的意见在全体股东会议当然居于主导地位。如果某公司经营效益很差或经营者不称职,经理会就可以提出罢免意见。日本三井集团属下的三越百货公司的前社长因公司经营状况恶化被解职的例子,就可以清楚地表明法人股东在危急时刻所发挥的约束作用。三越百货公司在经营状况恶化和经营手段遭到批评期间,公司董事会并未对公司社长提出处理意见,这是因为董事是在内部产生并由社长推荐选出的,而社长又由董事相互推选。所以,社长不会推荐那些不信任自己的人当董事。但是在多边法人相互持股的情况下,公司经营得好则大家相安无事,一旦公司绩效太差,各法人股东便会在经理会上群起而攻之。在三越百货公司经营日益走下坡路而公司董事会又难以胜任监督之责时,三井集团的经理会决定解除其社长职务并重组董事会。

其次,日本公司的经营者受到来自主银行的有力监督。主银行既是公司的持股者,又是主要贷款者,所以银行关心的主要不是股息,而是通过与企业的贷款交易以及与此有关的各种金融交易来获得长期收益,并保证投资安全。因此银行不能不关注公司的经营状况,而且处在银行的位置上,监督企业经营是很便利的。日本主银行与企业的关系主要有两个特征:一方面,银行作为公司的主要股东,它们并不对这些公司的经营实施直接控制,在盈利情况良好的条件下,银行只是作为"平静的商业伙伴"而存在。它们权力只是在公司绩效恶化的情况下才是可见的。另一方面,如果公司盈利开始下降,主银行由于所处的特殊地位,能够很早就通过营业往来账户、短期信贷、与公司最高管理层商业伙伴的长期个人交往等途径获取信息,及时发现问题。如果情况继续恶化,主银行就可以通过召开股东大会或董事会来更换公司的最高领导层。

因此,日本公司法人相互持股的股权结构形成了公司治理结构有效运转的有利条件和坚实基础,这种股权结构既给予经营者充分的经营自主权,又保证了对经营者的有效监督;既维护了所有者的权益,又促进了企业长期稳定的发展,使两者得到了统一。但是,日本的股权结构也存在一些问题,长期以来法人间的互持股通常预先约定不出让股权,由此造成日本股票市场上市的股票数量很少。过少的供给引来了大量投机者入市,使股价高涨,加之20世纪80年代日本中央银行以扩张性的货币政策支持经济增长,就使证券市场和房地产市场出现了轮番上涨的正反馈振荡。所以法人相互持股被看作日本"泡沫经济"形成的一个重要原因。20世纪90年代以来,股票市场和房地产市场的疯涨,导致日本"泡沫经济"破裂,使银行背上大量不良贷款的包袱,日本一些大企业也因利用股票升值机会进行了大量的增股筹资并进行投机交易而造成巨额赤字,"泡沫经济"破裂导致的不景气至今仍在困扰着日本经济的发展。

8.4.3 德国公司的股权结构和治理结构

德国是老牌的资本主义国家,百余年的公司实践和立法进步,使德国公司形成了包容所有者、经营者和企业员工多元利益的法人治理制度。

德国企业采用高度集中的组织形式,德国的股份公司大约70%都已康采恩化,在德国经济中占据着举足轻重的地位。在德国公司股权结构中,最大的股东是金融公司、创业家族、保险公司和银行,而且它们的持股一般比较集中。德国至少从俾斯麦时代起,就认识到通过银行的作用来促使经济增长。银行一开始只是公司的债权人,但当银行所贷款的公司到证券市场融资或拖欠银行贷款时,银行就变成了该公司的大股东。银行可以持有一家公司多少股份,在德国并无法律上的限制,但其金额不得超过银行资本的15%。

按照德国的传统做法和有关法律,拥有公司10%股权的股东在监事会中有一个席位,这就使得大股东在公司绩效下降时可以对经理人员施加影响,使其按照自己的意图行事。如德国的三大银行就是通过自身持股及小股东委托投票这两个重要手段,控制了德国众多公司的权力并通过选举代理人进入公司监事会对经营者进行监控。

由于主要股东很少参与股票市场交易,德国股票市场不很发达。首先,德国的股份公司较少;其次,德国证券交易所的成交量相对较小,这样,德国股票市场对公司的影响就比较小,德国公司的经理们不必像其美国同行那样过分敏感于股票的升降起伏。德国公司的大股东持股相对比较稳定，不因公司绩效的暂时下降而迅速出售股票。通常情况下，当公司经营不善时，往往是由银行大股东出面对公司加以干涉并改组董事会。所以德国银行具有和日本银行类似的作用。在德国，一个对公司持股最大的银行被称为主持银行，通过贷款并向公司派驻监事。主持银行能够比较容易地获取公司内部信息，从而有效地对公司实施监督。

德国公司治理结构区别于其他国家公司制度的重要特点是职工参与决定制度。由于德国在历史上曾是空想社会主义和工人运动极为活跃的国度，早在200年前早期社会主义者就提出职工民主管理的有关理论。1848年，在法兰克福国民议事会讨论《营业法》时就提议在企业建立工人委员会作为参与决定的机构。1891年重新修订的《营业法》首次在法律上承认了工人委员会。德国魏玛共和国时期制订的著名的魏玛宪法也有关于工人和职员要平等与企业家共同决定工资和劳动条件，工人和职员在企业应拥有法定代表并通过他们来保护自身的社会经济利益等规定。尤其在第二次世界大战以后，随着资本所有权和经营权的分离，德国职工参与意识进一步兴起，德国颁布了一系列关于参与决定的法规。

德国职工参与制度的内容非常广泛，涉及公司各个决策系统。在公司高级领导中，职工进入公司监事会、董事会来保护职工利益，即所谓"监事会参与决定"。在公司中下级领导层中，建立企业职委会维护职工利益，即所谓"企业职委会参与决定"。公司监事会参与决定与企业职委会参与决定有着重要区别是：① 前者是被固定在社会法律机构之中，因此它在公司重大决策过程中处于有利地位。后者则不是社会法律系统中的组成部分，因此它只能从外部对决策产生影响。② 前者是职工参与决定的高级形式，它通过选派职工代表进入监事会参与公司重大经营决策。后者是职工参与决定的低级形式，旨在通过劳动合同建立起来的劳资关系限制资方权限，由此保障职工的利益。德国公司虽然以职工参与制著称于世，但职工参与决定制度能在多大程度上真实发挥作用仍是众说纷纭。例如1982年德国工会联合会进行的关于确定工会利益重点的民意调查时，只有8%的公民提到参与决定制，在总共11项任务中参与决定只占第9位。不过，参与决定制毕竟使职工在公司的决策机构有自己的发言人，因此能在一定程度上减少劳资摩擦和对立，这正是德国社会市场经济原则所强调的。而且职工、职员、高级经理人员分别选举的代表进入监事会,使得公司决策比较公开,因而有利于对公司经营的监督。同时职工参与决定制还有利于公司的稳定和持续发展,因为职工在监事会占有一定的席位,一定程度上减少了公司被兼并接管的可能性。

8.4.4 通过国际经验比较得出的认识

通过对公司治理结构的国际经验比较,可以得出以下几点认识:

第一,公司治理结构的有效运转需要适当的所有权结构作为基础。主要市场经济国家公司实践的经验表明,所有权的过度分散容易导致公司行为的短期化,不利于公司长期稳定地发展。传统经济学认为法人相互持股容易产生垄断行为,使公司经营者有可能相互勾结从而侵犯所有者的利益。美国法律禁止法人相互持股就是基于这一考虑。但是日本和德国的公司实践证明,企业之间、银行等金融机构与实业公司之间的法人相互持股,不但没有造成垄断和侵犯股东利益,相反,法人持股使公司各法人股东之间形成了一种相互支持、相互控制、相互依赖的协调关系,形成促进公司长期稳定发展的强大推动力。

第二,公司治理结构的有效运转需要适当的监控体系。由于所有者、经营者、劳动者对公司经营的目标函数不一致,现代公司中拥有高度自主权的经理人员的行为就可能有悖于股东和职工的利益。因此在制度上要切实完善对经理人员的激励、监督和制约的有效手段。实践表明,限制可以与经理人员日趋增长的力量相抗衡的机构投资者、银行和法人股东的监督作用,并不是明智的选择。日本的主银行金融体制和法人持股,德国的银行代理投票和职工参与决定,都产生了有利于公司绩效的积极影响。

第三,公司治理结构的有效运转需要正确地发挥资本市场的作用。资本市场包括股票市场和长期债券市场。在股票市场方面,美国由于鼓励直接融资致使股权分散、股票流动,因而股票市场的作用比日本、德国大得多。而在长期债券市场方面,美国存有诸多限制,而日本、德国银行则与企业保持着长期密切的联系,筹资方式是以银行贷款的间接融资占主导地位。实践表明,间接融资方式更有利于企业的长期绩效和持续发展。

8.5 案例分析

8.5.1 华为治理结构与股权结构分析

华为技术有限公司(以下简称华为)成立于1988年,最初是一家生产公共交换机的香港公司的销售代理。由于采取"农村包围城市,亚非拉包围欧美"的战略策略,华为迅速成长为全球领先的电信解决方案供应商,专注于与运营商建立长期合作伙伴关系,产品和解决方案涵盖移动、网络、电信增值业务和终端等领域。

在企业管理上,华为公司积极与IBM、Hay Group、PwC和FhG等世界一流管理咨询公司合作,在集成产品开发(IPD)、集成供应链(ISC)、人力资源管理、财务管理和质量控制等方面进行深刻变革,建立了基于IT的管理体系,在企业文化上坚持"狼性"文化与现代管理理念相结合,其薪酬和人力资源管理上的创新是吸引众多优秀人才进入华为的重要原因,其中股权激励扮演着重要角色。

华为愿景:丰富人们的沟通和生活。

华为使命:聚焦客户关注的挑战和压力,提供有竞争力的通信解决方案和服务,持续为客户创造最大价值。

华为价值观:公司核心价值观是扎根于他们内心深处的核心信念,是华为走到今天的内在动力,更是他们面向未来的共同承诺,它确保他们步调一致地为客户提供有效的服务,实现"丰富人们的沟通和生活"的愿景(参见图8-1)。

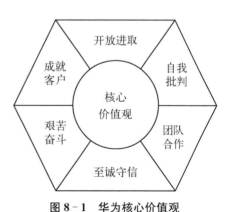

图8-1 华为核心价值观

1. 华为股权结构演变历史

华为公司内部股权计划始于1990年即华为成立三年之时,至今已实施了四次大型的股权激励计划。1987年任正非等6人在创建华为公司时,6人均衡持股,资本金21 000元,员工14人。90年代初,股份合作制改革促进华为实行职工全员持股制度,之后,国家与深圳对股份公司内部职工持股制度进行不断规范,华为又按规定调整,不发行股票,在企业内部持股,以股权形式出现。股份公司的员工集体持股,由两个公司的工会持股,2001年改为一个公司的工会持股,任正非算一个股东,占1.1%,还有一个自然人股东占0.01%。2003年股权变更,又以投资公司为股东,另有一个自然人股东。员工持股并不是让员工现金入股,而是以奖金转股,奖金不发到个人,自愿参股,通过配股兑现。一年发一次红利,自动滚入本金。员工股份的另一个来源是公司无息借款给员工,逐步偿还,内部股的股本结构为:30%优秀员工集体控股,40%的骨干员工有份量地控股,10%—20%的低级员工或新员工适当参股,员工持股份额根据"才能、责任、贡献、工作态度、风险承诺"决定。股金分红最高70%、最低10%。2003年公司扩股,面向80%员工,超过1.6万人,共10亿股,以每股2.74元的价格向核心骨干员工发售。员工出15%,其余由公司担保以个人名义向银行贷款。目前,中层以上员工大约有200万以上股权,高层员工持股大约是千万元左右了。华为的员工持股还包括华为与各地邮电部门联合建立的27个合资公司,"通过建立利益共同体,达到巩固市场。拓展市场和占领市场之目的",这些合资公司大量吸纳邮电系统员工入股,缓解了资金匮乏的矛盾,起初放在一个虚设的新技术公司工会名下,后与员工股份放在一起,1999年后增扩2.5亿—3亿股。在总股本中,华为员工占50%以上,合资公司员工不到50%,自然人占0.01%。

2. 华为股权结构

如图8-2所示,华为建立了清晰而全面的公司架构,为维持良好的企业表现和长期持续增长奠定基础。

(1) 董事会

董事会是公司经营决策治理机构,由九名成员组成。其主要职责为:① 对公司重大战略进行决策,审批公司中长期发展规划,并监控其实施。② 审批重大的财务决策与商业交易活动。③ 审批公司的经营及财务结果并批准财务报告。④ 建立公司高层治理结构,并根据公司发展的需要及环境变化定期进行优化调整。⑤ 对公司的监控机制、流程及程序的建立与维护进行监督。⑥ 对公司业务发展中产生的重大问题,包括重大市场变化、重大危机,向管理层提供综合的建议及咨询意见。负责首席执行官的选拔、考评和薪酬

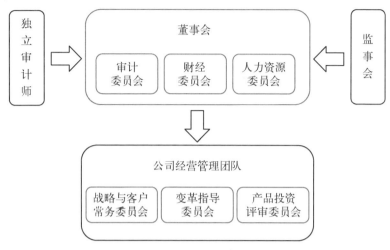

图 8-2 华为公司架构图

确定;制定首席执行官及其他关键高层领导的接班计划。⑦ 批准公司高层管理人员的任命和薪酬,并对这些人员的考评提供建议和监督。

董事会下设审计委员会、财经委员会及人力资源委员会,协助董事会对公司经营管理团队及整个公司的业务运作进行指导和监督。

(2) 审计委员会

审计委员会由七名成员组成,包括董事和总审计师,其具体职责包括:① 评审内部审计计划以及执行结果,讨论与内控风险相关的政策。② 审批内控体系建设方案及关键里程碑计划,监控公司内部控制状况,推动问题闭环与管理改进。③ 审视公司诚信与遵从环境的有效性,促进员工对商业行为准则的遵从。④ 与董事会共同审核选择独立审计师并批准相关费用,审视独立审计师的工作绩效。⑤ 审计委员会按季度举行例会。

(3) 财经委员会

财经委员会由十名成员组成,按个人相关专长和经验,采用董事加专家的结构任命,其具体职责包括:① 审议公司的中长期发展规划,负责监督公司年度预算、经营预测计划并对经营结果进行评估与考核。② 评审所有与公司财经相关的战略、规划、政策和行动,并向董事会建议,由董事会审批,其中包括资本和资产结构、资产和债务融资、战略和重大财务投资、合并、收购和资产剥离等。③ 监督公司的运行及财务结果,确保财务信息的真实和准确,财经委员会按月度举行例会,可根据需要召开特别会议,并可按讨论议题需要邀请相关领域专家列席参加。

(4) 人力资源委员会

人力资源委员会由七名成员组成,包括董事和资深人力资源专家。其具体职责包括:① 评审公司层面的人力资源策略和组织政策。② 审议公司中长期人力资源规划及年度实施计划。③ 审议公司中高层管理者的选拔、调配、考核、薪酬、奖惩和继任计划。④ 进行中基层管理者的破格选拔与考察。

人力资源委员会按月度举行例会,并邀请相关业务主管和相关领域专家列席参加。

(5) 公司经营管理团队

董事会委任公司经营管理团队执行公司日常经营管理工作,该团队是公司日常经营的最高责任机构,其主要职责包括:① 确立公司的愿景、使命和价值观并确保为利益相关者所知晓。② 审议并向财经委员会建议资本结构计划及金融投资计划,包括重要的资本支出、兼并、收购、剥离及新市场的投资。③ 制定公司中长期发展规划、预算规划及年度预算,并提交董事会审批。④ 批准各产品线、区域、客户群及主要功能部门的计划、预算和绩效目标。⑤ 识别、管理并预测公司面对的各种风险,并就公司整体的风险管理策略及应对方案进行决策。⑥ 制定信息安全,特别是知识产权保护的总体方针和原则。⑦ 审议公司年度总人力资源规划、关键绩效指标和薪酬制度。

公司经营管理团队下设战略与客户常务委员会、变革指导委员会及产品投资评审委员会,分别就公司中长期发展、公司战略与客户方面、管理公司业务变革和产品投资方面的问题,为公司经营管理团队提供决策支持。

(6) 监事会

按照中国公司法的要求,公司设立监事会。监事会由五名成员组成,由股东选举产生。监事会主要职责包括检查公司财务和公司经营状况,并对董事、总经理及其他高级管理人员执行职务的行为进行监督。监事列席董事会会议。

(7) 公司组织架构

公司组织架构是矩阵式架构,由战略与市场、研发、业务单元组织等组织构成,以支持公司经营管理团队运作(如图 8-3 所示)。

第八章 公司治理结构能力分析

图 8-3 华为公司组织架构图

战略与市场负责为公司战略发展方向提供主导性支持,促进客户需求驱动的业务发展,管理公司品牌与传播,监控制定公司业务计划,以实现公司的发展目标。

华为研发组织包括位于深圳的研发部门以及全球 17 个研发中心,公司还与领先运营商成立了 20 多个联合创新中心,开放合作,不断提升解决方案的竞争能力。

业务单元组织(BUs)为公司提供有竞争力、低成本、高质量产品和服务。公司的四大业务单元为电信基础网络、业务与软件、专业服务和终端,基于客户需求持续创新,建立起端到端的优势。

市场单元组织(MUs)是公司从线索到回款流程的责任人,通过强化区域的运营管理和能力建设,确保公司战略在区域的有效落实,包括地区部、大客户系统部等。地区部通过承接公司战略,对本地区部整体经营结果和客户满意度负责,同时对总部在所辖区域的大客户系统部的全球经营目标及竞争目标负责。各大客户系统部,通过承接公司战略、匹配客户战略,制定和实施客户关系管理策略、资源牵引与组织、关注行业环境变化及竞争动态等,实现系统部经营和客户满意度的达成。

211

交付支撑平台组织,通过建立端到端以及全球运作的采购、制造、物流平台,追求及时、准确、优质、低成本的交付,满足客户需求。

支撑性功能组织(FUs)是为支撑公司战略与运营,提供资源和策略性支持的组织,包括财经体系、人力资源部、法务部、流程与 IT 管理部、企业发展部等。支撑性动能组织通过流程、工具和组织的优化,驱动公司提高运营效率。

8.5.2 四川长虹治理结构问题分析

四川长虹电子控股集团有限公司(下面简称长虹),对于中国的老百姓来说,已是一个耳熟能详的名字,在无数中国人的心里,长虹是民族企业的代表,是家电行业的一面旗帜。对长虹所在的绵阳市乃至整个四川省来说,长虹更是具有举足轻重的作用,在高峰期,长虹的年产值占到了绵阳市财政收入的 40%、四川省 GDP 的 15%。

2004 年 7 月 8 日,长虹董事会宣布赵勇接替倪润峰出任公司董事长。

2004 年 12 月 28 日,长虹董事会发布 2004 年度预亏提示性公告,拟对 APEX 公司应收账款计提坏账准备 3.1 亿美元,并拟对南方证券所委托国债投资余额计提减值准备。

2005 年 3 月 19 日,公司董事会发布关于 2004 年度预亏情况进一步说明的公告,对存货计提减值准备 11 亿元人民币。

短短三个月内,长虹就不断运用盈余管理手段计提减值准备,在资本市场引起了激烈反应,长虹的股价在公告日后连续数次跌停。

行为背后总存在着利益动机,长虹的这次计提巨额减值准备进行盈余管理背后肯定存在着一定的利益驱动,是什么原因导致了长虹的巨亏呢?

盈余管理是会计政策选择具有经济后果的一种体现,只要公司管理层有选择会计政策的自由,他们必然会选择使其效用最大化的会计政策,所以归根到底是由公司的委托—代理和信息不对称问题所引起的,公司治理才是其深层次原因。因此,从深层次原因来看,需要考虑长虹的股权结构和公司治理方面的问题。

1. 股权结构

在 1992 年进行股份制改革后,长虹取得了上市资格。在长虹,国有股处于绝对控股地位。股权结构较为集中,且国有股主体缺位,造成了长虹的内部人控制。

流通股也占44%的股权,但我国资本市场存在的问题就是中小股东基本上进行短期投机,他们更多的是"搭便车",从而对企业的监督很少,而一旦企业经营管理出现问题,首先受伤害、受损失的也是中小股东。

2. 公司治理结构不完整

董事会、监事会、管理层三位一体,缺乏制衡。在进行企业决策时,往往缺乏监督,缺乏局外人的建设性建议,缺乏对现有决策的有效评价,起不到相互制衡和监督的作用,更不用说对股东大会负责了。

2003年6月30日,中国证监会公告《关于在上市公司建立独立董事制度的指导意见》表明,上市公司董事会成员中应当至少包括1/3的独立董事,而倪润峰始终未聘请独立董事。独立董事制度对公司治理结构完善有着重大影响,具备平衡各方利益的功能、战略决策和监督职能。长虹的这种功能缺乏的董事会、监事会体制使其在制定战略时欠缺制衡和综合考虑。

国有股主体缺位,长虹的董事会、监事会和管理层合为一体,缺乏一定的监督制衡机制,这给管理层进行盈余管理提供了可能。

3. 公司治理机制缺失

(1) 缺乏薪酬机制,不能形成有效的激励

当时考察长虹各年度的财务报表均发现这样的字样:"公司准备在适当的时机建立相关的奖励制度,在董事、监事和高级管理人员当中推行激励机制。"可见,长虹当时并未建立有效的薪酬体系和制度。而如果有效的薪酬体系与绩效评估系统挂钩,则可以使管理层更关注企业长期战略和财务政策的制定,激励管理层追求企业长期价值的最大化。管理层和股东的利益应是一致的,而不是单纯追求短期利润的最大化,或是通过盈余管理来粉饰利润。

(2) 信息披露不完全,约束机制缺位

除了前面提及的长虹内部监督不完善使管理层缺乏约束外,外部的股东也无法对其进行监督,因为其不能真实有效、及时地进行信息披露。从计提的APEX高额坏账准备而言,公司非但不真实准确地披露,反而以澄清公告的方式进行隐瞒,使投资者遭受额外的损失。除此之外,长虹之前的审计报表并未对长虹的存货、应收账款问题进行反映,说明长虹的外部会计事务所在审计长虹时也并未反映出实际问题,长虹披露信息不完全也为盈余管理提供了条件。

长虹的经营管理不完善,公司治理存在缺陷,而巨额计提资产减值准备不单是管理层出于机会主义动机而进行巨额计提,释放大量财务风险,而且也是长虹股权结构集中且代表国有股利益的主体缺位,中小股东由于时间和能力的问题进行"搭便车"而对长虹管理层的监督不力。同时,公司治理结构不完整、治理机制缺失,最终结果是造成内部人控制。我国上市公司中这样的情况不少,这不是管理层品质的问题,而是他们身处在我国的资本市场以及上市公司的一些制度性缺失,必定为一些与企业长久发展目标相悖的目标所牵引,从而造成了类似长虹的巨额亏损。只有从根本上解决这一问题,才能使我国的上市公司走上一条健康发展的路。

本章参考文献

[1] 北京市法学会经济法研究会组.公司治理结构的理论与实践[M].北京:机械工业出版社,2004.

[2] 李斌.公司价值与公司治理[M].北京:方志出版社,2004.

[3] 孙永祥.公司治理结构:理论与实证研究[M].上海:上海三联书店,上海人民出版社,2002.

[4] 陈文浩.公司治理[M].上海:上海财经大学出版社,2006.

[5] 李维安.公司治理[M].天津:南开大学出版社,2001.

[6] 王刚.公司治理结构的国际比较[J].江淮论坛,1995(5):33-40.

第九章 公司战略的可行性分析

9.1 可行性分析概述

不同于大股东或者在董事会里有董事席位的重要股东可以通过董事会直接参与、影响公司战略的形成、编制过程,中小股东不能直接参与、影响公司的管理,因此,分析公司经营战略的出发点和目的主要是理解管理层的经营战略,评估其经营战略的可行性和成功的概率。要做到这一点非常不容易,因为作为外部投资者,我们所能获取的相关信息非常有限。因此,投资者需要具备相关的管理知识和一定的分析研判能力,包括:① 学习、理解公司的战略管理流程,了解公司战略编制的步骤和内容;② 了解公司战略编制的基础分析,主要是以 SWOT 分析为主的分析方法;③ 了解公司战略的主要组成部分及优秀公司在战略及战略管理上的特质;④ 了解公司战略可行性分析的相关方法。

9.2 公司战略管理流程

一个完整的公司战略管理流程包括三个阶段:战略形成阶

段、战略执行阶段和战略评估阶段,如图9-1所示。

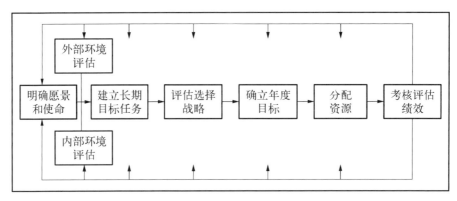

图9-1 战略管理流程图

战略形成阶段的内容,就是编制公司战略计划的主要流程。具体而言,编制公司战略计划包括以下主要步骤:① 明确公司的愿景和使命;② 通过评估公司的外部经营环境和公司的内部能力,明确公司在经营中所面临的机遇和挑战;③ 设立公司战略计划期的长期经营目标;④ 通过头脑风暴、研讨会、外部顾问参与等工具和方法,产生各种备选的战略方向和主要战略举措,通过团队评估,做出正确的战略选择;⑤ 建立相应的财务计划模型,形成战略计划的主要财务数据和关键考核指标。

战略执行阶段一般就是公司的年度计划及预算管理流程,主要包括:① 根据战略计划目标和上一年计划执行的反馈和评估,确定新的年度经营目标;② 在公司年度目标的基础上,编制公司的品牌营销、生产供应、人员及财务计划,并据此在不同品牌、业务单元、部门之间合理分配公司资源;③ 根据公司年度计划下达,执行全公司的年度预算。

战略评估阶段一般就是公司的动态预测与调整,包括:① 每月或每季度对年度计划、预算的执行进度进行分析、评估,找出业绩与计划、预算的差距所在,发掘可能采取的弥补措施并调整运营部署,根据全年计划的达成进度,对剩余月份的计划、预测做出调整;② 战略执行、评估阶段的动态预测、分析、评估以及执行的结果,又可以反馈到下一周期对战略计划的修订。

公司的战略计划时间周期一般为3—5年,具有规范战略管理流程的公司一般会在每年的4—5月重新评估、更新公司的战略计划,随后在8—10月着手编制下一年度的年度计划。战略执行、评估阶段的动态预测、分析、评估的内容，则在此期间反馈到下一周期的战略计划和年度计划的编制中。

3—5 年的长期战略计划、每年的年度计划/预算和月/季度的滚动预测和调整，构成了一个完整的"计划、执行、反馈、修正、再计划"的管理循环。

9.3 公司战略的基础分析

战略的基础分析，是公司战略编制的出发点和基础，主要包括 SWOT 分析。公司对外部经营环境的分析、对公司内部能力的评估是否完整、客观、准确，将直接影响公司战略判断的正确性和战略计划的质量。但作为外部投资者，无法直接获得公司的内部分析报告，因此，投资者必须从"管理层"的视角出发，自己收集资料，形成相似的对公司的 SWOT 分析，这是投资者正确理解、评估公司战略的前提和要求。投资者如果对此缺乏了解，就不可能理解和判断上市公司战略的质量和可行性。

以下是公司战略咨询及管理咨询实务中经常使用的一些战略分析方法。

9.3.1 SWOT 分析法

SWOT 分析是由美国哈佛商学院率先采用的一种经典的分析方法。它是根据企业拥有的资源，综合考虑企业内部条件和外部环境的各种因素进行系统评价，从而选择最佳经营战略的方法。SWOT 的具体含义如下：

S——Strengths，企业内部的优势。

W——Weaknesses，企业内部的劣势。

O——Opportunities，企业外部环境的机会。

T——Threats，企业外部环境的威胁。

内部环境的优势和劣势主要表现在：是否拥有专业知识、是否拥有独特的资源、是否拥有雄厚的资金、是否拥有资质知识产权、是否有良好的品牌声誉等。这些都是针对竞争对手而言的。

外部环境的机会和威胁主要表现在：政府的支持、市场的增长速度、竞争对手是否有较强的竞争力、购买者和供应商的议价能力等。这是影响企业当前竞争地位或影响企业未来竞争地位的主要障碍。

SWOT分析根据企业的目标列出对企业生产经营有重大影响的内部和外部环境因素,并对这些因素进行评价,从而让企业了解自己的优势、劣势以及自己正面临的机会与威胁,企业进而需要根据自己SWOT分析的结果来选择如何最优地运用自己的资源,并制定相应的战略。这也是SWOT分析最核心的部分,如图9-2所示。

图9-2 SWOT分析

增长型战略:企业具有良好的内部优势和众多的外部机会,采用增长型战略以把握机会发挥优势。

扭转型战略:企业面临众多的外部机会,但受限于内部的劣势,采用扭转型战略,转劣势为优势。

防御型战略:企业处于内忧外患的时期(外部有强大威胁,内部受限于劣势),采取防御型战略,尽量避开一切不利因素。

多元化战略:企业虽然面临外部的威胁,但充分把握自身的优势,采取多元化战略,寻找长期发展的机会。

9.3.2 内部因素评价法

内部因素评价法又称内部因素评价矩阵(IFE矩阵),可以根据以下五个步骤来建立:

第一,列出在内部分析过程中确定的关键因素。采用10—20个内部因素,包括优势和劣势两方面的。首先列出优势,然后列出劣势。要尽可能具体,要采用百分比、比率和比较数字。

第二,给每个因素以权重,其数值范围由 0.0(不重要)到 1.0(非常重要)。权重标志着各因素对于企业在产业中成败的影响的相对大小。无论关键因素是内部优势还是劣势,对企业绩效有较大影响的因素就应当得到较高的权重。所有权重之和等于 1.0。

第三,为各因素进行评分。1 分代表重要劣势;2 分代表次要劣势;3 分代表次要优势;4 分代表重要优势。值得注意的是,优势的评分必须为 4 或 3,劣势的评分必须为 1 或 2。评分以公司为基准,而权重则以产业为基准。

第四,用每个因素的权重乘以它的评分,即得到每个因素的加权分数。

第五,将所有因素的加权分数相加,得到企业的总加权分数。

无论 IFE 矩阵包含多少因素,总加权分数的范围都是从最低的 1.0 到最高的 4.0,平均分为 2.5。总加权分数大大低于 2.5 的企业的内部状况处于弱势,而分数大大高于 2.5 的企业的内部状况则处于强势。IFE 矩阵应包含 10—20 个关键因素,因素数不影响总加权分数的范围,因为权重总和永远等于 1。

表 9.1 是对瑟克斯·瑟克斯公司(Civcus-civcus Enterprises)进行内部评价的例子。

表 9.1 内部因素评价矩阵

	关键内部因素	权重	评分(分)	加权分数
内部优势	1. 美国最大的赌场公司	0.05	4	0.20
	2. 拉斯维加斯的客房入住率达到95%以上	0.10	4	0.40
	3. 活动现金流增加	0.05	3	0.15
	4. 拥有拉斯维加斯狭长地带 1 英里的地产	0.15	4	0.60
	5. 强有力的管理队伍	0.05	3	0.15
	6. 员工素质较高	0.05	3	0.15
	7. 大多数场所都有餐厅	0.05	3	0.15
	8. 长期计划	0.05	4	0.20
	9. 热情待客的声誉	0.05	3	0.15
	10. 财务比率	0.05	3	0.15

	关键内部因素	权重	评分（分）	加权分数
内部劣势	1. 绝大多数房产都位于拉斯维加斯	0.05	1	0.05
	2. 缺乏多样性经营	0.05	2	0.10
	3. 接待家庭游客,而不是赌客	0.05	2	0.10
	4. 位于Lauyhling的房地产	0.10	1	0.10
	5. 近期合资经营亏损	0.10	1	0.10
总　　计		1.00		2.75

值得注意的是,该公司的主要优势在于其规模、房间入住率、房产以及长期计划,正如它们所得的 4 分所表明的。公司的主要劣势是其位置和近期的合资经营,总加权分数 2.75 表明该公司的总体内部优势高于平均水平。

9.3.3 外部因素评价法

外部因素评价法又称外部因素评价矩阵(EFE 矩阵),可以根据以下五个步骤来建立:

第一,列出在外部分析过程中确定的关键因素。采用 10—20 个外部因素,包括机会和威胁两方面的。首先列出机会,然后列出威胁。要尽可能具体,要采用百分比、比率和比较数字。

第二,给每个因素以权重,其数值范围由 0.0(不重要)到 1.0(非常重要)。权重标志着各因素对于企业在产业中成败的影响的相对大小。无论关键因素是外部机会还是威胁,对企业绩效有较大影响的因素就应当得到较高的权重。所有权重之和等于 1.0。

第三,为各因素进行评分。1 分代表重要威胁;2 分代表次要威胁;3 分代表次要机会;4 分代表重要机会。值得注意的是,机会的评分必须为 4 或 3 分,威胁的评分必须为 1 或 2 分。评分以公司为基准,而权重则以产业为基准。

第四,用每个因素的权重乘以它的评分,即得到每个因素的加权分数。

第五,将所有因素的加权分数相加,得到企业的总加权分数。

无论 IFE 矩阵包含多少因素,总加权分数的范围都是从最低的 1.0 分到最高的 4.0 分,平均分为 2.5 分。总加权分数大大低于 2.5 分的企业的外部状况处于弱势，而分数大大高于2.5分的企业的外部状况则处于强势。IFE矩阵应包含10—20个关键因素，因素数不影响总加权分数的范围，因为权重总和永远等于1。

表9.2是对吉林省某民营图书企业进行外部评价的例子。

表9.2 外部因素评价矩阵

	关键外部因素	权重	评分（分）	加权分数
机会	1. 省内政策环境好	0.15	4	0.60
	2. 省政府对民营提供融资便利	0.15	4	0.60
	3. 市场环境逐渐变好	0.05	2	0.10
	4. 民营书店有政策红利	0.10	4	0.40
	5. 新华书店规模大，应对困难	0.05	3	0.15
	6. 外资进入还要时间	0.05	2	0.10
威胁	1. 各地区消费水平不一样	0.15	3	0.45
	2. 图书行业管理体制不完善	0.10	3	0.30
	3. 政策引导、拉动的促进作用不明显	0.05	2	0.10
	4. 替代产品比较多	0.05	1	0.05
	5. 相关人才匮乏	0.05	3	0.15
	6. 企业规模较小	0.05	2	0.10
	总　　计	1.00		3.10

EFE矩阵的总评分为3.10分，高于平均水平2.5分，说明该图书企业的现状能够对外部的机会和威胁做出反应，可以通过适当的方式去利用有利的机会和避开不利的威胁。

9.3.4　竞争态势评价法

竞争态势矩阵（Competitive Profile Matrix，CPM矩阵）用于确认企业的主要竞争对手及相对于该企业的战略地位，以及主要竞争对手的特定优势与劣势。CPM矩阵与IFE矩阵的权重和总加权分数的含义相同。编制矩阵的方法也一样。但是，CPM矩阵中的因素包括外部和内部两个方面的问题，评分则表示优势和劣势。

9.3.5 波士顿矩阵

波士顿矩阵(BCG Matrix)又名市场增长率—相对市场份额矩阵、波士顿咨询集团法、四象限法、产品系列结构管理法等,由美国著名的管理学家、波士顿咨询公司创始人布鲁森·亨德森首创。这种方法的核心在于,要解决如何使企业的产品品种及其结构适合市场需求的变化,如何将企业有限的资源合理而有效地配置到产品结构中去,以保证企业的盈利能力,是企业竞争取胜的关键。

波士顿矩阵认为市场引力与企业实力是决定产品结构的两个基本因素。市场引力包括市场增长率、目标市场容量、竞争对手强弱及利润高低等。作为最主要的反映市场引力的综合指标的市场增长率,这是决定企业产品结构是否合理的外在因素。

企业实力包括企业市场占有率,技术、设备和资金利用能力等。市场占有率是决定企业产品结构的内在要素,它直接显示出企业的竞争实力。市场增长率与市场占有率既相互影响,又互为条件。

波士顿矩阵将企业所有的产品从市场增长率和相对市场占有率角度进行再组合,将企业的所有产品分为以下四类:明星产品、问题产品、现金牛产品、瘦狗产品。

图9-3所示为波士顿矩阵。

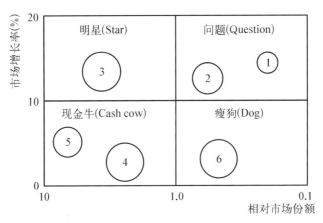

图9-3 波士顿矩阵

波士顿矩阵的纵坐标表示市场增长率,表示经营业务所在市场的相对吸引力。通常用10%作为划分高增长率和低增长率的分界线。

市场增长率＝(今年的销售收入－去年的销售收入)/去年的销售收入

波士顿矩阵的横坐标表示企业在产业中的相对市场份额,表示该经营业务在市场上的竞争地位。通常以1.0作为划分相对市场占有率的分界线。

相对市场份额＝本企业的某项业务的市场份额/最大竞争对手的市场份额

图9-3中纵坐标与横坐标的交叉点1、2、3、4、5、6分别代表企业的不同的经营业务或产品,且圆圈的面积大小表示与该业务或产品的收益与企业全部收益的比。波士顿矩阵可以把企业全部的经营业务定位在四个区域中,它们分别为"明星"业务、"问题"业务、"现金牛"业务和"瘦狗"业务,如表9.3所示。

表9.3　波士顿矩阵的四项业务

	"明星"业务	"问题"业务	"现金牛"业务	"瘦狗"业务
市场增长率	高 较高的市场增长率代表需要大量资金进行投入	高 较高的市场增长率代表需要大量资金进行投入	低 较低的市场增长率且盈利率较高,不需要大量投资	低
相对市场占有率	高 较高的相对市场占有率代表能为企业带来大量现金	低 较低的相对市场占有率代表不能为企业带来大量的现金	高 较高的相对市场占有率代表能为企业带来大量现金	低
剩余现金状况	较低 大量的现金收入伴随着大量的现金投入,使得企业的剩余现金较低	最差 大量的现金投入却没有产生相应的现金流来弥补,导致企业的剩余现金流量少	大量的现金 大量的现金流入却无须进行进一步投资,可以支持其他的产品或业务	很低 饱和的市场,激烈的竞争使得可获取利润很低

续表

	"明星"业务	"问题"业务	"现金牛"业务	"瘦狗"业务
采用战略	积极扩大经济规模和市场机会,提高市场占有率	选择性战略要么对其重点投资,使之转换为"明星"业务,要么逐渐放弃该产品,转换为"瘦狗"业务,并逐渐退出	收获战略 1.把设备投资和其他投资尽量压缩 2.采用榨油方法,在短时间内获取更多的利润	撤退战略首先,减少批量,逐渐撤退;其次,将剩余资源转向其他产品;最后,整顿产品系列
采用组织形式	事业部制	智囊团或项目组织	事业部制	与其他事业部合并
主管经营者特质	技术和销售两方面都在行	有规划能力、敢于冒险、有才干	市场销售型	

对于四种不同的业务,有四种不同的战略目标与之适应:① 发展,即追加投入,以提高相对市场占有率,适用于想尽快成为"明星"产品的"问题"产品。② 保持,即维持现状,保持现有市场占有率,适用于较大的"现金牛"产品。③ 收割,即最大限度地获取现金收入,适用于处境不佳的"现金牛"产品、没有发展前途的"问题"产品和瘦狗产品。④ 放弃,进行清理或撤销某些业务,以降低成本费用,适用于无利可图的"瘦狗"产品和"问题"产品。

波士顿矩阵的贡献主要体现在如下几个方面:① 该矩阵是最早的组合分析方法之一。② 该矩阵将企业不同的经营业务综合在一个矩阵中,简单明了。③ 该矩阵指出了每个经营单位在竞争中的地位,使企业能有选择和集中地将企业有限的资金运用到相应的经营单位上。④ 在竞争对手也使用波士顿矩阵分析技巧的基础上,可以帮助企业推断竞争对手对相关业务的总体安排。

企业在使用波士顿矩阵工具进行分析时,也应注意它的局限性:

一是对于企业实务来说,要确定各业务的市场增长率和相对市场占有率是一件比较困难的事情。

二是波士顿矩阵过于简单。市场增长率和企业相对占有率两个单一指标不能全面反映这两方面的状况。市场占有率、相对市场份额只划分为高、低两级,过于粗略。

三是进行波士顿矩阵分析的前提是企业的市场份额与投资回报成正比,但在有些情况下这种假设可能是不成立或不全面的。

四是波士顿矩阵以资金是企业的主要资源作为前提进行分析,但在许多企业内,重要资源还有技术、时间和人员的创造力。

五是波士顿矩阵在具体运用中有很多困难。

9.4 公司战略主要组成

一个完整的公司战略应该包括五项主要组成部分:愿景和使命(Vision & Mission)、战略目标(Strategy Objectives)(有些公司将目标包含在公司愿景中)、战略方向选择(Where to Play)、主要竞争策略(How to Win)、考核指标与沟通(Measurements & Communication)。

9.4.1 愿景和使命

公司的愿景和使命也就是公司的远大理想,表达了公司希望发展成为一个怎样的组织。

公司的使命代表的是公司的信念,它表达了公司作为一个社会组织的存在价值、信念和业务原则。用著名的管理大师德鲁克的话来说,公司的使命就是要回答"我们的业务是什么"。一个清晰、明确的公司使命陈述是有效建立公司运营目标和形成公司战略的基本前提。

有些公司不仅有使命陈述,也有一个愿景宣言,公司的愿景宣言是要回答"我们要成为一个什么样的公司"的问题。在很多公司,公司的使命陈述和愿景宣言是合二为一的。一个好的愿景和使命应该很好地概括公司的价值信念、客户、产品、服务或市场。

一个好的愿景和使命陈述应该可以做到:① 明确公司的目的和公司的梦想;② 明确公司专注的业务而又留有成长的空间;③ 使公司从竞争对手中脱颖而出;④ 可以作为公司评估现在和未来业务的框架;⑤ 表述清楚,可以使公司内外人人明白。

公司的愿景和使命陈述虽然内容、长度、形式和具体程度会各不相同,但一般使命陈述主要围绕以下几个部分展开:① 客户——公司的目标客户是谁?② 产品和服务——公司主要的产品和服务是什么?③ 市场——公司瞄准的是哪些细分市场?④ 技术——公司以技术出色取胜?⑤ 关于成长性和盈利能力——公司对成长和利润的期望。⑥ 经营理念——公司的基本信念、价值观、梦想和道德底线是什么?⑦ 自我认知——公司的核心竞争力是什么?⑧ 公众形象和社会责任——公司对公众、社区和环境的态度与承诺。⑨ 员工关怀——公司对员工的贡献、重要性的认知和态度。

一个好的愿景和使命陈述并不需要四平八稳地包括以上所有九个部分内容,而是根据公司的实际需要,重点阐述对公司战略至关重要的部分。公司的愿景和使命陈述是公司战略管理流程中要经常向各利益相关方传达的部分,因此需要在公司集思广益,提炼出适合公司战略的内容,并明确、精练地表达出来。

9.4.2 战略目标

公司战略目标是在3—5年的战略计划期内,公司规划达成的长期目标和任务,一般可以从内部和外部两个维度定义。从公司内部来看,可以确定为公司未来要达到的一定财务指标,如"公司到2025年实现销售额达10亿元人民币、利润1亿元的目标"。从公司外部来看,公司的目标和任务在很多时候都会定义为公司未来要实现的市场份额或排名。确定公司的长期目标和任务,首先要定义好公司确定的竞争细分市场,合适的细分市场可以使公司上下有明确的目标,如"公司到2025年成为碳酸饮料的市场前三名"。

最好的目标和任务应该是"可实现但又不容易实现的"。"可实现"是指目标和任务不可以定得过于激进,过于激进则公司员工不会相信,等于没用。"不容易实现"是指目标和任务不可以定得太保守,太保守则对公司员工不具挑战性,不会激励公司发展。

9.4.3 战略方向选择

公司的战略方向选择就是要回答"公司在哪些市场竞争"的问题,也就是要定义公司的细分市场,清晰地选择公司要参与竞争的目标细分市场。具体而言,公司的市场细分和选择,一般可以从以下几个维度来划分和选择:

第一,按地理条件细分,包括国家、地区、城市、农村、气候等。其中一种比较普遍的细分方法是按照城市的购买力和消费引导力,把城市分级为:一级城市,如北京、上海、广州、深圳等;二级城市,如杭州、成都、重庆、天津、南京、武汉、哈尔滨等;三级城市,如东莞、苏州、无锡、大同等;县镇市场,一般指人口小于20万的县镇市场;农村市场,即广大的农村市场。

第二,按人口特征细分,包括年龄、性别、职业、收入水平、教育背景、家庭人口、家庭类型、国籍、民族、宗教、社会阶层等。

第三,按消费心理细分,包括生活方式、个性、态度、兴趣、活动等。

第四,按消费行为细分,包括消费时机、追求利益、使用者地位、产品使用率、品牌忠诚度、购买准备阶段等。

第五,按消费者需求细分,包括追求的具体利益、产品附带的益处,如质量、价格、品位等。

由于中国市场非常大,很多公司上市新产品时很难一下子覆盖到全国,因此,按照一定的城市或地区分类去规划新产品的渠道策略是有效的方法。与先期开发的发达城市"一元市场"相对应,中国平安把欠发达的县域市场定义为"二元市场"并把其作为下一步战略发展的重点,就是一个按城市/地区经济发展程度规划战略的典型案例。

公司对客户和消费者的细分一定要结合公司产品和所处行业的特点来进行,一般比较常见的细分方法是:性别、年龄、收入水平、品牌忠诚度等。

客户和消费者细分的目的是要选择和确定公司的目标客户群和目标消费群。

1. 品牌战略

在公司同时运营多个品牌和品类的时候,需要明确每一个品牌在不同品类的定位和角色,这一方面可以避免公司内部品牌的竞争和内耗,另一方面可以给消费者明确的品牌形象。如图9-4和图9-5所示,品牌定位可以通过绘制品牌定位图或品牌金字塔来明确每一个品牌的目标消费者和品牌的不同定位。

投资成长	保持
品牌A 品牌B	品牌C 品牌D
收割	处理
品牌E	品牌F 品牌G

图9-4 品牌定位图

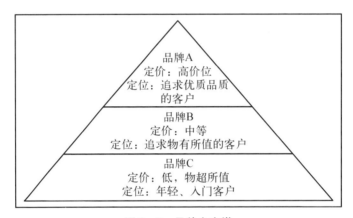

图9-5 品牌金字塔

如图9-6所示,在品牌分析完成后,公司需要根据每个品牌的不同发展阶段和发展潜力,配合战略计划的目标,确定每一个品牌的策略,可能的选择包括:

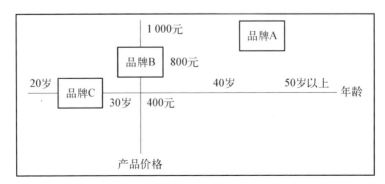

图9-6 品牌策略

其一,投资成长:一般是目标市场潜力巨大而公司品牌市场份额小的品牌,或者是公司已处于领先地位市场空间还很大的品牌。

其二,保持:适合于公司已处于领先地位但继续提升市场份额的空间不大,或市场本身已成熟的品牌。主要为公司贡献利润和现金流。

其三,收割:长期成长无望但还能为公司贡献利润的业务、品牌。

其四,处理:市场份额小、成长差、占比小、贡献利润也小甚至亏损的业务、品牌。

上海家化2014年版的战略计划就典型地反映了以上的品牌分析、选择方法。上海家化当时提出的"5+1"品牌战略是:集中所有资源大力巩固其超级品牌"佰草集"与"六神"的地位,进一步扩大其主打品牌"美加净"与"高夫"的市场占有率,大力发展新兴品牌"启初",继续推广差异化品牌"家安"(属于其保持和投资增长的重点品牌),而其他的品牌如"玉泽""茶颜""恒妍"等则是在收割或处理之列。反映在品牌战略图上,如图9-7所示。

投资成长 高夫 美加净 启初 家安	保持 佰草集 六神
收割 玉泽 茶颜	处理 恒妍

图9-7 上海家化品牌战略示意图

2. 渠道战略

由于市场广阔,销售渠道在中国市场营销中的作用尤其重要,所以有"渠道为王"一说。高效、合理的销售渠道安排,不仅可以使公司的产品和服务迅速传递到终端、消费者,销售渠道的变革也可以成为公司的重要竞争优势。销售渠道的安排因行业、公司的不同而显著不同,但一般需要考虑以下一些主要问题:

(1) 直接渠道与间接渠道

直接渠道,简单来讲就是公司直接开专卖店、开销售专柜,由公司销售人员直接面对顾客和消费者销售公司的产品和服务。其优点是公司对终端销售点直接掌控,价格控制力强,新产品上市、营销活动执行可以很快到达销售终端。但公司要有很大的投入,人员管理、执行能力也可能是很大的挑战。很多公司都需要借助间接渠道才能达到销售的广度和深度要求。间接渠道可以有多层,从总代理、省或地区代理,到城市经销商、小批发商等。层次越多,越可以使公司的分销更深入,但也可能导致分销成本过高。有越来越多的公司在尝试减少渠道层次,或部分转为直接渠道,都取得了不错的效果,比如格力空调2004年与国美、苏宁等电器大卖场分道扬镳,建立自己的格力专卖店体系,反而取得了渠道的优势。贵州茅台、五粮液等也竞相转为开旗舰店、专卖店,以取得对渠道、价格的更强控制力。

(2)现代通路与传统通路

现代通路指的是大卖场和连锁超市,如家乐福、沃尔玛、联华超市等。在一、二级城市里,现代通路所占比重越来越大,对很多快速消费品公司的营销越来越重要。传统通路指的是代理商、经销商和批发商等。传统通路,对于确保公司的分销深度,尤其是在三级城市、县镇和农村市场的覆盖,还是有非常重要的意义的。

(3)新渠道

随着网络的普及,在很多行业里,网络销售、电话销售都成为越来越重要的新渠道。公司应该在战略计划里充分考虑新渠道对传统通路的影响以及如何发展新通路,让新通路成为公司新的竞争优势。中国平安先于竞争对手发展电销、网销,取得行业领先地位就是一个很好的例子。

(4)重点客户管理

在很多公司,重点客户、战略性客户的管理在公司的营销计划中占据很重要的位置,在很多时候,重点客户、战略性客户多是现代通路的大卖场、超市集团。

在规划公司的渠道战略计划时,要注意以下三点:① 尽量使渠道的各利益相关方与公司结成利益共同体;② 不同渠道间应避免矛盾、冲突,尤其是价格和货品要协调一致;③ 要勇于尝试新渠道。

例如,格力空调建立独立的空调专卖店体系、娃哈哈通过"联销体"建立深度分销网络,都是成功的渠道战略的案例。需要说明的是,以上的细分市场方法虽然广泛运用于消费品公司,但在公司管理实践中,不同行业、公司对市场的细分方法可能是很不相同的。作为行业基础知识,投资者需要对投资标的公司所在行业的市场细分方法有全面了解。

对按照不同维度(客户/消费者、品牌/品类、渠道)划分的细分市场,公司在编制战略计划的过程中要仔细评估每一个细分市场的市场规模、盈利潜力、竞争格局,结合公司所具有的优势(技术、品牌、研发能力等),通过一些量化分析工具,综合评估后做出取舍。一个好的战略方向选择应该是建立在公司的强项和优势之上,并体现公司对行业发展趋势的前瞻性预判和领先于竞争对手的布局。

9.4.4 主要竞争策略

在明确公司对目标细分市场的选择之后,战略计划还需要确定公司的主要竞争策略,就是"怎样去赢得竞争"的问题,有些公司直接把这称为"必须赢取的战斗"。决定公司的主要竞争策略,要综合考虑公司选定的目标细分市场、渠道和在SWOT分析中确定的公司内在优势、劣势和公司外部竞争环境的机会和威胁,从"强化公司优势,提高公司能力,发掘市场潜力,防范市场风险"四个原则、方向去确定公司主要的竞争策略。

1. 强化公司现有的优势,确立公司品牌的领导地位

公司的现有优势一般体现在品牌、渠道、区域、客户上。经过"明确公司发展方向"的详细分析,管理层应该对公司要着重发展的品牌、渠道、区域或客户有比较深入的理解和考虑,尤其是对一些处于行业领导地位的:公司,这看起来是比较容易的。可是对于一些处于行业弱势、落后地位的公司,这可能就比较困难了。其实,这个选择对处于弱势、落后地位的公司更加重要,因为越是弱势的公司,越要集中资源发展自己相对有优势的地方,这可以通过进一步细分市场实现。例如,长城汽车就通过在战略上集中资源、专注于发展SUV这一细分市场,取得了很好的成效。

其一,品牌:公司如果有多个品牌,可以重点发展1—2个相对市场份额领先的品牌。

其二,渠道:如果公司品牌整体市场份额落后,可以重点发展公司重要的渠道,如"重点发展现代通路,使现代通路的占比超过50%"。

其三,区域:如果公司品牌在全国份额落后,可以重点发展公司有优势的区域,如"重点发展广东市场,在广东市场的市场份额超过 40%"。例如,洋河股份在江苏市场具有很强的实力,其通过把有潜力、值得重点开发的县市定位为"新江苏市场",复制江苏市场的成功经验的方法,取得了很好的效果。

其四,客户:公司可以重点为某些重要战略客户制订长期发展计划,而放弃一些小客户。发展有潜力的产品/品牌或细分市场,培养新的增长点。对于公司判断有较大市场潜力,而公司和竞争对手都还没有取得领先地位的产品/品牌或细分市场,公司需要投入更多的资源,将其培养成公司未来的新增长点。例如,几年前的男士化妆品市场、液晶电视市场等。

2. 开源还须节流

前面的策略意味着更多的资源投入,这对于公司的业务发展是必需的,可是,开源还须节流,否则,更多的市场投入意味着公司的利润受到压力。因此,战略计划还要回答"钱从哪里来"的问题。节流一般有以下三个途径:① 削减其他品牌的市场投入或出售一些品牌;② 提升公司的毛利率,尤其是如果公司的毛利率低于业界平均水平时;③ 控制公司的管理费用甚至削减富余人员。

3. 强化公司的内部能力和流程

在 SWOT 分析阶段,公司应该已经对公司内部流程和能力有了比较清晰的认知,相应地,在明确公司的发展方向和确定以上几方面的发展战略时,公司管理层需评估要实现这些发展目标和战略,公司所需要具备的组织能力和所需要改造的公司内部运作流程,对其中存在的差距,应在战略计划中有相应的提升规划。

9.4.5 战略考核指标与沟通

管理学有一句名言:"你所考核的就是你所得到的。"公司的战略计划如果没有相应地设立关键考核指标(KPI)并加以跟踪考核,公司的战略就可能只是一张废纸。因此,关键考核指标也是公司战略的一个重要组成部分。公司战略的每一项主要目标、主要竞争举措和具体实施计划与项目等,都应该对每一项目设定具体项目负责人和预计的完成时间,并在最后形成的战略计划文件中加以跟踪考核。

公司战略的一个重要功能是协调整个公司的各部门和员工步调一致地去努力达成战略目标。因此,公司战略不应该只是公司管理层保险柜里的一份秘密文件。公司战略,不仅要对公司员工广泛宣讲,也应该与公司股东等公司外部利益相关方及时沟通,获得公司股东及各利益相关方的认同和支持。对于中小股东而言,这种公司战略沟通不仅是获取公司战略主要内容的机会,也是判断公司管理系统规范程度、公司管理层的管理水平的好机会。例如,2016年12月9日,中国平安在福建厦门举行"策略日"活动,对中国平安的战略、平安寿险的价值、平安集团个人业务的商业模式及经营成果都进行了详细阐述,该活动不仅仅针对媒体,中小股东通过网上直播也可以身临其境地参与。

9.5 公司战略可行性分析方法

在评估公司战略可行性时,我们还可以采用以下三种方法:资金流量分析、盈亏平衡分析和资源配置分析。

1. 资金流量分析

资金流量分析的重点在于资金需求与资金来源之间需要匹配。例如,一家西餐厅决定在上海开设新店:

第一阶段,在上海开设新店的开支,包括租赁、装修等费用,预计700万元人民币,还要一笔额外的占用资本费用,用于维持库存和日常现金周转,大概100万元人民币。

第二阶段,估计在未来五年,开设新店会使销售额从目前的每年的2 100万元人民币增至4 500万元人民币。而预计五年的利润估算值是1 100万元人民币。

第三阶段,估计纳税义务和预期的股息支付是400万元人民币。

第四阶段,计算资金缺口是100万元人民币,公司再为这100万元人民币资金缺口的筹资进行计划就完成了整个预测。

2. 盈亏平衡分析

盈亏平衡分析可针对以下几个方面的问题:① 是否达到了生存所必需的市场渗透水平;② 是否会允许竞争对手进入市场分割利润;③ 实际上是否可

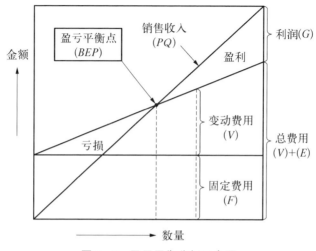

图 9-8 盈亏平衡分析示意图

达到假设的成本和质量;④ 是否获得资金为工厂运行提供必需的产量和熟练劳动力。

存在的限制性因素或假设:① 成本能容易地被分为固定成本和变动成本;② 固定成本保持不变;③ 在分析中所用的数量范围内,变动成本和收入的关系是线性的;④ 在一定的限制条件下,变动成本随着销售收入成比例变动;⑤ 能够预测变动价格下的销售数量(参见图 9-8)。

3. 资源配置分析

资源配置分析的核心在于将战略需要的资源与现有资源进行比较,资源配置分析的风险则在于会使得企业选择一个最适合企业现有资源配置的战略,而忽略了未来的发展。例如,在本国市场的地理扩张可能取决于市场营销和分销专长及支持库存增加的充足现金;相反,如果战略内容是开发新产品、出售给现有客户,那就需要工程技能、相应的设备能力及公司在新产品质量方面的声誉。

本章参考文献

[1] 全昌明.投资最困难的事:公司基本面分析与估值[M].北京:中国经济出版社,2017.

[2] 里查德·林奇.公司战略[M].杨世伟,陈涛,徐芬丽,等译.北京:经济管理出版社,2005.

[3] 注册会计师考试命题研究中心.公司战略与风险管理[M].北京:人民邮电出版社,2015.

第十章 企业成长性分析

10.1 企业成长性系统分析

我国经济的快速发展使民营企业得到蓬勃发展,显示出强大的生命力。一方面,每天有大量企业不断诞生,能够快速成长的企业不断涌现,但同时又有许多曾经风光无限的企业在短短几年后陨落。为什么这些企业在高速成长后又迅速灭亡?是什么制约了它们的发展、导致了它们衰落?在与各类企业交流时发现,不同类型(包括规模、行业、产品等)的企业有着相同或相似的管理问题,而同一企业在不同时期又面临着不一样的困难。这并不能简单归结为我国企业产权不明晰、企业家不成熟或企业制度不完善等因素。这个问题的产生有着深刻的原因,即在我国目前的条件下,作为一个类似于生命有机体的企业有着自己独特的生长演化规律。企业成长的演变规律成为亟待研究的课题。

10.1.1 企业成长性评价指标的系统分析

1. 行业状况

企业的发展受到行业的发展、资源及环境等因素的制约,行业的不同发展时期对企业的成长影响很大。首先,企业的定位、进入行业的选择会直接影响企业发展资源的获得。如处于衰退行业中的企业,它在短时间内可能有一定的发展空间,但长远来看,企业缺乏新的发展方向就必然会随着行业的衰退而衰落,所以不能称之有真正的成长性。其次,企业的成长性很大程度上取决于行业的发展潜力。一般来说,处在朝阳行业或新兴行业的企业更有发展潜力。曾对香港创业板上市的近40家进行过分析,属网上资讯、计算机软硬件、电子通信等行业的占92%,其他属化工、信息家电、制造、农业等行业的公司只有8%。但对于市场经济并不完善的我国,对企业进行分析不能仅从是否处于朝阳行业来看。新技术的采用也会给我国传统产业中的企业以成长发展的空间。此外,处于行业资源丰富的地区对企业成长也很有帮助。地区的资源优势往往能造就企业的成功,企业正确选择了行业中相对有资源优势的地区,可以使企业更容易获得资源,从而在竞争中处于优势地位,更具成长力。2002年列中国超速成长百强企业第一的蒙牛集团,它的成长速度达到了1 947.31%。而蒙牛高速增长的一个重要原因就是它的资源优势。同时,所在地区的产业发展政策对企业的成长也很重要。良好的政策环境会给企业创造一系列发展的机会。

2. 企业的核心能力

企业能力是企业是否具有成长性的根本体现。企业核心能力的大小直接反映了它在复杂的市场竞争中对成功的把握力度。企业自身能力的增强是其充分利用和调配各种资源的前提,是企业获得持续生命力的基础。

(1) 企业的管理与整合能力

企业的管理与整合能力是企业成长最重要的能力。企业管理与整合能力可以提高企业的综合能力,能有效地配置和利用资源。哈佛大学的霍华德·史蒂文森(Howard H. Stevenson)教授认为:"创业也是一种管理活动,是企业在不考虑当前所控制的资源情况下去追求机会。"这种管理即创业型的管理。企业的管理能够从创业型的管理上升到职业型的管理是企业成长性的重要体现。而职业型的管理要求企业具有高素质、高效率的领导层,完善的组织结构,稳健的理财观念,适合的经营战略,鲜明的经营管理理念,浓郁的企业文化氛围,等等。企业的管理与整合能力一个很重要的体现在于其具有高素质、高效率的领导和管理层。成功企业往往都有一个强有力的领导者,他们对市场形势变化有敏锐的洞察力,善于寻找机会发现市场做出非凡的决策。许多企业在发展中遇到重重障碍就是因为领导自身素质的问题。他们对企业未来的困难没有一个清醒的认识,对发展方向没有长远的思路,导致企业管理能力方面存在漏洞。好的领导者也需要有高素质、高效率的经营管理层为其提供决策支持并执行决策。具备良好个人素质和能力的管理者就如船上的舵手,他们把握着企业的发展方向,甚至把握了对成功与失败的选择。

(2) 企业战略制定和实施能力

发展战略为企业成长指明了前进的方向,企业若没有一套适合自己的战略就很难持续发展。管理达到一定水平后,企业对经营战略的选择会采取谨慎的态度,只有经过复杂的调研、审查过程并与其自身能力相符才可实施。对经营战略的选择缺乏谨慎的态度是影响企业能够持续发展的障碍。盲目地进入与自己能力不符的领域往往是企业衰败的原因。企业实行多元化经营战略也许是规模扩大后谋求长久发展的必经之路,但这要求企业必须认真考虑以下几点:自己有没有能力进入这一产业,有没有能力在这个行业站住脚实现盈利,有没有足够资金、合适的人才和技术来支持自己的决策等。太阳神集团的衰落就是源于其战略上的失误。它最初实行的是"以纵向发展为主,以横向发展为辅"的战略,即以保健品发展为主、多元化发展为辅,这一战略使其发展达到顶峰。随后其战略调整为"纵向发展与横向发展齐头并进",一年内上马了石油、房地产、化妆品、电脑、边贸、酒店等项目。但是投在这些项目上的几亿元资金血本无归,"太阳神"从此失去光辉。因此,企业实施的经营战略是否与企业自身能力相符合反映了企业的管理与决策水平,可以作为企业能否持续发展的评价指标。

(3) 企业的学习能力

企业的持续发展依靠它所产生的长期绩效,而长期绩效的产生源于企业内部知识积累而使其具有持续的竞争优势。企业当前的知识结构决定了企业发现未来机会、配置资源的方法,企业内各种资源效能发挥的差别都是由企业现有的知识所决定的。同时,与企业知识密切相关的认知能力决定了企业的知识积累,从而决定了企业的竞争优势。由于企业的知识结构和认知能力不尽一致,所以它们发现的市场机会也不相同。所以提高企业更新知识、利用知识和开发知识的能力相当重要。企业学习能力的提高能引导员工不断自我超越并致力于追逐长期发展的目标。修炼学习能力,有助于组织内部形成一套所有成员能够共享的语言,提高员工的信息处理能力,使组织各部门、各层次之间的知识信息交流通畅。同时,学习能力的提高也是企业技术创新的基础,学以致用,把知识转化为资本才能真正为企业把握市场脉搏提供生存的动力。企业组织能否高效率的运作还涉及员工的精神风貌和工作态度。良好的企业文化建设对员工形成激励和约束能在很大限度上提高员工的战斗力,使企业在竞争中获得胜利。

(4) 企业的财务管理能力和资本运营能力

资金是维系企业生存的源泉,好的财务管理制度是企业合理运作资金的基础。当前负债经营几乎成为所有企业经营的方式。在充分考虑负债资本财务杠杆作用的同时,还得考虑资本结构与产权多元化的结合,使企业能广泛地吸引各类投资者的目光,扩大融资渠道,增加企业资金的来源,并保持资本结构的合理性,为企业的生存和发展提供可靠的资金支持。企业的资本运营能力是企业迅速成长的助推器,但是资本运营得好离不开企业资源整合能力。对于通过资本运营不断扩张的企业来说,能否在并购后把新获取的资源融入自己发展的血液中、使之成为一个有机结合体是发展的关键。企业并购后的整合涉及相关当事人的动机、思想状态、个体和群体行为以及合并所带来的一系列动态发展变化。麦肯锡公司研究并购失败的案例后得出并购整合对并购最终效果有直接影响的结论。海尔的成功恰恰是因为其突出的并购整合能力。海尔从企业的品牌与企业文化入手,以品牌输入为手段、以文化整合为基础实施企业内部整合。通过派出人员在被并购企业中复制海尔的管理理念、经营模式来达到整合的目的。可见企业的资源整合能力对其发展相当重要,整合得好企业发展壮大,整合不好会影响企业发展。

(5) 人力资源管理能力

知识经济的到来,"知识型"员工成为维持组织生存与发展的最重要资源。因为,知识转化为生产能力离不开人的创造性。要确保人力资源管理能为企业创造价值,关键在于充分重视人力资源管理的开发职能。张瑞敏在创业之初就曾宣传他的人才观:"1 你能翻多大的跟头,我就给你搭多大的舞台。"这对于渴望成功的人才来说具有相当的吸引力。海尔之所以能取得今天辉煌的业绩并成为中国企业的典范,不能不受益于海尔尊重人才、充分开发利用人才的用人机制。因此企业的人力资源管理能力与企业是否能持续发展紧密相关。

企业的竞争说到底就是人才的竞争,管理与开发好企业所拥有的人力资源是企业在未来竞争中获胜的最重要筹码。

(6) 技术开发与创新能力

在传统的劳动密集型经济向知识技术密集型经济转化的今天,企业研发能力的薄弱表现在三个方面。首先,许多企业缺乏技术开发队伍,没有吸引人才的机制,没有开发的资金,没有技术创新的体制,没有外部的技术合作等。即使它意识到技术创新的重要作用,也由于这些基础资源的缺乏根本就谈不上去搞技术创新。其次,核心技术、专利等企业重要无形资产匮乏。拥有了某行业领先的专利技术等于给企业和产品加上了保护,提高其他企业进入这一行业的门槛。拥有自主权的技术是企业的一项核心资本,所以只有通过不断的技术开发与创新,研发出属于自己的核心技术才能支撑企业的成长。最后,企业技术开发与创新的成果能够迅速应用到产品、迅速占领市场并获得好的收益是技术创新的最终归宿。如果一项研究成果无法市场化获得收益,那么它只能仅仅是技术而不是资本,对企业没有任何意义。所以只有在持续的技术开发与创新中把科技成果市场化使企业获得收益,技术才能成为企业成长的支撑。

3. 企业的制度体系

企业制度体系是否完善是一个企业能否抓住并合理高效地调配外部资源、使企业获得最大收益的关键。一个企业的成功可以说是制度的成功和管理的成功。没有完善的制度,企业根本不能很好地成长起来。

(1) 完善的现代企业制度的建立

现代企业制度的建立对企业的成长有着重要的影响。国有企业的产权不清晰、责权不明确、管理不科学、政企不分开导致了国有企业的经营困难,甚至出现了全行业的亏损。目前国有企业不断推进市场经济体制下的现代企业制度改革,很多企业改制后重新焕发出生机与活力。这证明了建立现代企业制度能使企业良好地成长。不仅国有企业,很多的民营企业都存在产权不清晰、责权不明确等问题。这些问题成为民营企业成长的障碍。所以理清企业的产权关系,明确企业部门、人员之间的责权关系,使企业的管理制度化、科学化,对企业的成长有着重要的作用。

(2) 企业的组织结构

在这知识信息飞速传递、环境复杂万变的时代,对知识、信息、技术的快速反应、掌握及运用的能力是企业成长的推动力。这需要企业有适合于自己发展的组织结构,它能够为企业适应环境变化而做出的调整提供畅通便捷的渠道。企业只有快速、充分利用好信息,信息才能成为企业的资源。占领竞争的高地必须快人一步,这使得组织不得不创新,使组织能适应复杂环境的变化,保持企业成长的活力。组织结构的创新为企业创新行为的产生提供了微观制度上的保障。而企业面向市场需求进行的创新是企业组织创新与变化的核心。组织变革和创新依赖于员工态度、价值观和信息交流,使他们认识并参与实现组织的变革与创新。同时,通过企业的组织变革和创新,改变人的行为风格、价值观念、熟练程度,能改变人员的认识方式,更能激发员工的创新意识,使企业对市场环境变化做出快速的反应。

企业制度构架管理专家刘先明指出,成功的企业背后一定有规范性与创新性的企业管理制度在规范地实施。科学合理的设置企业制度是企业成功的保障。对企业来说,科学的制度构架需要考虑以下几点:首先,实行集权或分权的管理模式要与企业自身发展相适应,否则就会出现相互扯皮、执行不力、管理混乱等问题。集权依赖于领导者的个人素质和能力。为避免出现领导者滥用职权的现象,它需要有较完善的监控机制。而企业选择分权或授权是有成本的,如监督所需的代理成本以及企业的部分控制权的丧失等,需要有完善的内部授权制度为依托。所以选择集权或分权要与企业自身相适应。其次,绩效管理主要包括绩效计划、管理绩效、绩效考核和奖励绩效四个环节。它是一种通过开发员工、团队潜能进而提高组织绩效,使组织不断获得成功的整合管理方法。通过绩效管理激励员工,促使员工开发自身的潜能,提高他们的工作满意感,促进形成一个更加绩效导向的企业文化,增强团队凝聚力,改善团队绩效;通过不断的工作沟通和交流发展员工与管理者之间的建设性的、开放的关系,可以帮助企业实现其绩效的持续发展。最后,企业的制度体系是一个完整的制度系统。根据"木桶原理",最短的那块木板可以限制整个系统的作用。所以,企业必须结合自身情况逐步建立起一套规范并具创新性的管理制度。

4. 市场营销能力

市场营销能力是企业成长的内在要求。企业通过生产产品或服务来占领市场获取利润,以此获得企业的生存和发展。产品的市场占有率是衡量企业业绩的重要指标,而其市场份额的获得很大程度上依靠它的营销能力,依靠训练有素的营销队伍、良好的销售和分销网络、灵活的营销手段、正确的广告策略等等。此外,还需要通过了解市场、顾客,发现甚至引导顾客需求,改变顾客的消费观念。例如宝洁公司的洗发水首先推出"飘柔",告诉你头发不柔顺是因为缺少了某元素,而"飘柔"就加入了这种元素能使头发柔顺;然后"海飞丝"告诉你可以去屑,"潘婷"又告诉你怎样可以使头发营养,宝洁就是这样一步步引导顾客,令顾客有一种恍然大悟的感觉,宝洁公司因此获得了成功。可见改变顾客观念,引导顾客的消费是市场开发的关键,这一环节做到位,企业就能在竞争中抢先一步。由于顾客的观念是不断变化的,所以这个过程要不断进行,不能停止。因此,企业需要有一个完善的市场(包括消费者与分销商)调查分析系统,帮助企业掌握市场情况、顾客需求、竞争对手的动向,从中理出一条合适本企业的产品、品牌营销策略来赢得竞争优势。

10.1.2 企业成长性评价指标体系的构建

通过对影响企业成长的制约因素的分析,构建一套企业成长性评价指标体系。企业成长性评价指标体系可分为三层,主要包括企业所处的行业状况、企业核心能力、制度体系及市场开发能力四个方面(见表 10.1)。

表 10.1 企业成长性评价指标体系

评价目标	第一层评价因素	第二层评价因素	操作层评价指标
企业的成长性	行业状况	企业所属行业及阶段	* 企业的行业选择及其定位 * 行业发展的所在阶段,是否朝阳或新兴行业 * 行业的竞争状况
		行业的地区分布	* 行业发展所需的资源状况 * 企业对资源的拥有状况 * 企业所在地区的发展政策
	企业核心能力	管理与整合能力	* 领导者的个人素质 * 高素质、高效率的管理层 * 企业的整合能力 * 有效控制组织运行的能力

续表

评价目标	第一层评价因素	第二层评价因素	操作层评价指标
企业的成长性	企业核心能力	企业战略制定能力	*战略规划人员的整体水平 *企业良好的战略审核程序 *企业战略与其定位的符合程度 *企业战略的执行能力
		学习能力	*良好的企业文化建设 *企业内部知识信息的共享程度 *完善的知识管理机制 *知识转化为资本的能力
		企业资本运营能力	*企业资本的投入力度 *企业资本运作人员的水平 *多样的融资渠道 *企业的财务管理制度完善程度 *完善的投资决策分析系统 *企业的财务状况
		人力资源管理与开发能力	*企业员工的整体素质 *企业培训体制的完善程度 *员工对工作、待遇的满意程度 *人才的引入、选拔、晋升机制
		技术开发与创新能力	*技术开发人员的整体水平 *开发资源的获得情况 *研究开发的周期及成功率 *专利的拥有情况 *研究成果的市场转化率
	制度体系	现代企业制度的建立	*科学的公司治理结构 *清晰的产权关系 *合理科学的分工与授权
		组织结构	*组织结构与企业的适应程度 *组织的运行效率 *组织对环境和信息的反应速度 *合理的组织结构和作业流程设置
		制度构架	*良好的权力分配机制 *科学的决策机制 *完善的绩效管理体系 *完善的薪酬制度和激励机制 *有效的监督约束机制

续表

评价目标	第一层评价因素	第二层评价因素	操作层评价指标
企业的成长性	市场开发能力	产品销售能力	*产品的市场占有率 *训练有素的营销队伍 *广泛的分销和代理商网络 *灵活的营销手段
		市场调研分析能力	*市场调研的投入力度 *对市场需求反应程度 *信息收集分析和利用程度
		市场的维护能力	*客户关系管理能力 *供应链管理能力 *品牌的经营能力 *多样化的宣传手段

10.2 基于财务视角的成长性分析

基于财务视角的成长性分析按照以下思路进行：现金流、负债以及现金流对债务的覆盖。现金流对债务的覆盖程度越高，未来现金流越稳定，则从债权人角度来看企业的财务成长性越好，反之则存在越大风险。现金从以下三个渠道而来：一是从经营活动中来；二是从企业资产变现而来；三是从母公司、银行、债券筹资而来。经营活动产生的现金流（或称营业现金流量）是偿债的主要来源，其他来源是辅助来源。现金流分析以营业现金流量分析为主，其他为辅。主线分析围绕偿债能力的主要来源——经营中产生的现金流对债务的覆盖展开。辅线分析围绕资产变现能力和财务弹性展开。

10.2.1 主线分析指标

主线分析时把财务指标分为三大类（属类）：现金流相关指标、债务指标、现金流对债务的覆盖指标（如表10.2所示）。

公司价值分析的逻辑框架与案例

表10.2 财务分析主要指标选择

一级	二级	三级	说　明	重要性	备　注
现金流相关指标	规模指标	资产规模	资产规模与规模经济、多元性和收入规模存在联系	三星或五星	有些行业如采矿业资产规模(如矿产储备)重要程度可以达到五星
		收入规模	收入规模是形成现金流的基础	四星	
	盈利指标 总额	利润(如EBIT)	利润是产生现金流的主要内在源泉,没有利润,即便短期内存在经营性现金流为正,但其持续性差	四星	资产周转率、应收账款周转率、成本费用利润率和存货周转率
	盈利指标 比率	利润率(主营业务毛利率、营业利润率)	说明了业务的盈利能力。利润率越高、盈利性越强,现金流生成能力和规模才会越大	四星	成本费用结构、定价权
		总资产报酬率	说明了总资产的回报情况	四星	
		净资产收益率		三星	从所有者权益角度,因此其重要性是三星
	现金流量指标	EBIT(息税前利润)	代表现金流生成能力	五星	
		经营活动现金总量	代表用于偿债的总的现金流		
		经营性净现金流		五星	营运资本的产出效率
		自由现金流		五星	资本支出
债务指标	总额	总负债		四星	负债结构
		流动负债		四星	同上
		非流动负债		四星	同上
		有息负债		四星	同上

续表

一级	二级	三级	说　　明	重要性	备　　注
债务指标	比率	资产负债率		五星	与信用风险直接关联
		债务资本比率		五星	同上
现金流对债务的覆盖指标	现金流利息保障倍数	EBITDA 利息保障倍数		五星	
		经营性净现金流利息保障倍数		五星	
		自由现金流利息保障倍数		五星	

注：一星至五星表示重要性逐渐增强

1. 现金流相关指标

现金流相关指标是广义的，不仅仅包括现金流量指标，而且把现金流形成的"原因"资产、收入等指标也纳入其中，因此现金流相关指标包括：资产规模、收入规模、利润、利润率、报酬率以及现金流量等指标。

(1) 资产规模与收入的关系

收入规模很大而资产规模很小的情况较少出现。现金流来源于收入，足够大的收入规模是现金流的基础。这里资产规模不仅指资产的"经济规模"即金额，也指资产的"技术规模"，如发电企业的装机容量、高速公路公司的高速公路里程等。如果资产的"经济规模"与"技术规模"相对应得很好，较大规模的资产的盈利潜力或创造收入的潜力就大。当然这主要体现在固定资产或非流动资产上。资产的结构主要反映流动资产和非流动资产的占比。流动资产占比较高意味着资产的变现能力比较强，这对于债务的到期支付比较有利。资产的规模与质量只有和收入、利润、现金流紧密挂钩才有意义。

资产规模庞大但总资产周转率低，意味着总资产利用率低，产生收入的能力低，资金使用费用（资本成本）相对较高；应收账款和存货周率的高低，一方面说明资金使用效率的高低，另一方面也直接影响经营净现金流和自由现金流的规模。资产质量包括两个方面：一是技术质量（设备的质量等）；二是流动性。流动性越强，从债权人角度来看资产质量就越好，因为流动资产的变现能力强,可以成为"现金"和偿债的一个补充来源。信用分析更注重后者。

(2) 盈利性与现金流量的关系

盈利性越高,现金创造能力越强。盈利性分析要从规模和盈利性包括收入、利润、利润率、总资产或净资产报酬率以及利润增长速度等方面进行分析。收入分析以主营业务收入分析为主,非主营业务收入次之。这主要是因为主营业务收入代表了经营活动现金流的创造能力。

利润有多个概念,包括:毛利润、主营业务利润、总利润和净利润等概念。毛利润主要分析主营业务的盈利性,毛利润取决于主营业务收入和主营业务成本,前者取决于产品价格、销量等因素,后者取决于原材料价格、人工成本及折旧等因素。主营业务利润是在毛利润的基础上扣减了营业税费、期间费用(管理费用、销售费用和财务费用)。主营业务收入反映了企业的经营管理水平、财务政策等方面的情况。分析企业的主营业务盈利能力主要分析毛利润和主营业务利润。利润总额由于可能含有营业外支出净额(如补贴收入)等非营业利润,因此不能真实反映主营业务的盈利能力。息税前利润是总利润加上计入财务费用的利息支出,或净利润加上计入财务费用的利息支出和所得税而形成的。息税前利润是企业通过经营活动或非经营活动获得的能够用来提供给所有者、债权人和政府的利润。

主营业务毛利率和营业利润率是普遍采用的利润指标,它反映了企业的盈利能力。EBIT 比总资产就等于总资产报酬率。总资产报酬率代表形成企业总资产的所有资金的回报率。一方面,这个指标越高,说明企业资产的盈利能力越强,投入企业的资金获得的回报就越高,总资产的盈利能力越强。另一方面,如果总资产报酬率大于借款或发行债券利率,则企业发债会增加企业的盈利,盈利额=借款或发行债券额 ×(总资产报酬率-借款或发行债券利率),否则就会摧毁企业的盈利或价值。净资产收益率是净利润比所有者权益,净利润只归属于股东所有,因此这个指标是从所有者出发,反映所有者投入资金的回报率。原则上,只有净资产收益率大于所有者权益所要求的必要报酬率或社会平均资本成本时,股权所有者才会盈利,他才会投资于企业。这个指标不能反映总资产的盈利性,从偿还债务角度来说意义也并不大。

现金流量是偿债资金的主要来源,是企业资产运营和业务盈利的结果。现金流量也有多个概念。经营活动现金流量、投资活动现金流量和筹资活动现金流量是主要的现金流量概念。上述三个现金流量净额都可以用来偿还债务。一般来讲,经营活动产生的现金(净)流量是偿债的主要来源;投资活动产生的现金(净)流量也是偿债的一个来源,但由于其不是主营业务(对于工商企业来讲),具有一定程度的不确定性、不稳定性,因此原则上不能成为偿债资金的主要来源;当企业经营活动产生的(净)现金流不够用来偿还债务时,就要通过筹资活动产生的现金流量进行偿还。

经营活动中的现金流量还包括以下几个概念:EBIT、经营现金总流量或运营资金、经营现金流或经营活动净现金流量、留存现金流量、自由现金流量等。

EBIT是一个准现金流概念,并在信用分析中常常被使用。EBIT在金额上可能大于或小于经营活动净现金流,主要看其他调整项(除息、税、折旧、摊销外的非付现费用)及营运资本调整项的大小。EBIT之所以重要是因为它代表了现金流量的生成能力。此指标额度越大,说明现金流量的生成能力越强。

经营现金总流量或运营资金是经营中产生的现金流总量,没有考虑到营运资本和资本支出,即它是在运营资本和资本支出前经营现金流。经营现金流量,即现金流量表中的经营活动现金流量净额,是在经营现金总流量的基础上扣除了营运资金,但未扣除资本支出。这个现金流量在债权人"逼迫"下,可以用来还债。短期内对发行人/借款人的影响并不大,但长此以往则会损害发行人/借款人的"体质"(竞争能力)。留存现金流量是经营活动净现金流量中扣除了现金股利。自由现金流量是在留存现金流中扣除了资本支出。自由现金流量是在维持企业正常经营、保持企业现有的竞争能力的基础上企业能够获得的现金流,因此它是最"保守"的现金流量概念。从原理上说,现金流分析应该以这个现金流概念为主。但是,从债权人角度和股权投资人角度进行财务分析是有所不同的。股权投资人从永续经营出发(股权投资人的时间概念是无限延伸的),利用自由现金流按照资本成本(其股权投资人要求的必要资本成本)对其进行折现,进而换算其投资价值。债权人的投资期限较短,即便是30年也有期限限制,因此在一定的期限内,他可以考虑是否要求企业推迟资本投资,甚至停止营运资本支出(当然在企业还要继续经营的情况下,后一种情况不会出现)。这样,从债权人角度来看,就可以采用经营现金总流量或运营资金、经营现金流或经营活动净现金流量这样的现金流概念,特别是采用经营活动净现金流的概念。

2. 债务相关指标

债务分析主要是弄清楚债务的规模与结构,弄清楚到底有多少债务,都是什么性质的债务(长期、短期;有息、无息;确定债务、或有债务等),这些债务什么时候偿还(偿还期限结构)。资产负债杠杆比率分析,是分析资产和负债两者的对比关系,当然负债并不由负债表中的资产(既包括货币资金等流动资产,又包括固定资产等非流动资产)来偿还(负债最终要由公司资产创造的现金流来偿还),但资产负债率等杠杆比率还是能够说明一定问题的,如公司财务政策的激进程度,杠杆比率越高说明财务政策越激进。当然还有期限配比的问题,即长期负债与长期资产配比的问题。

3. 现金流对债务的覆盖指标

现金流对债务的覆盖指标包括 EBITDA 对利息的覆盖指标、经营性现金流或自由现金流对流动负债、总负债的覆盖程度。这类指标最直接反映了偿债能力或违约风险。这里面有一个问题,就是这类指标往往代表了过去。如果未来的情况与过去是一样的,那么通过这类指标就可以预测发行人/借款人的未来的偿债能力和违约风险。但是,事情往往不是这样。未来未必等于过去,因此就需要对未来这类指标的变化趋势有个判断(人的主观判断),并给予一个预测。

10.2.2 辅线分析指标

辅线分析主要分析资产的变现能力(如表 10.3 所示)。

表 10.3 辅线分析主要财务指标

一级	二级	三级	重要性	备 注
资产流动性分析	资产结构	流动资产和非流动资产占比、现金存量	三星	主要反映资产变现能力,资产变现能力强,则偿债补充能力强
	流动比率		三星	
	速动比率		三星	

续表

一级	二级	三级	重要性	备注
财务弹性分析	资本支出弹性		三星	
	股利分配弹性		三星	
	融资渠道		三星	

资产的结构主要反映流动资产和非流动资产的占比。流动资产占比较高意味着资产的变现能力比较强，这对于债务的到期支付比较有利。资产的流动性是分析资产变现能力的基础，如果公司资产中流动资产占比较高，意味着公司资产变现的可能性较大。但变现能力如何还要看资产价值的可靠性。从资产价值角度来说，现金和短期金融投资具有更高的价值可靠性。会计应收账款和库存也具有较高的价值可靠性，虽然它们也无法避免信用风险和评估风险。地产、工厂、设备——这些产生现金流的经营资产——由于产生的现金流会变动，从而资产价值也会变动，因此是最具可变性的资产。资产变现不应成为偿债的主要来源，而只能成为辅助来源。如果一家企业到了仅能依靠出卖资产来偿还债务的地步，说明其长期偿债能力已经失去，其偿债能力可以明确地被定义为"微弱"。

财务弹性是指融资能力如何、财务政策（如股利分配政策）是否具有灵活性/弹性等。如果公司随时能够融到其所需要的资金，或通过股权或通过信贷，或者公司可以减少或推迟股利发放，或推迟资本支出等，则说明其财务弹性较好。财务弹性不应成为偿还债务的主要支柱，因为融资能力不是偿债能力的"主能力"，偿债能力还是主要来源于经营中产生的现金流。推迟股利发放或推迟资本支出等只是暂时性的，不能长期实施。

10.3 基于现金流量的成长性分析

现金流量分析主要沿着现金流量表（经营性现金流、投资性现金流和筹资性现金流）的"路数"进行分析，最后落脚点在于偿债能力分析（现金流量分析的一个重要目的）。经营性现金流分析的核心要点是近几年（3—5年），公司经营活动现金流上升的态势,分析原因、价格、需求、成本等因素。投资活动现金流分析的核心要点是近几年(3—5年),公司建设项目、资本支出情况、投资活动产生现金流出情况及态势,预计未来投资现金流出情况及趋势。筹资活动现金流分析的核心要点是筹资性现金流增长情况(是由短、长期债务增加还是由吸收投资所导致)和态势以及未来趋势。偿债能力分析的核心要点是现金流对债务的保障程度、债务规模增长情况及态势、债务结构是否优化(如果长期债务增长大于短期债务增长,则债务结构优化)、公司资产负债率和债务资本比率变化情况与态势及原因。下面对现金流增长趋势进行分析。

与持续盈利能力类似,可持续的经营活动现金流同样包括两种类型。第一种可持续性是指能在现有规模的基础上保持较小的波动率;第二种是可持续性增长,即在现有经营活动现金规模的基础上,其增长率能保持较小的波动率。

1. 影响经营活动现金流可持续性的因素

盈利是经营活动现金流的唯一来源,所有影响盈利持续性的因素均会对经营活动现金流的可持续性产生影响,对两者的分析通常可以合并进行。

从长期来看,盈利与经营活动现金流应该是一致的,因此在长期偿付能力评价中,通常可以用盈利分析来替代经营活动现金流分析。

但在相对较短的时间内,盈利并不必然会带来现金流,还存在很多影响盈利现金流量的因素。企业对营运资金的管理策略是造成盈利与经营活动现金流差异的重要因素。针对应收账款的信用管理水平直接决定了应收账款周转率以及盈利的现金含量,针对存货以及应付账款的策略则决定了营业成本与经营活动现金流出之间的差异。

经营性净现金流增长率=(当期经营性净现金流-前期经营性净现金流)/前期经营性净现金流。这是度量经营性净现金流持续性的主要指标,只要其平均增长率大于0,那么经营性净现金流就具有基本的可持续性。

2. 现金流还本比率

现金流还本比率确定公司现金流量与总债务的比率关系,说明的是现金流长期偿债能力。主要指标如下:

(1) 经营活动现金总流量对总负债的覆盖率

经营活动现金总流量/总负债(%)= 经营活动现金总流量或FFO
（运营资金流或经营性资金流）/
[（期初负债总额＋期末负债总额)/2]
×100%

"现金流量占负债总额比率"是评判企业偿债能力中最常用的信用分析比率。比如，如果现金流量占负债的25%，说明公司需要四年才能有足够的营业现金偿付全部债务（假设现金能全部用于偿还）。在实际分析中，还应该动态分析预测公司3—5年内现金流量占负债总额所能达到的水平，并将公司项目完成情况与同产业的其他公司进行比较。如果现金流量中的很大一部分需要进行再投资以维持竞争力（诸如对厂房设备、研究与开发或流动资产的投资），此时"现金流量占负债总额比率"是高估了公司实际现金缓冲。

(2) 经营性净现金流对总负债的覆盖率

经营性净现金流/总负债(%)= 经营性现金流量净额/
[（期初负债总额
＋期末负债总额)/2]×100%

经营性现金流相当于运营现金流(CFO)，是扣除资本支出前的现金流。经营性净现金流比总负债，是假设企业只支出维持企业运营的营运资金，不支出至少维持公司原有"能力"的资本支出，在这种情况下，剩下的现金流用于还债。由此可见，经营性净现金流比总负债或流动负债这样的指标并不"保守"。最保守的是自由现金流或可支配现金流与总负债、流动负债的比率。因为企业毕竟要维持原有"能力"，资本支出还是必要的。

(3) 自由现金流量对总负债的覆盖率

自由现金流量/总负债(%)=自由现金流量/[（期初负债总额
＋期末负债总额)/2]×100%

(4) 总负债/可支配现金流

总负债/可支配现金流=经过调整的总负债/可支配现金流×100%

标准普尔可支配现金流与穆迪的自由现金流概念是一致的,标准普尔可支配现金流＝自由运营现金流－现金股利。总负债/可支配现金流这个指标反映了如果用一年的可支配现金流偿还总负债需要多少年。

(5) 总负债/EBITDA

$$总负债/EBIT＝经过调整的总负债/(营业利润＋折旧＋摊销\\＋计入财务费用的利息支出)\times 100\%$$

EBIT常常被作为现金流的近似替代或现金流量的代名词,代表了现金流产生的能力。该指标考察企业需要以现金偿还的全部负债与企业一年内产生经营性现金流的能力之间的比例关系,它反映了企业现有的负债在理论上需要多少年才能全部还清。如果该指标过高,说明企业存在较大的长期偿债风险。

国家开发银行采用"总负债＝(短期借款＋应付票据＋一年内到期的长期负债＋长期借款＋应付债券)"这一计算公式,"短期借款＋应付票据＋一年内到期的长期负债＋长期借款＋应付债券"是有息总负债。

3. 现金流支付比率

支付比率反映可用于偿付利息、本金和其他固定支出的经营利润或可获得的现金流量,反应短期偿债能力,包括现金存量对债务的覆盖率、现金存量对流动负债的覆盖率、现金存量对一年内到期的负债的覆盖率、利息保障倍数、EBIT利息保障倍数、经营性净现金流利息保障倍数、经营现金流对流动负债、一年内到期债务的覆盖率。

(1) 存量现金流

$$现金比率＝现金及现金等价物/流动负债\times 100\%$$
$$现金比率＝(货币资金＋短期投资)/流动负债\times 100\%$$

现金及现金等价物的统计口径与现金流量表相同,流动负债取自资产负债表。这是标准的现金比率,用于度量现金存量对流动负债的覆盖情况,是从最为保守的角度计算的流动比率。从偿债能力角度看,这一比率越高,其清偿能力越好,其应对其他现金支付需求的能力也越强。但是从盈利能力的角度,处于空闲状态的现金收益率较低,应该使现金投放到收益率较高的项目,因此该指标并不必然是越大越好。一般来说只要其保持1左右就能说明其具有较好的立即清偿能力,并且即使低于1也并不能说明其偿付能力存在很大问题,毕竟所有流动负债在该时点均需立即偿付的可能性并不大。

$$现金存量对一年内到期债务的覆盖率$$
$$=现金及现金等价物/一年内到期的债务$$

这是对现金比率的修正,将流动负债调整为一年内到期的债务。

如前所述,一年内到期的债务与流动负债相比主要突出了一年内到期的概念,如果企业的完整经营周期超过一年,那么还需对其流动负债进行按年分解。同时,一年内到期的负债剔除了短期的无息债务,因此这一指标度量的是现金存量对有息债务的立即清偿能力。无息债务和有息债务的约定偿付日如果重叠或者无息债务的偿付日在有息债务之前,那么无息债务和有息债务都必须获得清偿,在求偿权方面并无本质的区别,因此从这个角度来看,在计算现金比率时把无息债务人为进行剔除并不合适。除非有息债务约定的求偿权优于无息债务,不然应尽可能地扩大到期债务的分析覆盖范围。

经调整的高流动性非现金资产的可变现净值/一年内到期债务,这是对传统的流动比率进行的修正。第一,这完全从流动性角度调整了流动资产的统计口径,关注流动性较高的非现金资产相对于债务的充足程度,并且使用的是可变现净值,而不完全是账面价值,为评级机构在必要时调整可变现净值留下空间。第二,将流动负债调整为一年内到期债务,这是因为资产流动性所形成的偿付能力只能是短期偿付能力,利用一年内到期的债务这一概念能更为准确地表述资产流动性所形成的短期偿付能力。

(2) 利息保障倍数

$$EBIT 利息保障倍数 = EBIT/(计入财务费用的利息支出$$
$$+资本化利息)$$

EBIT 为息税前利润,利息支出包括计入财务费用的利息支出和计入资本化的利息支出,对未在财务报表主表或附表中披露利息支出明细的企业,应通过尽职调查获取每年计入财务费用的利息支出和资本化的利息支出,或者独立计算利息支出。

如果 EBIT/利息保障倍数为 3.5,说明该公司现金缓冲垫高于其每年利息费用 2.5 倍。如果该比率的分析选用 EBIT,则能有效地控制有折旧和摊销过快或过慢而产生的不良影响。

  EBIT 严格来讲不是现金流指标,只被视作现金流的近似替代指标(不能完全替代),都属于收益/收入指标或利润指标。但 EBIT 利息保障倍数是度量盈利对债务保障程度最广为使用的指标,也是很多财务分析框架分析短期偿债能力的主要指标,乃至公司法等相关法律也规定发行债券的净利润至少应足以偿付一年利息。其潜在的逻辑是,盈利至少应能满足偿付利息的需要。该指标越大,代表对利息支出的保障程度越高。即使盈利能保障利息支出的需要,也不充分说明受评企业的短期偿付能力较强。利息支出只是一年内到期债务的一个组成部分,从对债务的偿付需求来看,利息支出与一年内到期需偿付的其他债务并无本质区别,因此仅从利息支出角度考虑盈利对其保障程度是有欠缺的。

$$\begin{aligned}
经营性净现金流利息保障倍数(倍) &= 经营性现金流量净额/利息支出 \\
&= 经营性现金流量净额/ \\
&\quad (计入财务费用的利息支出 \\
&\quad +资本化利息)
\end{aligned}$$

  经营现金流利息保障倍数与 EBIT 利息保障倍数相比,更强调现金流概念。

  (3) 经营现金流对流动负债的覆盖率

$$\begin{aligned}
经营性净现金流/流动负债(\%) &= 经营性现金流量净额/[(期初流动负债 \\
&\quad +期末流动负债)/2] \times 100\%
\end{aligned}$$

这表明经营性净现金流对流动负债的覆盖程度。

  经营活动现金流对一年内到期债务的覆盖率=某一个时期内的经营活动净现金流/该时期起始点起算的一年内到期债务。

  历史的经营活动净现金流来自现金流量表,未来的经营活动现金流则应依据盈利及经营活动现金流可持续性分析确定,评级机构可能会根据自己的口径进行必要调整。一年内的到期债务是指从会计期间初始点起算一年内需偿付的债务,年内新增加的债务统一作为下一年需要偿付的债务,不再进一步区分为当年到期和下一年到期。

从经营活动现金流量的角度度量受评主体对一年内到期债务的偿付程度。经营活动现金流是针对某个会计期间的会计变量,一年内到期债务也是一个会计期间的变量,这个指标要求经营活动净现金流与一年内到期债务所覆盖的期间保持严格一致。此外,鉴于我国所使用的经营活动净现金流统计口径已经扣除了营运资金所需现金流,因此经营活动现金流应对一年内到期的债务进行覆盖,而不是整个流动负债。一年内到期的债务一般包括一年内需要偿付的流动负债和一年内到期的长期负债。如果这个指标大于100%,则说明经营性现金流对一年内到期的债务偿还较有保障;如果小于100%,则投资性现金流量、筹资性现金流量或其他资金(库存现金、短期投资等)来源补充经营性现金流量的不足。

(4) 现金流对投资的覆盖程度、未来资本支出及融资需求

除了分析现金流对债务的保障程度外,还要分析"经营性现金流"与"投资性现金流""融资性现金流"的匹配关系。经营性净现金流除了满足偿还债务本息外,还要满足投资活动(资本支出、投资)所需资金,不足的部分由筹资活动产生的现金流来补充。

标准普尔用资本投资覆盖率,以确定负担资本支出的可用现金流。分析指标包括:运营资金(FFO)/资本支出、运营现金流量(CFO)/资本支出。

经营活动现金总流量或运营资金(FFO)对资本支出的覆盖率或经营性净现金流或运营现金流(CFO)对资本支出的覆盖率,分析现金流对投资或资本支出的覆盖程度,以判断未来资金压力和融资需求。

公司维持其市场地位和竞争能力,必须进行必要的资本支出,例如设备更新、技术改造和投资新项目。有些新项目可能正处于建设过程中,必须继续进行资本支出才能完成建设,形成有效资产。因此,这些都是企业的刚性资本支出。从评价企业的长期偿债能力角度看,这些刚性资本支出,在需要指出的期间内,会减少企业的偿债资金来源,降低偿债能力。相反,刚性资本支出压力小,企业财务弹性大,将有助于增强其偿债能力。评级分析师结合企业竞争力的分析和企业在建及拟建的重大固定资产投资项目,预测企业刚性支出金额,并与现金流状况进行比较,判断企业的资本支出压力。

本章参考文献

[1] 王永龙.当代西方的战略人力资源管理[J].经济管理,2003(3):50-54.
[2] 邹爱其,贾生华.国外企业成长理论研究框架探析[J].外国经济与管理,2002(12):2-5+23.
[3] 韩太祥.企业成长理论综述[J].经济学动态,2002(5):82-86.
[4] 罗长刚.论创新企业成长的生命与特征[J].计划与市场,2002(6):29-30.
[5] 朱丽.企业成长与并购[J].南开经济研究,2002(3):42-44.
[6] 刘刚.知识积累和企业的内生成长[J].南开经济研究,2002(2):47-51.
[7] 马璐,胡江娴.企业成长性分析与评价[J].商业研究,2005(7):49-52.
[8] 戴维·F.霍金斯.公司财务报告与分析[M].孙铮,郭永清,译.大连:东北财经大学出版社,2000.
[9] 荆新,刘兴云.财务分析学[M].北京:经济科学出版社,2000.
[10] 尚志强.企业会计信息披露与分析[M].上海:立信会计出版社,2000.
[11] 财政部统计评价司.企业效绩评价问答[M].北京:经济科学出版社,1999.
[12] 卢雁影.财务分析[M].武汉:武汉大学出版社,2002.
[13] 赵爱玲.中国上市公司财务分析及案例精选[M].北京:中国经济出版社,2012.
[14] 张文杰.上市公司成长性分析:以内蒙古伊利实业集团有限责任公司为例[J].中国管理信息化,2015(23):30-32.

附录　图表目录

图目录

图1-1　商业模式组成要素逻辑关系图 / 5

图2-1　电力行业产业链 / 37

图2-2　医药行业产业链 / 40

图2-3　中药行业业务模式转变趋势图 / 43

图2-4　生物制药行业结构 / 43

图2-5　医药商业流通链 / 45

图2-6　汽车行业产业链分析 / 45

图2-7　煤炭行业链条示意图 / 46

图2-8　煤炭行业产业链产品结构示意图 / 47

图2-9　房地产开发行业价值链示意图 / 47

图2-10　新媒体产业链 / 50

图3-1　系列因素细分法示例 / 77

图4-1　行业生命周期曲线 / 83

图5-1　洛伦兹曲线和基尼系数与厂商规模差异示意图 / 104

图5-2　驱动行业竞争的力量 / 107

图5-3　壁垒和盈利性 / 122

图 6-1 部门优势分析和部门偏离分量 / 148
图 6-2 扩散效应、反波效应及其叠加影响的时间效应曲线 / 157
图 6-3 空间成本曲线与盈利空间 / 159
图 6-4 等产量线、等成本线与要素最佳组合 / 159
图 6-5 劳动力价格变化对最佳生产要素的影响 / 160
图 6-6 空间要素的替代效应 / 161
图 8-1 华为核心价值观 / 207
图 8-2 华为公司架构图 / 209
图 8-3 华为公司组织架构图 / 211
图 9-1 战略管理流程图 / 216
图 9-2 SWOT 分析 / 218
图 9-3 波士顿矩阵 / 222
图 9-4 品牌定位图 / 228
图 9-5 品牌金字塔 / 228
图 9-6 品牌策略 / 228
图 9-7 上海家化品牌战略示意图 / 229
图 9-8 盈亏平衡分析示意图 / 234

表目录

表 2.1 我国生物药行业主要疫苗生产厂商 / 44
表 2.2 纯销和批发业务对比 / 44
表 3.1 全行业渗透率 / 65
表 3.2 口腔 CBCT 市场空间 / 78
表 8.1 不同股权结构对公司治理机制作用的影响 / 193
表 9.1 内部因素评价矩阵 / 219
表 9.2 外部因素评价矩阵 / 221
表 9.3 波士顿矩阵的四项业务 / 223
表 10.1 企业成长性评价指标体系 / 241
表 10.2 财务分析主要指标选择 / 244
表 10.3 辅线分析主要财务指标 / 248